現代社会を宗教文化で読み解く

比較と歴史からの接近

櫻井義秀・平藤喜久子 編著

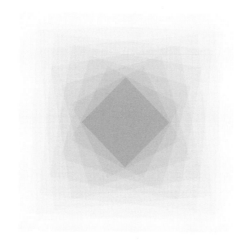

ミネルヴァ書房

はしがき

現代に生じているさまざまなできごとが実は宗教文化にかかわっている。このような認識を持つことで社会の見え方は変わってくるだろう。

世論調査や社会調査によれば、日本は約七割方の人々が無宗教・無信仰を自認している。ところが初詣や盂蘭盆の行事を行い、クリスマスやハロウィーンまで年中行事に組み入れ、地域の祭礼に参加したり、神社仏閣への参拝や聖地への巡拝を宗教文化とは意識せずに行っている。宗教の核心が超越的存在に対する尊崇の念や信仰にあり、信仰を同じくする人たちは宗教団体というコミュニティを形成して固有のライフスタイルを保持するものだと考えれば、日本人の融通無碍なふるまいはなんとも奇妙である。しかしながら、宗教を道徳や修道と理解し、人間の社会生活を豊かに彩る文化伝統ととらえて、ありがたいものは拝めばいいし、良いことは何でもとりこめばいいではないかと鷹揚に考える東アジア的な宗教文化に位置づけてみれば、日本人の不思議なふるまいはごくありふれた東アジアの宗教文化的態度だといえる。プロテスタンティズム的な宗教の諸要素である〈(篤く)信じる〉〈(教団・教会に)属する〉〈(規律に基づいて)行動する〉といった概念を手放してみると、日本には豊かな宗教文化が存在していることに気づかされる。しかも、この宗教文化が一見宗教とは関係がないように見える経営者セミナーやマス・ツーリズムに入り込んでいるのである。多くの日本人が無信仰を称するのはよいとしても、無宗教とは言えない。

また、日本人は太平洋戦争後からは厳格な政教分離の発想や政策になじんできたために、学校や地域社会、職場においても宗教的話題を気軽に話すことはなく、公共的空間において個人の信念や信仰が吐露されることを忌避してきた。そのため伝統宗教は布教に遠慮がちとなり、臆することない布教は新宗教の独壇場となっていた。しかしながら、この四〇年ほどの間に新宗教も伝統宗教同様に少子高齢化と世俗化の影響を受けて活力を落とした。そこに、母国の宗教文化を携えたまま流入し定住してきた外国人が、ムスリムのために礼拝の場を公共空間に整備したり、土葬可能な墓地を自治体に用意させたりするようになった。クリスチャン人口が一％に満たない日本こそ福音が求められていると、聖霊派や福音派の伝道師やキリスト教系新宗教の布教者が日本で活発な宣教活動を展開してもいる。多文化共生は理念やかけ声の段階から、具体的な生活や精神生活の局面までの深い交流（宗教的影響）へと進んできているのである。

このような現代日本の状況を見たときに、社会を見る視点としてあえて世俗主義的なアプローチを取る必要がないだけではなく、地域性や歴史性に配慮した広い宗教概念によって現代社会のさまざまな文化現象を読み解いていくことの意義に気づかされるのではないだろうか。文化現象とはただ単に生存する、生きのびるという意味での生活の必要性を超えた人間のふるまいである。役にたつとかたたないとか、目の前の利得を超えて何かをやったほうがいいと思う感じ方でもある。人によっては無意味か無駄とみなされるものなのだが、こうした文化の根っこの部分に宗教文化がある。

宗教文化を描き出すためには、現代の文化現象としてトピックだけ叙述するよりも、歴史的に千年単位で見ていく方が現代の姿が明瞭になる。日本ではカミやホトケの世界を描くことで人間と社会のコスモロジカルな関係と個人のあるべき姿を静かに、またあるときは雄弁に語ってきた（第1章　日本の神々はどう描かれてきたのか）。死のトリセツはカミやホトケに先立つ。地質学的に言えば完新世前後からヒトの埋葬跡が見られ、ヒトは死（存在が不在となること）を遺体処理の特別な方法によって受け止めてきた。墓と葬儀のあり方から日本社会の構造や死生観がうかがえるし、現代においても人は死んで終わりとはならない（第2章　葬式仏教の時代は終わったか）。

男女という性にまつわる分断線は深く宗教文化に根付いており、宗教が語る人間の本質的な平等が実現されるためには、性を本質的な差異としない職階や組織のあり方が求められている。隗より始めよとは、宗教者や教団に向けられた言葉である（第3章　宗教は性別を問わないか）。この男女の差異を衣服の次元において厳しく定める戒律をイスラームは保持しているが、ここにも地域的差異と歴史的逆転現象がある。すなわち、世俗化社会におけるアイデンティティの表出としてヴェール＝衣装が意識的に選択されることもあり、宗教において戒律は人を縛るというよりも人に用いられるものであることがわかる（第4章　宗教は自分らしさを奪うか）。

人は目標実現のための組織として経営体を設けるが、営利を目的とした企業という経営体と布教を目的とした宗教団体には共通点が少なくない。カリスマ的経営者の言行はかなり宗教的であり、意識的に宗教的信念や行に傾倒する経営者も少なくない。株主資本主義の時代にこのような経営体が持続するかどうか予断は許さないにしても、日本的経営の特質は経営者の宗教文化にあったとすら言えるのではないか（第5章　宗教は会社に指針を与えるか）。他方、大企業の創業者とまではいかなくとも小商いをする人々は現世利益を求めて都市近郊の霊山聖地に詣でる。大阪のはずれとされた生駒山地は近鉄の開発によって大都市近郊に変貌したが、多様な都市住民のニーズに応えてカミサマ・ほとけさま、死者あるいは神霊たちが安寧や有益な助言を提供してきたのである。約四〇年に及ぶフィールドワークから世俗都市における人々の願いが浮かび上がる（第6章　宗教と世俗はどう共存しているか）。

衣食足りて礼節を知ると言うが、人は日常生活を維持することができると気晴らしをしたくなるし、新しい価値を求めたくもなる。もっとも、かつては遊びにも大義名分をつけた。伊勢参りは宗教ツーリズムの先駆けと言えるが、現代においても聖地巡礼は盛んである。聖地に向かうのは聖地のパワーによって来世的幸福を願うというよりは、非日常的時間と場に自己を置くことで自身の中に隠れていた聖性＝スピリチュアリティに気づくためでもある（第7章　宗教とツーリズムはなぜ結びつくのか）。宗教は社会的価値の実現のために社会運動を後押しすることもある。国家安全法などによる政治の中国化に異を唱える香港において学生や市民たちが中国共産党の意向を気にする行政府の警察と対峙した。英国領の植民地時代から中国へ返還された香港特別行政区においてなぜ民主主義を求める運動が生じ、それを支援する教会が現れてきたのか（第8章　キリスト教は社会運動をなぜ支援するのか）。

日本においても新しい価値の実現をめざす宗教運動があったし、現在もある。しかしながら、ラディカルな社会変革をめざす宗教運動が必ずしもリベラルな社会作りに向かうわけではないし、個人の自己実現や成長に寄与する体験を提供するわけではない。むしろ、教祖や教祖家族のために信者を搾取する組織運営をなす教団があり、カルトとみなされている。サリンを散布して無差別殺人を行った教団は世界でオウム真理教ただ一つである。オウム真理教事件が風化する現在、オウム真理教がなぜ破壊的活動を行ったのかをふりかえり、カルト的宗教に巻き込まれないためには何が必要かを若い世代には考えてもらいたい（第9章　カルト宗教はなにが問題なのか）。カルトと宗教は別物なのではなく、社会への適応プロセスにおいて差異が生まれたとも言える。ヒトがさまざまな環境に適応する過程において多様な宗教文化を形成してきたが、宗教の発展史を理解する上で人類の進化史を理解することが欠かせない。近年、認知宗教学という研究領域が生まれ、宗教の地域的偏差や歴史上の発展過程を統合的に理解しようという新たな試みが進められている（第10章　宗教文化をどう捉えなおすか）。

本書は特定の学問領域を直接的に読者に提示しようとは考えていない。従来の宗教学、宗教史学、宗教社会学といった学説のまとめをコンパクトに解説しても、それだけで現代宗教や現代の社会・文化の動きを見る視点を読者が会得することは難しい。むしろ、書き手がそれぞれの専門領域において長年の研究を踏まえて具体的な素材を読み解きながら、問題や課題を読者に提示し、一緒に考えていく姿勢を示すことで、研究成果のみならず学問的な視点や方法論も伝えられるのではないだろうか。

各章の内容は、宗教文化研究の入門というにはレベルが高いかもしれないが、さりとてその領域の専門家でなければ全く歯が立たないような専門論文の語り口をとってはいない。編者も各章の執筆者たちも自分たちが研究してきたことや考えてきたことをなるべく多くの人に理解してもらい、宗教文化の豊かさを味わってもらおうと企図している。

そのため本書では読みやすさを考え、次のような構成にした。

①章題自体が一つの問いになっており、章全体で読者と共に考えることをめざしている。

②章のねらいを四〇〇字程度でまとめ、主要なトピックや概念をキーワード五つ程度で示している。

③章末に読書案内として当該領域を深めたい人のために五冊ほどあげ、短い解説を加えた。

大学の授業や宗教文化にかかる講習会のテキストとしても活用可能ではないかと考えている。多くの方に読んでいただければ幸いである。

櫻井義秀

現代社会を宗教文化で読み解く——比較と歴史からの接近【目次】

第1章

日本の神々はどう描かれてきたのか

——聖なるもののカタチ

平藤喜久子

《ポイント》

人は先史時代から目に見えない神、神的な存在を自らの手で表現しようとしてきた。それは普遍的な欲求に基づくといえるだろう。しかし、それをどう描くのかとなると、宗教はもちろん時代や地域によっても大きく異なっている。

日本では縄文時代に、現在では女神像と解釈されている土偶が多く制作されたが、その後弥生時代から奈良時代にかけてはほとんど神や神的な存在の造形は生み出されなかった。その状況が変わるのは仏教の影響とされる。飛鳥時代に仏教を受け入れ、神像や神々の絵画化が行われるようになった。しかし描かれた神々の姿は一様ではなく、時代によって変化していく。神仏習合期の僧形の神、江戸時代の浮世絵で歌舞伎役者の姿で描かれた神、近代に時代考証を受けて描かれる歴史的な神、そして現代のポップカルチャーや現代アートにみられる神。描かれた姿の変化は神と日本人の関係の変化を反映しているともいえる。ここでは、日本における神々の姿の変遷を時代を追いながら確認し、現代の特徴を考えることにしたい。

《キーワード》

洞窟壁画、ヴィーナス像、神を描く宗教、神像、浮世絵、ポップカルチャー、現代アート

1　人はいつから神を描いたのか

洞窟は女神か？

人が、自分の手でなにか新しい造形を生み出すという営みは、はるか昔から行われてきた。南アフリカのブロンボス洞窟から出土した七万七〇〇〇年ほど前の粘土塊には、規則的な文様が刻み込まれており、世界最古の芸術、芸術の萌芽などといわれる。ヨーロッパでは、馬やバイソン、鹿などが描かれた後期旧石器時代の洞窟が数多く発見されている。フランスのペシュメルル洞窟（約二万七〇〇〇年前）では、ネガティブハンドと呼ばれる手形と馬が組み合わされた「作品」が生み出された。もっとも有名な洞窟壁画は、同じくフランスのラスコー洞窟（約二万年前）であろう。洞窟の奥深くに黒、赤、黄色など複数の顔料を用い、さまざまな動物たちが描かれている。なかには鳥の頭と鳥の足のような手を持つ人も描かれる。洞窟の奥深く、当然そこは闇の中である。おそらく貴重なものであった火をかかげ、足下も悪いなか、危険を感じつつも歩みを進めたのだろう。なぜそのようなことをしたのだろうか。生み出したいという芸術家の心なのか（Lewis-Williams 2002=2012）。あるいは、なにか切実な願いによる、宗教的な行為だったのだろうか。一つの解釈として、この細い道ともいえないような道の奥に空洞を抱える洞窟とは、母胎を表現しているという説がある（Leroi-Gourhan 1964, Duerr 1984=1992）。女神の産道と子宮ということである。そこに絵を描くことで女神からの恵みとしての獲物を得ようとしたものであろう。そう考えると、洞窟壁画とは、女神信仰に基づくということになる。

それははたして女神なのか？

ヨーロッパの後期旧石器時代の遺物としては、女性を表現したと解釈されている複数の像もある。それらは「〇

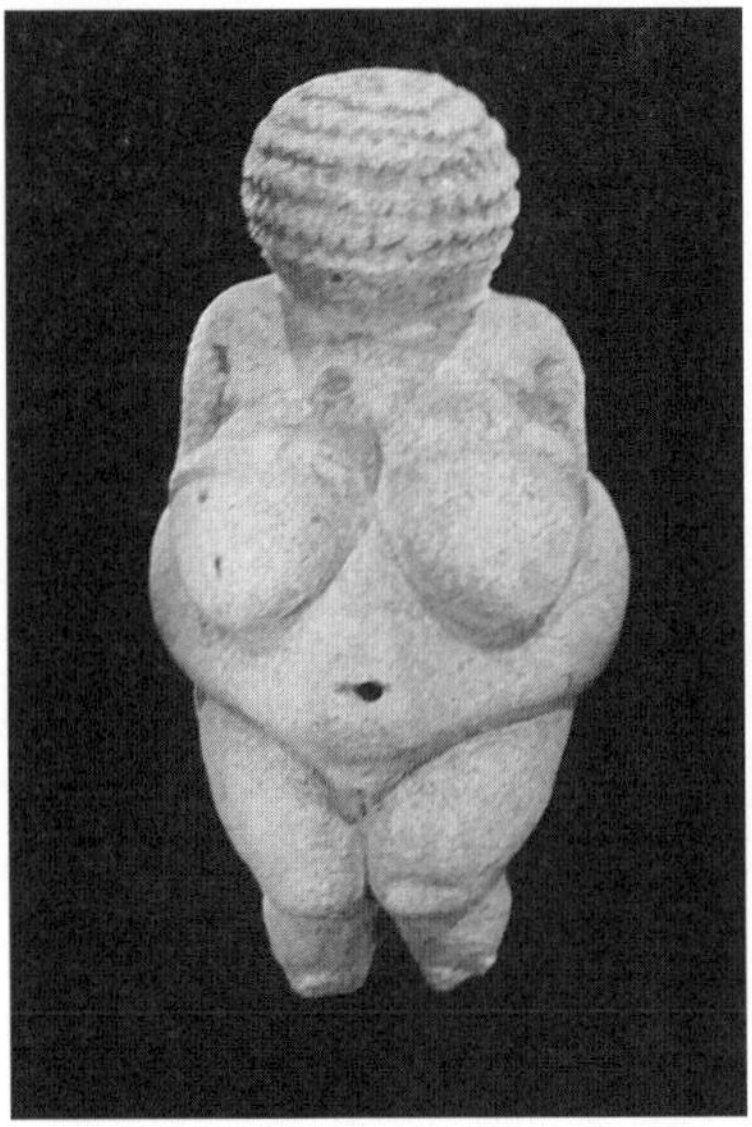

図1-1　ヴィレンドルフのヴィーナス
オーストリア自然史博物館蔵

○のヴィーナス」と称される場合が多い。オーストリアの自然史博物館に展示されている「ヴィレンドルフのヴィーナス」（図1-1）と呼ばれる像は、二万四〇〇〇年から二万二〇〇〇年ほど前のものである。大きな胸と妊娠中かと思われるような大きな腹、臀部が特徴で、女性器も強調されている。腕を胸の上に置き、腹を見下ろすような姿をしている。フランスの「レスピューグのヴィーナス」[1]も大きな胸と強調された臀部が印象的である。豊饒性を表す女神像とも解釈される。フランスの「ブラッサンプイのヴィーナス」[2]は、二万五〇〇〇年ほど前のもので、胴体部分はないが、髪が長く、柔らかな頬のラインから考えても女性を表したものであろう。同じく後期旧石器時代のものでフランスのマス＝ダジル遺跡から出土した「マス＝ダジルのヴィーナス」は、馬の歯に彫られた像で、ヴィレンドルフやレスピューグに比べるとスレンダーであるが、胸が強調されているため、女性であることは明白である。このように姿形にはそれぞれ特徴があるが、いずれもヴィーナスと呼ばれる。はたしてこれらは女神なのであろうか。もし女神であるならば、どんな名を持ち、どんな物語があったのであろうか。それを知るすべはない。しかし、われわれはヴィーナスと呼び、女神ではないかと解釈する。それは、人が太古の時代から神を表現してきたということが、自然なことと思われているからではないだろうか。

2　神を描くか描かないか

神を描かない宗教

人が古くから神を表現してきたと解釈される一方で、神を描くことを禁じる宗教もある。

ユダヤ教やイスラームは、神を描くことを禁じ、偶像崇拝を禁じる。たとえばヘブライ語聖書（旧約聖書）の「出エジプト記」には、「あなたはいかなる像も造ってはならない。上は天にあり、下は地にあり、また地の下の水の中にある、いかなるものの形も造ってはならない。あなたはそれに向かってひれ伏したり、それらに仕えたりしてはならない」と記される。同じく「レビ記」にも、「あなたたちは偶像を造ってはならない。彫像、石柱、あるいは石像を国内に建てて、それを拝んではならない」（二六章一）とある。ユダヤ教の礼拝施設であるシナゴーグには、当然神の図像はない。しかしながら、近年、ユダヤ教美術の研究が進み、二〜三世紀のシリアのシナゴーグの遺跡にヘブライ語聖書の場面を描いたものがあることがわかった。ほかにもイスラエルなどでシナゴーグの遺跡からノアの箱舟の場面を描いたモザイクの床も見つかっている（加藤・益田 2016）。後に触れるキリスト教の美術との関連も含め、研究の展開が待たれている。

イスラームの場合は、偶像崇拝は厳格に守られてきたようだ。イスラームの聖典クルアーンは、基本的に外国語への翻訳は認められないが（注釈書という形であればかまわない）、それだけでなく挿絵も認められていない。しかし模様や文字を装飾的に記すことは認められており、クルアーンに絵は描かれていないが、デザイン化されたアラビア文字が金箔や美しい色で記されている。集会所であるモスクにも神の絵はもちろんなく、その代わりに幾何学的な図形や装飾的なアラビア文字で彩られている。ちなみに、神ではないムハンマドや天使を描いていいのかどうかについては、地域や時代によって解釈が異なっていたようである。ムハンマドの顔に白いヴェールを被せている絵もあれば、天使が顔を出している絵もあるなど、時代をさかのぼると、解釈が多様であったことがわかる。現代では、情報化によって地域ごとの文化の特性が失われつつあるためか、ムハンマドも天使もその姿はほとんど描かれなくなったようだ。

神を描く宗教

偶像崇拝を禁じていたユダヤ教から生まれたキリスト教だが、こちらは神を描く宗教である。教会に行けばイエスの像やその母マリアの像が置かれていることが珍しくない。イエスの頭上に神が描かれていることもある。とくにヨーロッパのローマ・カトリックの教会は、さながら美術館のようにさまざまな図像や彫刻で満ちている。バチカンのシスティーナ礼拝堂はミケランジェロの天井画で知られるが、そこに描かれた「天地創造」の主役はもちろん神である。

東方正教会にもイコンと呼ばれる聖像があり、人々はイコンの前で祈る。このイコン崇拝についても、長い歴史の中で葛藤があった。八世紀から九世紀には、東ローマ帝国皇帝がイコノクラスムという聖像の破壊運動まで起こし、東西キリスト教の対立の一つの要因となった。のちにイコンは、崇拝対象ではなく畏敬の対象と位置づけられることとなるが、その前で祈る人々の姿を今も見ることができる。

キリスト教は、ヘブライ語聖書を旧約聖書として聖典に位置づけているので、偶像崇拝の禁止という点では、ユダヤ教やイスラームと同じであるはずだ。しかし、先にも述べたように、ユダヤ教でも聖書の場面を描くことが行われていたようである。初期キリスト教は、神々の図像が豊富にあった多神教世界のローマで宗教活動を展開して

図１－２　エジプトのアヌビス
バチカン美術館蔵

いった。そのなかで自然とイエスの図像や聖母子像なども生み出されていくことになったようである。神学的には、イエスが神の子であり肉体を持つ人間として顕現したという「受肉」の解釈などが、イコンを敬うことやローマ・カトリックの偶像崇拝を支えることとなり、豊かなキリスト教美術が展開していくこととなった（加藤・益田 2016）。

ほかにもヒンドゥー教は多くの神々の図像を生み出してきたことで知られるし、仏教も多様な仏像を造りだし、われわれ日本人にも親しまれている。中南米でも、神々はポップな色使いで、ユーモラスにも思えるような姿を見せている。

このように見ていくと、神や神に類するものを描くということは、それを禁ずる文化に比べてきわめて多く、表現したいという欲求は普遍的であるとさえいえるのではないだろうか。とはいえその描き方はさまざまである。

古代エジプトでは、神は動物の姿で表されることが多い。神の持っている行動特性が、その象徴している動物と重なっているからである。図１－２のアヌビスはミイラを作る神で、通常ジャッカルの頭を持った姿で表される。それは、ジャッカルが墓場に出没するからで、そこからミイラ

図1-3　バーニーのレリーフ

大英博物館蔵

作りの神に重ね合わされたのであろう。

同じく古代オリエントのメソポタミアの例をみてみよう。図1-3は大英博物館にある「バーニーのレリーフ」(「夜の女王」とも)と呼ばれるもので、愛の女神のイシュタル、あるいは死の女神エレシュキガルを表したものとされている。紀元前一九世紀から一八世紀頃のものとされ、頭には角冠があり、神であることが示されている。興味深いのは、背中から羽が生えていることである。また、足下をよく見ると、三本の爪のようなものでライオンの背中に立っている。鳥の姿と合成されたかのような女神像である。人間とは明確に異なった姿で描かれているのである。人間離れしているといってもよいだろう。

エジプトやメソポタミアの神の姿をみて、こうありたいと思う人はあまりいないだろう。他方で、こうありたいと思うような姿で神を表現するのが古代ギリシャである。古代ギリシャでは紀元前七世紀頃には神を描いていたとされる。人間中心主義と特徴付けられるギリシャでは、神々は人間の理想の姿で表現された。ルーブル美術館のなかでも「モナ・リザ」と並んで人気の高い「ミロのヴィーナス」(図1-4)は、美の女神アフロディーテを表したものとされる。人間の理想とするプロポーションで神の姿が表されたものだということができるだろう。

神を描くのか、描かないのか、また描くのであればどのようなものとして描くのか。もちろん芸術家の創造物ではあったとしても、そこには宗教文化のあり方も関わってくるだろう。

では、神を描くという点において、日本はどのように神と関わってきたのだろうか。

3　日本の神々はどう描かれてきたのか

古代の神々

ヨーロッパの後期旧石器時代の遺跡からいくつものヴィーナスたちが出現していることはすでに述べたとおりだが、女神たちは縄文時代の日本にも出現している。一般に「縄文のヴィーナス」と呼ばれる土偶は、長野県茅野市棚畑遺跡から出土したもので、妊婦をかたどっているのか、突き出た腹と豊かな臀部が特徴的である。(3)「縄文の女神」と呼ばれるのは、山形県舟形町から出土した、高さ四五センチもある大型の土偶である。(4)前衛的ともいえる表現だが、臀部が突き出ているのが印象的だ。ほかにも、「仮面の女神」（長野県茅野市）と呼ばれる土偶などがある。(5)これらはヴィーナスや女神と呼ばれる

図1-4　ミロのヴィーナス

ルーブル美術館蔵

土偶だが、その他にも女性をかたどったと解釈される多量の土偶が出土している。地域的には関東、東北が多く、おもに縄文時代中期の遺跡から出土している。これらの土偶は、その通称にも現れているように女神信仰から生み出されたのだと考えられてきた。多くの土偶が、妊婦のような姿をしていたり、胸、腹、臀部が強調されていることなどから、女神の生み出す力への信仰が表現されていると解釈される（吉田 1995）。しかし、これらの女神と解される存在についての物語は伝えられておらず、後の古事記や日本書紀に登場する女神の神話との関係を指摘する研究はあるものの（吉田 1995）、明らかになっているとはいえない。

時代が変わり、弥生時代になると土偶はほとんど作られなくなる。弥生時代は、よく知られているように稲作が各地に広まっていった時代である。縄文時代とは生業が大きく変わり、作物の実りを祈願する神祀りが行われるようになった。祭祀遺跡からは、大陸より伝わった銅鏡などが特別に扱われていた様子をうかがい知ることができる。銅鏡が祭祀に使われるのは、その後の古墳時代にもつづく。こうした遺跡は、鏡をご神体として祀る現在の神道の神祀りの源流を知る手がかりとされている。たとえば世界遺産にもなっている福岡県宗像市の沖ノ島は、宗像大社の沖津宮があり、古くから神の島と知られ、古代の祭祀の様子を今に伝える場所だ。島内でもっとも古い四世紀の遺跡には、大きな岩の上に石を巡らせた場所を設けて祭祀を行った痕跡が残る。そこには銅鏡や鉄製の刀のほか勾玉も供えられていた。

また、奈良県桜井市の三輪山は形の整った円錐型の山で、古くから神の宿る山である神奈備とされてきた。山中の山ノ神遺跡（四世紀から六世紀頃）では、巨石の下から勾玉などが出土している。出土物も、この山への信仰の古さを示している。

これらは自然物を直接に神として祀っていたことを示すものである。山や岩、木が神の宿るものないし神そのものとして祀られ、鏡などもまた神が宿るものとして祀られた。

古墳時代には多くの埴輪が作られ、人の形をしたものなどもあるが、それらは神として作り出されたものではないようである。弥生時代から古墳時代にかけての日本では、神は宿るものであり、その姿をなにかに刻んだり、描いたり、作り出したりということは、行われていなかったようである。

八世紀になると、文字情報として神や神話を伝えることが行われるようになる。古事記や日本書紀の編纂である。これらに伝えられる神話には、山の神や海の神など自然神といえる神々も多く登場するほか、抽象的な存在と思われる神も登場する。しかし、神話では明らかに人の姿をしていると推察される神々によって物語が展開されている。着ている衣服の描写や身に帯びている装飾品、髪型などが明らかに人のそれであることからわかる。さらに、神の顔の美醜についても語られる。神々は神話のなかで結婚をしたり子どもを産んだり、争ったりする。このように人格を持った神が物語られたが、やはりその時代に神の姿を描いたり、姿を像に刻んだりということが行われた形跡は見当たらない。

描かれる神の登場

その状況が変化するのは、仏教の影響によるものである。六世紀に朝鮮半島から仏教が伝来する。仏は蕃神、すなわち他の国の神と呼ばれ、日本の神々との葛藤を経験するも、共存の道を歩むことになる。八世紀になるとその関係はもっと密接になり、いわゆる神仏習合といわれる状況が生まれる。神も人間と同じように悩む存在であり、仏の力で解脱させせなければならないという「神身離脱」の考えが生まれ、神社の中に「神宮寺」が設けられるようになった。他方で、神は仏教を護る存在であるという考えも生まれる。九州の宇佐を本拠としていた八幡神という神が東大寺の大仏建立のときに上京し、大仏造営を援助するなどし、後に朝廷から「八幡大菩薩」という神号を贈られたことも知られている。こうして神道と仏教の関係が密接になっていくなかで、仏が仏像などの姿で表現されることの影響を受け、日本の神々も神像で表現されるようになる。それは八世紀にはじまるとされる。今のところ現存最古の神像とされるのが、九世紀の平安時代初期の京都・松尾大社の神像である（丸山 2013）。三体の神像の

図1－5　僧形八幡神像

國學院大學博物館蔵

うち、一体はヒゲを蓄え、冠と袍を身につける男神で、松尾大社の祭神である大山咋神とされる。女神像は、ふっくらとした頬で長髪。市杵島姫命とされ、祭神の大山咋神の対偶神とされる。そしてもう一体は、二神の御子神と解釈される壮年の男神像である。大山咋神の像は、威厳のある姿、表情がとくに印象的である。

この松尾大社の神像をはじめとして、平安時代には冠をつけ袍を着た男神や、背子をつけた女神像が数多く作られていった。

少し時代が下ると、僧形八幡神像がある。図1－5のように、八幡大菩薩である八幡神を描いている。鎌倉時代以降、八幡信仰が全国に広まっていくにともなって、彫像でも絵画でもこのような八幡神像が多く作成されていった。また、陽明文庫蔵の「春日鹿曼荼羅」（一三世紀）のように、人間の姿をした神を描くのではなく、神鹿の上に榊を置き、その枝に春日大社の五柱の神を象徴する五つの紙垂をかけるといった、神を象徴的に表した図像も見られる。雲で神の顔を覆い隠すような絵もあり、神を直接的に描くことを遠慮するという考え方も見られたようだ。

神々の姿が直接的に、あるいは象徴的に描かれていく一方で、神話の場面を描いたものはほとんど見当たらない。例外的な存在としては福井県小浜市の明通寺蔵の「彦火々出見尊絵巻」がある。彦火々出見尊、すなわち山幸彦の神話を描いたもので、原本は平安時代末に作成されたと推定され、現在伝えられているのは忠実な模写である。平安時代の装束を着た彦火々出見尊をはじめとし、海の神々の姿も色鮮やかに描き出されている。

江戸の神々

江戸時代になると、神々は一般の人々に向けて描かれるようになり、浮世絵でも表現されるようになった。浮世絵は「浮世」すなわち「現代」の絵ということであるから、当時の風俗、日常を描いたものが多いが、宗教的なテーマを扱ったものも少なくない。矢島新は、浮世絵のなかの宗教表現に注目し、「そこには庶民の信仰に根ざした、伝統にとらわれぬ新しい宗教表現が認められる」（矢島 2008：167）と述べている。そして、その信仰の内容について、仏に関わるものが少なく、神に関わるものが多いと指摘し、「それまであまり描かれることのなかった神のこのような絵画化は、日本の宗教絵画史に新たなヴァリエイションをくわえるものとして注目すべきである」（矢島 2008：168）という。さらにその特徴については、こう述べている（矢島 2008：170-171）。

当時の風俗がそのまま描かれることも多く、従来の聖なる宗教画イメージからはかなり隔たった画面となっている。新しい主題である七福神図でも、全体を宴会の場面としたり、神話に見立てるなどの舞台設定に趣向を凝らしたものが目立つ。

このような情景を描くことの多さは、浮世絵の主要な分野の一つである芝居絵からの影響を予想させる。宗教的な作品中にも見られる動勢あふれるポーズや大げさな顔の表情などは、芝居絵にならったものであろう。

たしかに、浮世絵のなかで描かれる神々は、「春日鹿曼荼羅」のように象徴的でもなければ、松尾大社の神像のように威厳に満ちた姿でもない。当時の衣装を身にまとい、歌舞伎の隈取りをしていることもある。江戸後期の代表的な浮世絵師、三世歌川豊国（歌川国貞）の「大社縁結図」（一八五一年嘉永四年七月）をみてみよう（図1-6）。

出雲大社では、年に一度全国から神々が集って「神議《かみはか》り」を行い、人々の縁を結ぶとされている。現在でも神在祭の名で旧暦の一〇月に行われているものである。この浮世絵は、集っている神々の様子を描いたものであるが、

図1-6　三世歌川豊国「大社縁結図」

國學院大學図書館蔵

その神々はすべて実在の歌舞伎役者たちの役者絵となっている。

この浮世絵が作成されるよりも少し前の天保年間には、いわゆる天保の改革が行われた。綱紀粛正、倹約励行、風俗是正に力点が置かれ、なかでも風俗を乱し、倹約に反するものとされた歌舞伎への弾圧は厳しかった。七代目市川團十郎は、その改革によって、江戸十里追放という処罰を受けている。現代のブロマイドと同じような位置づけで人気も高かった役者絵もまた風俗是正のために取り締まりの対象となった。團十郎は、嘉永二年（一八四九）に赦免され、江戸に戻り、翌三年（一八五九）に舞台に復帰する。しかし天保の改革の影響はつづいており、復帰の芝居を描いた浮世絵に役者の名は記されていない。役者の似顔であっても役者の名は記されないという状況がしばらくあったようだ（岩切 2002）。嘉永四年の「大社縁結図」に描かれているのは、嘉永四年当時に舞台に出ていた役者たちの似顔である。この絵にも役者の名前は一切記されていない。記されているのは神の名である。人々はその神々の姿にすぐお気に入りの役者や有名な役者の顔を認めたり、誰であろうかと推測をしたりしたのではないだろうか。さらに、その神々の姿に籠められた浮世絵師の意図を考えたりもしただろう。

たとえば画面中央で筆を持つのは、八代目市川團十郎である。図1-7をみると、神名としては「天照大神」と記されている。その後ろで鈴と榊を持って立つ女神には「宇須女命」と記される。「宇須女命」

図1－7　「大社縁結図」（部分）

とはアメノウズメのことで、役者の顔は三代目岩井粂三郎という女形の役者である。アメノウズメとアマテラスが並んで描かれていることから、この構図は天の岩屋に籠もったアマテラスをアメノウズメが歌舞により他の神々を笑わせ、その笑い声で女神の関心を引き、外に誘い出したという神話の場面を想起させるものとなっている。アメノウズメという女神を三代目岩井粂三郎という女形の役者で描いているように、基本的に女神に配されている役者は女形の役者である。木花開耶姫命（コノハナノサクヤヒメ）であれば二代目尾上菊次郎、伊弉冉尊（イザナミ）であれば尾上梅幸といった具合である。しかし、ここで同じく女神のアマテラスに配されているのは、本来は立役（男性の役を演ずる役者）であるはずの八代目市川團十郎である。『歌舞伎年表』（岩波書店）によると、嘉永四年五月二三日に「團十郎病気にて舞台にて皆々介抱し家へ連行」とある。五月の次に團十郎が芝居に登場するのは九月であるので、この絵が発行されたとされる七月の段階では病気で休演していたと考えられる。そこから考えられることは、八代目市川團十郎が天の岩屋の場面を想起させる形でアマテラスに配されているのは、舞台に團十郎がいないという状況が、天の岩屋にアマテラスが籠もっている状況に重ね合わされたためということである。歌舞伎界の中心を担う團十郎がいないことが、最高神アマテラスがいないことと同じだと思われていた様子は、七代目市川團十郎が天保の改革で江戸を所払いとなるも、嘉永二年に赦免されて一八五〇年（嘉永三）に復活して江戸の河原崎座で「難有御江戸景清」に出演した際、狂言（芝居）のなかで「岩戸出景清だんまり」を演じたという前例からもわかる。この場面は三代目豊国によって浮世絵に描かれているが、そこには天の岩屋からアマテラスが出てくる神話を思わせるような形で岩屋から登場する團十郎とともに、やはりアメノウズメの役回りの役者も描かれている。

ほかにもこの浮世絵では「客人権現」には三代目浅尾奥山が配されているが、この役者はもともと上方の役者で、七代目市川團十郎が大阪から戻る際にともに江戸に下っていた。つまり江戸の役者たちにとって「客人」であった（加藤 2018）。浮世絵の消費者たちは、神々の顔の背後にこうした浮世絵師の作為を読み取った。それは禁制下での浮世絵および歌舞伎消費の一つの楽しみ方でもあったのではないだろうか。

浮世絵において神々は、このように同じ時代に生きる役者たちの姿で表現された。その絵は、神聖なものというよりも、縁起物という軽みのあるものだったといえるだろう。神々は、まさに現代的に、ポップに表現されたのである。

4　近代日本の神々

古典的な神の姿

明治期になると、神道の位置づけが変わるとともに神々への意識も変わっていく。神社は公共空間となり、神道は「国家の宗旨」とされた。アマテラスにはじまる皇統に関わる神々は歴史的な存在になった。歴史教科書でも天皇と神との連続性が歴史的事実として教えられた。神話は国民のナショナリズムを昂揚、強化するためのものとなり、神話というよりも歴史として教えられることになったのである。そのことは神の描き方とも関わってくるのではないだろうか。明治期になると、ヨーロッパの歴史画の技法の影響も受けて、神話は盛んに描かれるようになる。たとえば日本で最初の洋画家と位置づけられることの多い高橋由一は古事記の英雄ヤマトタケルを描いた。「黄泉比良坂」（一九〇三年）、「大穴牟知命」（一九〇五年）、「わだつみのいろこの宮」（一九〇七年）など、神話を題材にした絵画で知られる青木繁は、ラファエル前派の影響を受け、歴史的で写実的な神を描こうとした。図1－8「わだつみのいろこの宮」は、山幸彦が海神の宮を訪れた場面を描いた作品だが、井戸の上の桂の木に腰かける山幸彦、トヨタマビメとその侍女、そして彼女たちが持つ水を汲む器など、古事記の叙述を意識した描き方となっている。

ファシズム期の「古代的」な神の姿

一九二〇年代以降、ファシズム運動がヨーロッパ、日本を中心に世界を席巻していく。このファシズム期の社会の特徴の一つに、急進的なナショナリズムや全体主義的傾向を持つことが挙げられる。そしてそのなかで国民の統

図1－8　青木繁「わだつみのいろこの宮」（1907）
アーティゾン美術館蔵

合のために民族の歴史を聖化し政治体制を正当化していくことが行われる。そこでは「古代的なるもの」が見いだされ、聖化されていくことになる（平藤編 2020）。日本では、明治維新の際に初代天皇である神武天皇のときの姿に「戻る」ことが宣言され、一八七二年には政府によって神武天皇即位の日が紀元前六六〇年二月一一日と定められた。そしてファシズム期の一九四〇年になると盛大に「紀元二六〇〇年」が祝われた。一九三七年にはじまる日中戦争の出口がまったく見えないなかでのことである。この「紀元二六〇〇年」の記念行事の一つとして、一九三九年に横山大観や安田靫彦といった有名な日本画家たちが神話を描く『肇国創業絵巻』と題する絵巻が作られた。この絵巻の制作に当たって、興味深いのは、風俗考証が行われたことである。担当者は東京帝室博物館の関保之助だった。この絵巻の研究を行った長嶋圭哉によると、関は博物館で展示されていた古墳の遺物をつかって絵巻の考証を行ったという。絵巻のなかで神武天皇がかぶる冠から服装、船の形まで、古墳時代の遺物が参照されたということである。また天孫ホノニニギを描くために参照された埴輪も特定している（長嶋 2001）。古墳の考古学が進展していたという状況と、こうした絵画が作成された時期が重なったということもあるだろうが、神々が歴史の中に位置づけられ、神の姿が時代考証を経て描かれていたことを押さえておきたい。

日本の神話は、神を先祖に持つとされる天皇という存在によって現代までの連続性を持つ。アマテラスの子孫が天皇になるという物語は、その後代々の天皇の物語へと接続し、そして今も存在する天皇へとつながっている。明治五年に政府によって作られた最初の歴史教科書である『史略』では、歴史は「神代」から始まる。どこまでが神話で、どこからが歴史かは、この当時はとても扱いづらい課題であったろう。

一九四〇年に行われた紀元二六〇〇年を祝うさまざまな国民的行事は、神と天皇とをつなぐ神武天皇の存在が歴史的事実であることを強く人々に植え付けるものであった。この時期の天皇と日本人について研究しているケネス・ルオフは、次のように述べている（Ruoff 2010=2010：58）。

国史の中でも、群を抜いて徹底的に研究され、あがめられ、詳細に記述されたのが、神武天皇の偉業である。現時点から見ると、紀元二千六百年行事に関連して、神話の天皇がこれほど広く信じられ、人々の脳裏から離れなかったのは、当時、国中が何かにつかれていたかのように思えるほどだ。これを神武天皇フィーバーと呼ぶかどうかはともかく、一九四〇年はこの初代天皇が舞台の中心を占めていたことは間違いない。

この状況は一九四五年に大きく変わる。一九四五年の敗戦によって、天皇が人間宣言をし、自分は神ではないと表明したのである。ＧＨＱは、「修身、日本歴史及ビ地理停止ニ関スル件」を出し、これらの科目の授業を停止させ、また新しい教科書を作成するにあたっては神話を歴史とはっきりと区別することを求めた。一九四六年には文部大臣の田中耕太郎も戦後の新しい歴史教科書について、「從來史實と神話とを混同致しましたやうな歴史的の記述を排斥致しまして、嚴格に眞實に基かなければならないと云ふ方向に向つて歴史の教科書の編纂を致さなければならないと存じます」（第九〇回帝国議会　貴族院　帝国憲法改正案特別委員会　第八号　昭和二一年九月九日）と述べるなど、まさに神話との決別が告げられることとなった。

天皇が神の子孫であるという古事記や日本書紀の物語は変わらないが、神々の物語は歴史から切り離され、神話は神話として取り扱うようになったということができるだろう。

5　現代日本の神々のカタチ

ポップカルチャーの中の神々

神の表現に関して言えば、戦後も神々は古墳時代の服装、姿で描かれることが多かった。しかし、ある意味で近代的な表現ともいえるそうした表現は、次第に変化してきた。とくにポップカルチャーや現代アートにおける神々は大きな変化を迎えることになる。

マンガやアニメ、ゲームといったポップカルチャーの作品で神が登場するものは多い。そうしたポップカルチャーのなかの神々の姿については他所で分析しているので、ここで簡単に紹介したい（平藤 2015）。

そのとき取り上げた作品は、テレビアニメ『かみちゅ』（テレビ朝日、二〇〇五年六月～九月放映）、鈴木ジュリエッタ『神様はじめました』（白泉社、二〇〇八～二〇一六年）、よしだもろへの『いなり、こんこん、恋いろは。』（角川書店、二〇〇八～二〇一五年）、PSPゲーム『神々の悪戯』（ブロッコリー、二〇一三年発売）などである。これらの作品の中では、女子中高生が神になったり、神と出会ってその能力を分け与えられたり、あるいは神々と恋愛をしたりする。また神と人間がケンカをしたり、神が人間の女子中学生をうらやましがったりする様子が描かれる場面もある。つまり、双方向的で距離が近い存在として描かれるのである。

日本神話でもっとも高貴な神とされるアマテラスは、『いなり、こんこん、恋いろは。』では、スルメをかじっている中年の女性として描かれる。彼女はとても退屈しており、退屈しのぎに主人公の「いなり」に試練を与える。このマンガにはさまざまな神々が登場する。宇迦之御魂神は引きこもり気味のゲーム好き。その兄の大年神は妹を溺愛し、鬱陶しがられている。いずれも神であり、神秘的な力も持つが、人間のように悩み、退屈し、遊んでいる。

「大神」というゲームでは、アマテラスは動物のオオカミの姿で登場し悪と戦っている。それに対しアマテラスの弟スサノオは人間の姿をして描かれている。

神は自由に描かれており、神らしくない姿にも思える。しかし、宗教界からは、こうした表現についてクレームが出ることはないようだ。神の描き方にタブーはないといえるだろう。

また、神はとても人間に近しい存在としても描かれている。『かみちゅ』や『神様はじめました』は、少女が突然神になったり神が見えるようになったりした自分を受け入れて学生生活を送る。神としてふるまえば恋愛もし、神使とケンカをしたりもする。周りの友人たちも、彼女の存在を当たり前のように受け入れている。

『いなり、こんこん、恋いろは。』では、神が人間に「友達だ」と言われて喜び、人間のような恋がしたいと願う。『いなり、こんこん、恋いろは。』単行本第一巻の帯に記されたキャッチコピーに、「これは神様と人間の友情と恋の物語」とある。人間と神との関係は対等であるといってよい。

古代の神話の神々だからといって古代っぽい服装をすることはなく、また神だからといって美しく描いたり威厳に満ちたものに描いたりするわけでもなく、ことさら神々しく描かれるわけでもない。和の要素や神道的な要素が服装に現れることはあるが、それはあくまでもコスプレ的な感覚であるといえよう。

神々と現代アート

現代アートではどうだろうか。二〇二〇年の夏、「高橋士郎古事記展　神話芸術テクノロジー」（会期二〇二〇年七月二三日～一〇月一一日）と題された展覧会が川崎市岡本太郎美術館で開かれた。いわゆる「コロナ禍」にもかかわらず、約二ヶ月半の会期に二万人以上の人が訪れたという。

この展覧会は造形作家の高橋士郎が、古事記の神々をバボット（空気膜造形）といういわゆるバルーン・アートで表現したものである。作品では神々がときに抽象的に、またときに具象的に、カラフルに表現されていた。なかには、驚くような神々の表現もあった[6]。図1-9はイザナキを表現したものである。バボットは動力で空気を送り込むシステムになっているため、このイザナキは静物ではなく、手足を動かす。その動きにより黄泉の国から逃げるイザナキが表現される。神話のなかでイザナキが黄泉の国を出るときに通る「黄泉比良坂」（ヨモツヒラサカ）はとてもカラフルに表現される（図1-10）。死者の世界である黄泉の国と葦原中国の境にある坂のため、暗いイメージで思われがちだが、現世への出口と考えれば、カラフルに表現することも説得的といえる。

主催者は、この企画の意図を次のように説明する（高橋 2020）。

図1－9　高橋士郎「イザナキ」

図1－10　高橋士郎「黄泉比良坂」

> 本展は、高橋士郎が長年つづけてきた「空気膜造形」研究の集大成として、日本の古事記に挑んだ作品群で構成されます。古代より現代まで人間が「気」をどのように扱ってきたのか、その全歴史と文化を自家薬籠中のものとした高橋は、古事記の中に現れる神々の「気有壮大」を、独自の気膜テクノロジーによって、21世紀に蘇らせます。

作家の想像力が創り出す神話的世界は、ときに硬直しがちな神話の読み方に新たな解釈＝イメージの可能性を与えるといっていいだろう。

現代アートのもう一例として、スプツニ子！は、二〇一六年に日本神話に登場する女神トヨタマビメの神話に着想を得て、映像作品「運命の赤い糸をつむぐ蚕－タマキの恋」を制作した。この作品では、遺伝子工学を学ぶ主人公「豊田玉姫」が「運命の赤い糸を紡ぐ蚕」を作り出し、片思いの相手である「山田ジョン幸彦」と結ばれようとする。「豊田玉姫」とはトヨタマビメ、「山田ジョン幸彦」とは山幸彦に由来する。作品の冒頭で「アートと科学の創造で新しい神話が生まれる時代」と語られるように、まさに神話を現代に新たな形で生み出そうとする作品だ[7]。

高橋士郎もスプツニ子！も、現代のテクノロジーや科学による神話の再生と新生を試みているという点では共通しているといえるだろう。

ポップカルチャーや現代アートの世界では、どうやら完全に神話と歴史が切り離されたようだ。神々は同時代的に、自分たちに近い存在として描かれる。

そしてアーティストの独創的な解釈のもと、奇想天外な姿を表すこともある。江戸時代の浮世絵のなかで表現された神々の姿と類比して考えることもできる。

神話や神がコンテンツとして、文化資源として新たなアートの源泉となっている。では、なぜ神話や神でなければならないのだろうか。神々の姿を造らしめるその神話の力について考えていく必要があるだろう。

《読書案内》

加藤磨珠枝・益田朋幸『西洋美術の歴史2中世Ⅰ　キリスト教美術の誕生とビザンティン世界』中央公論新社、二〇一六年。

偶像崇拝を禁止していたユダヤ教から生まれたはずのキリスト教は、どのようにして壮麗なキリスト教美術を生み出していったのかを、豊富な資料をもとに歴史的に説き起こしている。キリスト教について美術の面から考える上でも重要な文献である。

辻惟雄『あそぶ神仏――江戸の宗教美術とアニミズム』ちくま学芸文庫、二〇一五年。

最初に置かれた「日本美術に流れるアニミズム」は、日本人の宗教観がどう視覚的に表現されてきたのかをわかりやすく説明している。とくに江戸期に焦点が当てられ、仏像や禅画が取り上げられるが、それだけでなく春画と性器崇拝など広く民衆文化と美術についても論じられている。

平藤喜久子・松村一男『神のかたち図鑑』白水社、二〇一六年。

ギリシャ・ローマ、北欧、ケルト、スラヴ、アフリカ、アラブ、インド、中国、東南アジア、オセアニア、日本、南北アメリカなど、四〇〇以上の神々の図像を取り上げ、テーマ別に比較神話学的考察を加えたもの。神の姿の多様性をみることができる。

吉田敦彦『日本人の女神信仰』青土社、一九九五年。

縄文時代の遺跡から出土する土器や土偶について、古事記や日本書紀に登場する殺される女神の神話と比較し、縄文時代の日本に殺されることで体の中から作物を生じさせる地母神信仰があったことを論じ、さらに日本の女神とヨーロッパの先史時代の女神との共通性、さらには日本の昔話の山姥などとの比較可能性に言及している。

デヴィッド・ルイス＝ウィリアムズ『洞窟のなかの心』港千尋訳、講談社、二〇一二年。

先史時代の洞窟壁画は、ヨーロッパ以外の各地で現在も発見されつづけている。そもそもなぜ洞窟を舞台に人は芸術を作り出そうとしたのだろうか。この問いに宗教学や考古学だけでなく、認知心理学などの成果も取り入れて挑んだ著作。芸術の起源について考える上で重要である。

注

（1）「レスピューグのヴィーナス」（フランス人類博物館）（https://www.museedelhomme.fr/fr/musee/collections/venus-lespugue-3859 2021.7.31）

（2）「ブラッセンプイのヴィーナス」（フランス国立考古学博物館）（https://musee-archeologienationale.fr/collection/objet/la-dame-la-capuche 2021.7.31）

（3）茅野市尖石縄文考古館、国宝「土偶」（縄文のビーナス）（https://www.city.chino.lg.jp/site/togariishi/1755.html 2021.7.31）

（4）国宝「縄文の女神」（山形県舟形町）（http://megami.town.funagata.yamagata.jp/ 2021.7.31）

（5）茅野市尖石縄文考古館、国宝「土偶」（仮面の女神）（https://www.city.chino.lg.jp/site/togariishi/1754.html 2021.7.31）

（6）高橋士郎 古事記展 ＰＲ動画（https://www.youtube.com/watch?v=uB4_HvjE5Io 2021.7.31）

（7）スプツニ子！「運命の赤い糸をつむぐ蚕－タマキの恋」（https://www.youtube.com/watch?v=08BFqcZ1xYI 2021.7.31）

文献

Duerr, Hans Peter, 1984, *SEDNA order Die Liebe zum Leben*, Suhrkamp Verlag, Frankfurt am Main.（原研二訳、一九九二、

『再生の女神セドナ　あるいは生への愛』法政大学出版局。）

平藤喜久子、二〇〇五、「神と出会う・神を描く――ポップカルチャーにみる伝統と現代」『國學院大學雑誌』第一一六巻一一号、一四二-一五四頁。

平藤喜久子編、二〇一〇、『ファシズムと聖なるもの／古代的なるもの』北海道大学出版会。

伊原敏郎、一九六一、『歌舞伎年表』第六巻、岩波書店。

岩切友里子、二〇〇二、「天保改革と浮世絵　国芳の揃物を中心にした錦絵の動向と名主単印試考　付『シタ売』印についての私見」国際浮世絵学会『浮世絵芸術』一四三巻。

加藤次直、二〇一八、「浮世絵から『読む』江戸の信仰」地域文化研究会発表資料。

加藤磨珠枝・益田朋幸、二〇一六、『西洋美術の歴史2中世1　キリスト教美術の誕生とビザンティン世界』中央公論新社。

Leroi-Gourhan, André, 1964, *Les religions de la Préhistoire*, PUF, Paris.

Lewis-Williams, David, 2002, *The Mind in the Cave, : Consciousness and the Origins of Art*, Thames & Hudson Ltd., London.（港千尋訳、二〇一二、『洞窟のなかの心』講談社。）

丸山士郎、二〇一三、「神像の表現」東京国立博物館／九州国立博物館編『国宝　大神社展』ＮＨＫプロモーション。

三上徹也、二〇一四、『縄文土偶ガイドブック』新泉社。

長嶋圭哉、二〇〇一、「〈肇国創業絵巻〉の研究」『筑波大学芸術学研究誌　藝叢』第一七号、四一-九六頁。

Ruoff, Kenneth J., 2010, *Imperial Japan At Its Zenith*, Cornell University Press.（木村剛久訳、二〇一〇、『紀元二千六百年――消費と観光のナショナリズム』朝日新聞出版。）

高橋士郎、二〇二〇、『古事記展　神話芸術テクノロジー』川崎市岡本太郎美術館。

辻惟雄、二〇一五、『あそぶ神仏――江戸の宗教美術とアニミズム』ちくま学芸文庫。

矢島新、二〇〇八、『近世宗教美術の世界――内なる仏と浮世の神』国書刊行会。

吉田敦彦、一九九五、『日本人の女神信仰』青土社。

第2章

葬式仏教の時代は終わったか

――葬送・墓制・死生観の日本史

櫻井義秀

《ポイント》

「葬式仏教」とは、日本仏教が葬送儀礼と密接に結びつくことで日本の宗教文化に固有の位置を占めたことを説明する概念である。しかし、僧侶が葬儀にかまけて布教・教化や社会事業を行わなくなったという批判的ニュアンスや、葬儀・法要への高額な布施で生業をたてる寺院のあり方を揶揄する言葉として使われる方が多いだろう。仏教学者や高僧・名僧が説く仏教本来のあり方と葬式仏教は大きく乖離しているようにも見える。

日本仏教が東アジアの大乗仏教や東南アジアの上座仏教、チベット仏教などと大きく異なるのは、檀家制、および僧侶の結婚と寺の世襲においてである。この特徴は、一六世紀末にキリスト教が伝来したこと、一九世紀末から日本が近代化したことと大きく関わるのだが、日本で仏教が葬儀や追善法要に携わるようになったのは中世にさかのぼる。「葬式仏教」が形成されてきた時代や社会を概観し、現代の「葬式仏教」解体の時代と社会を展望するのが本章の目的である。日本人の死生観を葬送儀礼や墓の歴史からさぐり、現代人の死生観に影響を与える社会変化についても論点を提示しておこう。

《キーワード》

葬送、墓、日本仏教、人口減少社会、死生観

1　日本仏教の岐路——葬儀と寺はどうなる

葬儀レス社会

「葬儀レス社会」とは、朝日新聞が二〇一九年に組んだ「老後レス社会」という特集にならった用語である。特集では、定年退職を迎えても十分な年金や蓄えがないために高齢期でも働き続けなければいけない人が増えていることの深刻さが伝えられた。悠々自適の老後は一部の富裕な高齢者にのみ許された贅沢となっている。葬儀もまた同じ傾向にあるのではないか。祖父母の世代で経験した大勢の人が集まる葬儀——一般葬がまれになり、家族だけで集まる家族葬や火葬だけで葬儀を一切行わない直葬が増えている。

この傾向は二〇二〇年に発生した新型コロナウイルスの感染拡大によってさらに顕著となった。病院や介護施設では面会禁止となり、家族による看取りすらできない期間があった。感染死者の遺体は、火葬後焼骨となってから遺族に戻される。葬儀に参列者を招くのは密になるからと、ソーシャルディスタンスのために大半の葬儀が家族葬となった。数年もこの状況が続けば、葬儀の簡略化や年忌法要を省略するやり方に人々が慣れてしまい、コロナが終息しても元に戻ることはないだろう。

葬儀レス社会とは、葬儀に関わってきた寺院仏教が社会から必要とされなくなる時代をも予兆している。全国には約七万六〇〇〇ヵ寺（二〇一八年の仏教系宗教法人数）があり、約三五万人の僧侶（二〇一八年の教師数のうち仏教関係事業所における従業員数は約一八万七〇〇〇人）、および小学校から大学までの仏教系学校約二四〇校（斎藤 2014：58）にとってゆゆしき事態だろう（文化庁宗務課 2018）。葬儀の簡略化が進んできた社会背景には二つの要因がある。家族の個人化と葬儀のイノベーションである。順に説明していこう。

家族の個人化という社会現象は少子高齢化・人口減少の主要因である未婚化と長寿化によって生じている。日本は一九七〇年代の高度経済成長期には人口の九割方の人々が結婚する皆婚社会であった。男女を問わず、人は結婚して子どもを産み育てることが幸せという規範意識が強く、お見合いの制度も機能していたのである。しかし、その後の半世紀の間に結婚や子どもを持つことは人生の選択肢の一つとなり、二〇一五年の国勢調査によれば五〇歳時の未婚率は男性が二三・三七％、女性が一四・〇六％となった（国立社会保障人口問題研究所 2021）。

未婚化傾向は今後もつづくことが予想され、老後にいわゆる「おひとりさま」で人生を終える人が増えるだろう。しかも、日本人の長寿化傾向も顕著であり、女性の独居高齢者が増えている。二〇一九年の平均寿命は男性が八一・四一歳、女性が八七・四五歳であるため、老夫婦では男性の死亡後に女性が一〇年ほど独居生活をおくる可能性が高い。二〇一八年に六五歳以上の高齢者世帯は日本の全世帯の四八・九％に達し、三世代家族は一〇％に減少した。他方で単身世帯は二七・四％である（厚生労働省 2021）。これが家族の個人化の実態であり、家族や親族で助け合って葬儀を営むための家族力が大幅に低下したのである。

葬儀の簡略化の典型として次にＩＣＴ葬祭業と寺院との新しい関係について述べておこう。

お坊さん便をめぐる論争

「お坊さん便」とは、ＩＣＴ企業である二〇〇九年創業の「みれんび（現在は「株式会社よりそう」と改称）」が二〇一五年からアマゾンに出品した僧侶派遣パッケージ商品の呼称である。この会社は二〇一三年から葬儀サービス一般を取り扱う業務を開始し、散骨、仏壇や永代供養墓、生前契約などを扱い、年間相談実績五万件とネット葬祭業界では最大手になっている（よりそうＨＰ）。現在では、僧侶派遣だけでも十数社を超えるネット葬祭事業者がいる（「お坊さん派遣サービス（僧侶派遣）の費用・相場やおすすめポイントを徹底比較」ＨＰ）。

「よりそう」では僧侶派遣費用を三万五〇〇〇円からとしている。後発の業者も三万円から五万円の間であり、車代や御膳代を含むとしている業者もある。戒名料は二万円から二〇万円まで宗派や院号の有無で異なるものの定額をうたっている。

人材派遣サービス業としての僧侶派遣はイノベーション型－業界破壊型葬儀と呼べるが、なぜなのか。それは、ネット葬祭業者に登録した多くの僧侶が所属する宗派の連合体である全日本仏教会が、「定額化はお布施の精神に反する」として二〇一六年三月四日にお坊さん便の販売中止をアマゾンに申し入れたことからわかるだろう。

ところが、この反対申し入れに対してメディアや世間の反応は冷たかった。むしろ、檀家にならずに葬儀法要を営みたい消費者からは、お坊さん便の価格透明性や利便性が喜ばれ、高額な戒名料批判まで出てきたのである（「朝日新聞」佐藤秀男二〇一六年八月一一日付）。結局、アマゾンは態度表明をせず、「よりそう」は全日本仏教会との生産的な話し合いができないまま、二〇一九年一〇月二四日に「お坊さん便」のアマゾンでの取り扱いを終了し、自社サイトからの派遣に切り替えた。PR効果は十分にあった。

全日本仏教会側の言い分は二つにまとめられる。すなわち、①葬儀法要に対する布施は金額の多寡が問題ではなく、僧侶と施主の話し合いで決められるものである。だから、お金のある人はあるなりに、ない人はないなりに出せるのが布施なのだ。②葬儀法要や僧侶は「もの」ではないので、「お坊さん便」という宗教の商品化が問題である。しかし、これはいずれもいささか大義名分的であり、葬祭業者や檀家を含む寺院関係者の間ではおおよその「相場」があり、僧侶側で事前告知する人もいれば、施主の側で忖度せざるを得ない場合もある。ここがややこしいために民間の葬祭業者も「定額」という切り込み方はしなかった。曖昧さを残すことで葬祭業者側は寺院側と互恵関係を結んでいたのである。しかし、現代の葬儀の施主は葬祭業社やお寺に依頼するというよりも、サービスを利用するという消費者の意識が強い。葬儀・法要にしても墓にしても、値打ちを自身の感覚や情報収集で決めるのである。

寺院仏教側としてはさらなる言い分があるだろう。葬儀において戒名を授かるということは仏弟子として仏法僧に帰依することを誓うのだから、年忌法要の実施や宗派・寺院ごとに定めた年中行事へも参加し、遺族は寺院の支援者、すなわち檀家となるべきだと。しかし、これに対して「戒名は要るのか要らないのか」という本質論的論争や、三世代家族として地域で生活できる人はきわめて少ないのだから、俸給生活者でなおかつ都市生活者であれば、葬儀法要は家族で代々継承するというよりもその都度必要に応じて実施するしかないという現実論も出された。さらに、ほとんど声としては出てこないものの、僧侶派遣業が成立する背景に派遣登録する何千人もの僧侶がいる事実をどう考えたらよいかということがある。宗門は反対するが、個別寺院が応じているからこそこの事業は成り立っている。派遣登録してでも法務で歳入を増やさなければやっていけない寺院や僧侶家族の現実がある。

実際、地方の地域寺院の檀家は、僧侶に月参りや盆の棚経に来てもらっても数千円しか布施を包んでいない。檀家としての護持会費も年間一万円前後である。だからこそ、檀家の少ない寺では、僧侶派遣業に登録し、一～二時間の法務で利用者が支払う定額の半分でも十分な収入になるのである。逆に言えば、定額サービスは決して安くない。

寺院と持続化給付金

新型コロナウイルスの感染拡大によって政府は二〇二〇年五月に全国に緊急事態宣言を発出し、その前後を含む数ヶ月間、日本の宗教団体では集会や諸行事の自粛を余儀なくされた。葬儀法要がなくなれば法務収入としての寺院の歳入は大幅に減少する。神社では祭礼、キリスト教や新宗教では月例祭や礼拝などがなくなれば、その都度の献金もなくなる。僧侶や神主、牧師や専従の宗教者は個人商店や中小企業同様に大幅な売上減となったわけである。

持続化給付金とは、政府が新型コロナウイルスの感染拡大にともなう経済支援策として「売上が前年同月比で五〇%以上減少している事業者を対象に、中小法人等の法人は二百万円、フリーランスを含む個人事業者は百万円を上限に、現金を給付する」制度である。日本宗教連盟（教派神道連合会、全日本仏教会、日本キリスト教連合会、神社本庁、新日本宗教団体連合会）は、二〇二〇年四月一七日に自民党組織本部の社会・宗教関係団体委員長宛てに宗教法人も支給対象とするよう要望書を提出した。しかし、政府担当者（中小企業庁）から「憲法第89条違反――『公金その他の公の財産は、宗教上の組織若しくは団体の使用、便益若しくは維持のため、又は公の支配に属しない慈善、教育若しくは博愛の事業に対し、これを支出し、又はその利用に供してはならない』の疑いがある」という理由で宗教法人は対象外とされたとの説明を受けた。

同年六月一〇日に京都仏教会は、宗教法人は持続化給付金の受給を求めるべきでないとする声明を発表し、日本宗教連盟は六月二三日に「施策策定の過程において、地域コミュニティの維持という公益目的を果たしている宗教法人が、他の公益法人とは異なり支援の対象から除外されたことに対して、宗教法人のみ特別扱いされるのではという重大な危惧を持っております」と表明した（日本宗教連盟ＨＰ）。

京都仏教会の主張は、政治に世話にならない代わりに介入も受けないというシンプルなものである。その背景には、課税対象となる売上げの補填を行う事業なのだから、持続化給付金を受け取れば、宗教法人の資産や宗教活動に対する非課税が見直される可能性が出てくるという懸念があった。

対して日本宗教連盟が持続化給付金の支給を要請したのは背に腹は代えられないということがあったろう。五〇％の減益どころか数分の一の収入になったところも多く、仏教各宗派では寺院に対する賦課金を減免する予算案を宗会で議決している。賦課金とは、包括宗教法人である宗派に対して被包括法人である個別寺院が納付する税のようなものである。宗派はその歳入によって本山の運営や宗派の諸行事・社会的活動を賄うので、活動を維持継続するためには個別寺院の経営に資する提言をせざるを得ない。

日本宗教連盟の主張を憲法第八九条で形式的に判断するのであれば、前半部分に該当するので宗教団体は除外される。一つの論点は後半部分の「公の支配に属しない慈善、教育若しくは博愛の事業」にある。宗教法人は、被包括法人は都道府県知事に、包括法人は文部科学大臣によって認証され、法人格を与えられる。しかし、文化庁宗務課は、いわゆる所轄庁として宗教法人に強力な管理・指導を行うことはない。オウム真理教のような刑事事件を起こした教団には宗教法人審議会により認証取消の処分を行うが、団体解散の権限はない。この点が公益法人としての学校・病院・福祉・文化施設とは大いに異なり、宗教法人は政治や行政的介入を受けない代わりに支援もされない自由・自立性を享受していると言えるのである。指導・管理と支援・補助を一つのものとして受け入れる公益法人が、行政が考えるいわゆる公益法人であり、日本の宗教団体は管理されるより自由を選んだ歴史的経緯がある。

もう一つの論点は、宗教法人が事業所一般と異なり、宗教事業と宗教法人の資産は非課税であり、他の公益法人よりも強いメンバーシップによって護持されてきた点である。一般的に宗教施設の維持管理には檀家からの護持会費や氏子の崇敬会費、信徒からの献金が充当される。会費納入率の低下は経済悪化や雇用情勢を反映しているが、信徒は簡単にやめたりしない。さらに、布施や献金は宗教的役務に対する対価として、行政やマーケットが介入して適正に価格設定されているわけではないので、布施や献金を営業利益とみなし、宗教役務従事を稼業とみなすことには、宗教者・市民ともに抵抗があるだろう。

ともあれ、日本の寺院仏教が長期的にも短期的にも危機的状況にあることは理解できたかと思う。

本章の課題

本章の問いを整理しよう。日本の仏教はなぜ葬式仏教と言われるほど宗教活動の軸足を葬儀法要に置くようになったのか。葬儀法要に依拠し過ぎるために檀家制や寺院運営の基盤が掘り崩されているとも言える。もちろん、葬儀のない人間社会はないし、死を悼み、死者の魂の行方に思いをよせない宗教もない。しかし、日本仏教が東アジアの大乗仏教や東南アジアの上座仏教、チベット仏教、欧米に拡大したさまざまな仏教と大きく異なるのは、日本の仏教徒が葬儀にこだわり、僧侶は世襲までして寺の継承にこだわる点である。檀家制と僧侶の結婚・寺の世襲という二つの制度は、他国の仏教徒から見れば不思議だろう。こうした特徴がなぜ日本だけにあるのかを歴史的に考察しながら、日本仏教の転換期を考えるのが本章の問いである。

2　葬送・墓・寺院の歴史

時代区分と人口・社会構造

本章では、葬送・墓・寺院のあり方を、時代史、社会史、宗教史に区分された歴史的時間軸と、人の一生、社会集団、政治経済の仕組みを包括する社会構造という空間から叙述していくことにしたい。

時代の画期については古代・中世・近世・近代・現代といった大まかな歴史区分を参考にしながら、古代を共同社会と身分制社会とで区分される縄文時代と弥生時代中後期に分けておきたい。社会史ではこの身分制を政体と寺院の社会的位置によって律令制・権門体制（荘園制）・封建制に分けている。日本の宗教史では、律令制の時代に仏教が中国から移入され、文明として受容された。権門体制の時代においても仏教の社会的地位は高く、寺社勢力は天皇・公家・武家社会とならぶ荘園領主としての地位を維持していた。近世に入って仏教宗派の教線が全国に及び、村落単位で寺ができるようになると、寺院は武士政権による統治の末端機構として宗門改を通して人口管理を担うようになり、村人の所属（宗旨）によって檀家制度を始めることになった。この檀家制度が、近代国民国家形成期には「家」によって国民を統制する役割を担うようになり、現代の高度経済成長期にいたって社会階層の上下を問わず「先祖代々之墓」を建立することで完成したのである。しかしながら、檀家制度の強固な基盤に依拠した日本の寺院仏教は、都市化・産業化、家族の個人化という二つの大きな変化によって経営基盤を失い、存亡の危機に立たされている。

この時代区分と社会構造の変化をより実感的に考察するために日本の人口変動を見ていこう（図2－1）。

日本の人口は一五世紀頃まで一〇〇〇万人を超えず、人口増加は緩慢だった。当時の農業技術は気候変動に対して脆弱であり、弥生時代前期以降約一〇〇〇年にわたって苛烈な身分制社会が存続した。まともな食生活や家族生

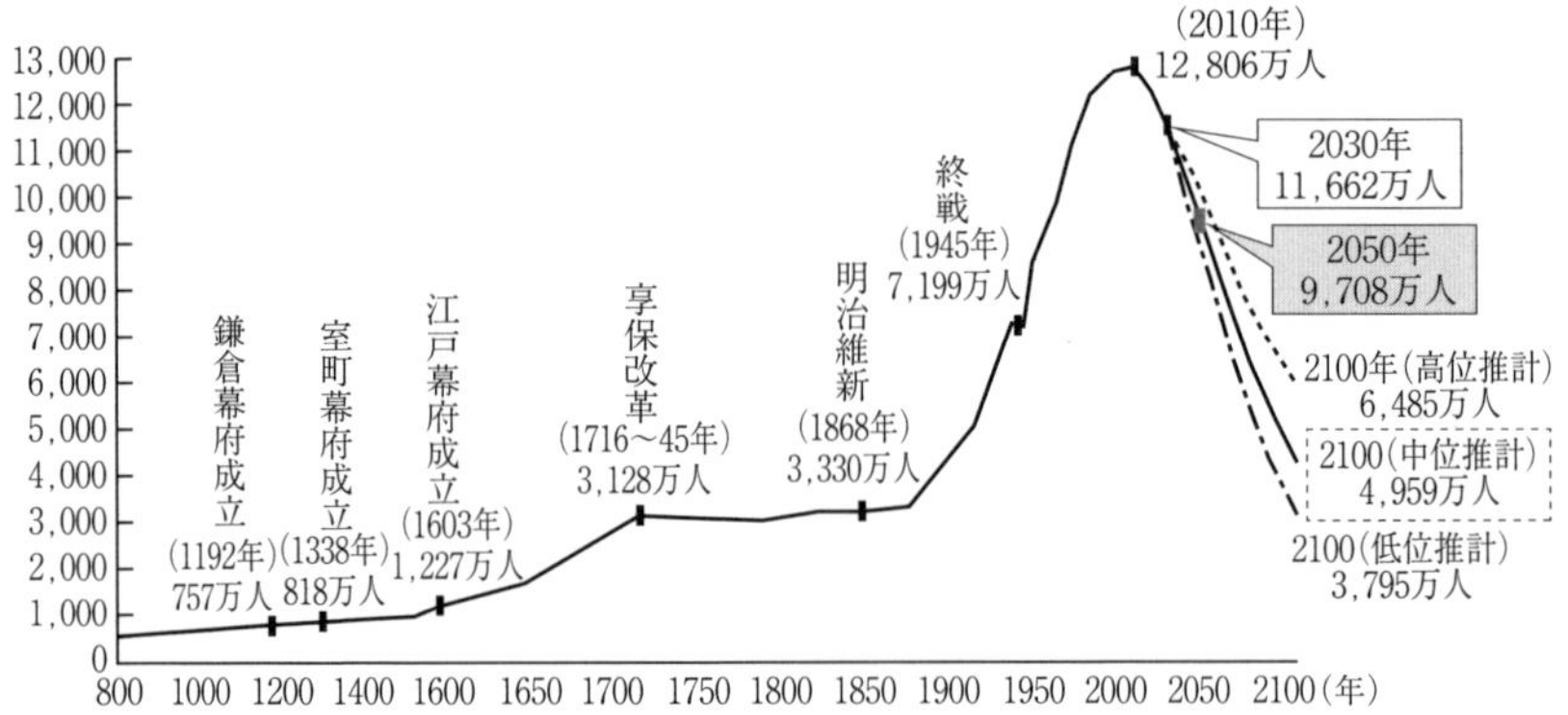

図2-1　日本の人口変動

出典：国土交通省「『国土の長期展望』中間とりまとめ 概要」（平成23年２月21日国土審議会政策部会長期展望委員会）より転載。

活が営めたのは貴族・武士・上層農に限られ、隷属民・下人は家畜同様の生活を強いられた。しかも、武士たちは戦乱に明け暮れたのである。

江戸時代にこの身分制度が士農工商に改められることで農民は一つの身分となり、水呑百姓（小作）であっても所帯を持つことができるようになった。戦乱は止み、諸大名は新田開発で実質的な石高を増やすことに努め、農民は養蚕、炭焼きなどの農間稼ぎで少しは潤い、都市が発達することで商業・運搬・物づくりの仕事が増えて人口は一五世紀からの百数十年で約三倍に増えたのである。しかし、江戸後期には飢饉があり、農業中心の鎖国社会では一定規模の農地で養える人数は限られるので、姥捨てや間引き（赤子殺し）、結婚せずに終生家住み（家事労働者）といった形で余剰人口が抑制された。明治時代まで日本人の平均寿命は三〇歳半ばを超えなかった。

ところが、明治から約百数十年をかけて日本の人口は江戸時代と比べ約四倍に急増した。その理由として、殖産興業の奨励により工業化と商業化がいっそう進展し、農地の生産性に応じた人口抑制の縛りがなくなったこと、医療・衛生・栄養状態が改善し幼児死亡率が低下して寿命が延びたことがある。また、大日本帝国は、余剰人口の排出手段として北海道への拓殖、ハワイへの海外移民、植民地支配（台湾・朝鮮・満州・千島など）を行った。明治から昭和初期にかけて日本人の平均寿命は四〇歳からようやく五〇歳に到達し、出生率も五・〇近くまで上がっていたので日本の人口は増え続けたのである。

太平洋戦争に敗れ、国土、経済、人心ともに疲弊した日本だったが、一九五〇年の朝鮮戦争以降の約三〇年にわたる高度経済成長によって経済大国を自負する豊かな社会となった。医療・福祉の水準も上がり、戦後から約七〇年で平均寿命は男女とも約三〇年延び、二〇一九年で八〇歳の平均余命は男性で約九年、女性で約一二年と推計される。

これだけの長寿社会となった日本だが、出生率は戦後一貫して低下し、一九七〇年頃人口置換率（二・〇七）を下回ったが、長寿化によって生きている人の人数は増え続け、実際の人口減が始まったのは二〇〇八年である。出生率の低下は世界中の先進国で共通に見られるが、高等教育の普及、都市化と俸給生活者の増加によって子どもの教育と自宅の購入にかなりの費用がかかるようになり、子ども数が自然に制限された。くわえて、男女の高学歴化、女性の就業による晩婚化・晩産化が進行し、三〇代で初産の女性が半数になり、また非正規雇用の増加で若い世代の生活が不安定化したことで結婚の希望を持たない（持てない）若者が増えてきた。

少子高齢化は人口減に拍車をかける。日本の総人口は、二〇四七年には一億人を割り込み、六五歳以上の高齢者が全人口の約三九％を占める超高齢社会に達する。日本の人口が下げ止まるまで約一〇〇年かかり、その時にもっとも多かった時期の約三分の一まで減少すると予測されている。移民を積極的に受け入れない限り、二二世紀の日本は、人口規模で言えば、ほぼ明治の頃に戻るだろう（増田編 2014）。

以上、日本の人口変動について述べてきたが、人生の長さ、とりわけ老年期の長さが延びることで日本社会は大きく変化し、同時に日本人の人生観や死生観も大きく変わるのではないだろうか。高齢多死社会化によっても死に対する感受性が変わる可能性がある。

ようやく、葬儀・墓・死生観の変化について本題に入る準備が整った。あらかじめ、時代史・社会史・宗教史の

表2－1　葬送・墓制・仏教の歴史

時代史	社会史（人口・家族・国家）	宗教史（死生観）	葬儀	墓	寺	僧侶
縄文時代（共同社会）	親族	再生？		甕墓		
弥生時代（身分制：律令国家）	大王　律令制（クニのはじまり）	黄泉の国？	殯	墳墓／遺棄	鑑真（授戒）・天皇の官寺	官僧・私度僧
中世（身分制：権門体制）	権門体制（公家・寺社・武家）	死穢 地獄・浄土信仰	臨終行事 葬送の輩	土葬・火葬／遺棄	荘園領主	清僧／堂衆／先達・山伏・行人
近世（身分制：封建制）	封建制（士農工商）	大寺／ムラの葬送	追善法要	埋め墓／詣り墓 投げ込み	寺請制（人別改）	種々の僧
近代（王政復古・国民国家）	産業化・総動員体制（イエの成立・人口増大）	先祖祭祀の一般化	告別式／葬儀社	家墓の誕生	子弟→世襲（地主）	僧侶肉食妻帯蓄髪の許可
現代（民主・福祉国家）	都市化・消費社会（少子高齢化・人口減少）	死者供養	葬送の自由／簡略化	墓の多様化	寺院（宗教法人）	住職・寺族

出典：筆者作成

軸に合わせた葬儀・墓・死生観の要点を表に示しておこう。（表2－1）

縄文・弥生時代

縄文時代は約一万五〇〇〇年前から二三〇〇年前にかけての新石器時代とされる。初期はまだ寒冷な時代で、縄文人は針葉樹帯に生息する大型・中型の哺乳動物を狩猟しながら竪穴式住居で生活していた。中期に温暖化すると海水面上昇によって現在の日本列島が形成され、落葉樹林帯が本州に発達し、小動物、鳥、魚、堅果類、豆などの栽培植物が食べられ、集落での共同生活が見られた。

初期には多くの遺構から伸葬や屈葬の遺骨が発見され、生活の場に埋葬されていたことがわかる。その後の時代になると、土器の内部に納められた頭骨などが発見され、再葬の儀礼があったと推測される。晩期には個別埋葬以外に数十体の人骨が納められた場所や、中央を囲んで環状に埋葬された場所が確認されている。なぜ、縄文人は遺体を穴に埋め、また土器に入れたのだろうか。

伊達市噴火湾文化研究所を立ち上げ、北海道の続縄文時代から遺跡調査に従事した大島直行は、炉を持つ住居の構造や縄文土器に、子宮としての象徴的な意味を見いだした。穴や壺に遺骸を入れたのは、墓は子宮であり、人が母胎から再び生まれることを願ったのではないかと推測する。縄文人は死を忌み嫌うことなく、死霊や祖霊という観念も持っていなかったので、生活の場に遺骸をおけたのではないかともいう。つまり、埋葬はしたが弔いはしなかった（大島 2017）。

西暦前一〇世紀から西暦後三世紀くらいまでが弥生時代である。縄文時代は狩猟採集と雑穀の栽培が生業なので、集落の長や部族の長がいたとしても地域をまたぐクニはなかった。共同体のなかで人は同じような「生き死に」を経験していたと考えられる。しかし、水稲耕作が大陸からもたらされ農業が盛んになると、余剰生産を蓄積する原初的な階層社会が生まれ、人々は争いによって集団を拡大してクニを生みだした。魏志倭人伝が伝える倭国の争乱や邪馬台国の記録（畿内か九州か）に残ったとされるのが弥生時代の後期の様子である。

この時代の権力者－王は周溝墓《しゅうこうぼ》や墳丘墓《ふんきゅうぼ》、甕棺墓《かめかんぼ》を作った。墓の周りに堀をめぐらすか、小丘を築いて墓とするか、人を入れる大型土器棺を作るか、いずれにしても多くの労力を要した。しかも、王たちは墓に遺体のみならず、土器や青銅器、鉄剣や玉などの副葬品も収めたので、富と権力を独占していたことがわかる。古代の日本で作られた古墳と称されるものは、日本全国に天皇陵のみならず、大小約一六万もあるとされる。大化二（六四六）年に「薄葬の詔」が出されたほど、葬礼も墳墓も華美だった。逆に、王の墓作りに精を出した良民の墓は、遺体を穴に埋めて土をかけられる土坑墓がせいぜいであり、賤民として売り買いの対象になるような奴婢（子孫も奴婢）の遺骸は山谷に遺棄された。

国家仏教と官僧

六世紀から八世紀にかけて、畿内や出雲その他の王のクニを併合したヤマト王権が形成された。中国から仏教と律令制が導入され、古代王制（天皇制）国家の基礎とされた。厩戸皇子（聖徳太子）は法隆寺や四天王寺を建立するなど仏教興隆に努めたとされるが、正式に戒律を伝えたのは鑑真である。七五四年に五度目の挑戦で渡日に成功した鑑真一行は平城京で聖武天皇に迎えられ、当時の僧尼や天皇一族を受戒し、日本に戒壇を設立した。この戒壇で受戒した僧侶は、天皇に仕えて鎮護国家の加持祈祷を専らとする官僧であり、貴族の子弟が就く官職の一つであった。とくに中世社会になると上皇や有力な貴族の子弟が出家して住職となる門跡寺院が天台宗・真言宗で増え、これらの寺院は荘園を有する封建領主でもあった。

中世の僧侶には身分制度がある。一例として、日光山輪王寺は東寺の末寺だが、東寺から来る僧が就くはずの座主は不在である。実際の寺の管理は別当以下の役職僧が務め、堂ごとに堂衆や結衆がいて仏事を執り行った。この堂衆や結衆には寺領の田が割り当てられた。ここまでが清僧と呼ばれる官僧である。清僧は独身だったが、稚児（剃髪しない少年修行僧）相手の男色も多かったと言われる（松尾 2008）。清僧の下に下山の輩と呼ばれる僧体・妻帯の先達や山伏、俗体・妻帯の衆徒・行人・承士がいて、堂衆の代わりに布教活動や信者の指導を行った（井原 2011）。

衆徒の中には僧兵となる腕に覚えのあるものがいたり、寺領内で名主や紺屋などさまざまな生業を行う堂衆がいたりした。地域の禅寺や阿弥陀寺でも僧侶と尼僧が同居したりして、生涯不犯の僧侶は明恵（一一七三〜一二三二）が最初とされる（井原 2017）。

古代から中世にかけての日本仏教は、文明としての仏教の知識と戒壇における授戒という権威の双方を取り入れ、戒律の宗教としての出家仏教における僧侶のあり方は導入されていない。家族・氏族を離れた個人としての出家はなかった。律令のなかにある僧尼令は官僧の服務規範・懲戒の類いであり、賦役を逃れるために得度した私度僧は処罰の対象とされたのである。

顕密仏教と穢れ

奈良時代から平安時代にかけての寺院や僧侶の役割は、公的には鎮護国家や高貴な人々の依頼に応じて穢れを除去し、吉兆招福を祈念することだった。『延喜式』に記載された穢れは、元々祭祀において斎戒して祓うべきとされていたが、死穢・血穢・産穢などの穢れを実体化し、忌むべき出来事の細分化と忌むべき日数（死穢三〇日・血穢当該日・産穢七日）が世俗的に慣用されるようになったといわれる（尾留川 2009）。

貴族層は触穢と物忌みにとらわれ、屋敷内に犬が遺骸の一部や骨をくわえて入り込むのを見たり（五体不具穢）、市中を移動する際に遺棄された死体を見たりすることを怖れた。その時は精進法によって穢れを落とすまで宮中に出仕せず、下男・下女が病気になると死ぬまで置けば触穢になるので屋敷外へ放置した。庶民もまた家人が亡くなる前に路上に置き、病者は自ら河原に行った。一日一日の食いぶちで生活する庶民は触穢で仕事ができなければ困窮するため、病人であっても生きているうちに外へ放り出すことで、触穢もなく葬儀の費用も負担しないで済んだといわれる。これを速掛といった。芥川龍之介の『羅生門』で楼上に死体が放置されている理由がこれである。貧者、病人、行き倒れなどの死体が累々と河原や市中の空き地、空き屋敷もしくは路上に放置され、犬が遺体を食いちぎって駆け回るというおぞましい光景が都にはあった。これを遺棄葬というのは大げさだろうか（勝田 2003）。

平安後期には洛外（化野、蓮台野、鳥辺野）に遺体を運ぶ河原者や非人が業務独占を図って輿や葬具の貸付を行った。そして、庶民の遺体も次第に移送・埋葬されるか火葬され、墓所に納骨されるようになった。非人以外に葬送に従事する籠僧や「葬礼の輩」と呼ばれた下層僧侶が出てくることで、ようやく僧侶は葬送と向き合うことになるのである（松尾 2011）。

表2－2　八大地獄の名称と罪業に対する責め苦

地獄名	業因	責め苦
等活地獄	殺生	鉄爪や獄卒の刀で切り刻まれる
黒縄地獄	殺生・偸盗	熱鉄の縄で切り裂かれる
衆合地獄	殺生・偸盗・邪淫	鉄山に潰され，刀葉の林に追われる
叫喚地獄	殺・盗・淫・飲酒	釜で炙られ，熱銅を飲まされる
大叫喚地獄	殺・盗・淫・飲酒・妄語	上記諸苦の十倍
焦熱地獄	殺・盗・淫・飲酒・妄語・邪見	鉄串を刺され，全身を炙られる
大焦熱地獄	上記と浄戒の尼を汚す	上記六つの地獄の十倍
阿鼻地獄	上記と父母・阿羅漢殺しなど	上記地獄の千倍

出典：『往生要集』より筆者作成

浄土信仰と十王信仰

中世は気候変動が激しく、雹・霜・大雨、炎暑・旱魃、大風・大水、疫病が起き、凶作と飢饉にみまわれ、病死・餓死者が続出した。人々の平均寿命は、二〇歳から三〇歳の間であり、栄養状態は悪く、便所もなく沐浴・入浴の習慣もない非衛生的状態では、病気すなわち死であった。日常的に死と接しながら、死を穢れとして捉えていた中世において新しい葬送の担い手や死生観が生まれてくる。

貴族層においては律宗や時宗の僧侶が籠僧として葬儀を執り行い、陣僧として従軍し、最期を遂げる武将に十念を授け、看取り供養する時衆という僧侶も現れ、騒乱・戦乱の世の死者を供養するようになった（井原 2017）。そして源信の『往生要集』が説く厭離穢土、浄土往生の考え方が人々の心をとらえ始める（源信、石田訳 2003）。

仏教の六道輪廻思想では、人間が業の結果として転生する六つの世界を、天道・人間道・修羅道・畜生道・餓鬼道・地獄道と定めている。地獄道はさらに八ヶ所に分かれ、それぞれが生前に犯した罪業と対応しており、『往生要集』によれば表2－2のようなものである。

『往生要集』では、①西北に無常院という別所を作って病者を安置する、②金箔の仏像を西方に置き、像の右手は挙げ、左手には五綵の幡を床まで垂らし、病者の左手に握らせる、③香を焚き、花を散らして荘厳し、糞尿・吐瀉物などをきれいにすることで看取りの場を整え、病者の心を安んずる臨終行儀が説かれた。

もう一つ、中世の人々に影響を与えたのが十王信仰である。道教の冥府観が色濃く反映された十王信仰が、日本の本《ほん》地《じ》垂《すい》迹《じゃく》説で味付けされ、各地に広がっていった。神道の八百万の神々は、さまざまな仏が化身として日本の地に現れたという考え方である。表2－3に示したように、十王は本地仏とされ、地獄における審理が追善供養の文脈で民俗化してきたのである（岩佐 1964）。

戦乱や天変地異によって苦しい生活を強いられた民衆にとって、厭離穢土は現実的なものだった。地獄を説かれれば説かれるほど、貴族や武士は布施や追善供養を動機づけられた。しかし、種々の仏事を行う財力もなく、供養を十分にやれる余裕もなかった庶民にとって、追善供養による死者の救いは遠い道のりだった。そこで、念仏の利益を説く浄土僧が庶民の心をとらえたのではないだろうか。法然の専修念仏や親鸞の往生の教えは、現代では考えられないほどの希望だったかもしれない。

表2－3　十王信仰による本地仏と忌日

十王	本地仏	審理日（忌日）
秦広王	不動明王	初七日
初江王	釈迦如来	二七日
宋帝王	文殊菩薩	三七日
五官王	普賢菩薩	四七日
閻魔王	地蔵菩薩	五七日
変成王	弥勒菩薩	六七日
泰山王	薬師如来	七七日
平等王	観世音菩薩	百ケ日
都市王	勢至菩薩	一周忌
五道転輪王	阿弥陀如来	三回忌

出典：筆者作成

墓の造成とバリエーション

中世までは権門体制（天皇・貴族、寺社勢力、武家）の社会上層にしか葬礼がなかった。貴族層において葬儀は僧侶が担うようになってきたものの、庶民では非人や下級僧徒による洛外や山谷での遺棄葬が一般的だった。実際、平安末期から鎌倉・室町時代では飢えや戦乱に巻き込まれて命を落とすことが珍しくなく、日本人の平均寿命は三〇歳にも達していない。そのうえ強固な身分制や低い農業生産性のために家族を持てるものも限られていた。庶民がなすべきことは遺体処理であり、適切な場所に運び込むか埋めるだけで、慰霊の感情で喪に服したり、先祖の威徳を顕彰して祀ったりするような余裕はなかったろう。

そうしたなかでも比較的裕福な人々が、鎌倉時代に勃興した宗派仏教の檀那・檀越（パトロン）となって、僧侶による祈祷や追善の法要を受けるようになる（湯浅 2009）。そこで五輪塔のような石塔や石碑、ラントウと呼ばれる廟墓が建立されていく。墓といってもその下に遺骸が土葬されるだけで、遺骨にしてから埋蔵されることはない。これを「詣り墓」といい、多くは寺院の境内にある。

庶民の遺骸は触穢の慣行から洛外の山野やムラ境に運ばれ、埋められるか火葬された。こうした埋葬地を「埋め墓」というが、墓標はなく、せいぜい大きめの石を置く程度である。この埋葬地をサンマイと呼ぶ地域があり、火葬場の意味で使ったり、火葬に従事する下層僧徒を三昧聖と呼んだりすることもあった。「詣り墓」と「埋め墓」を明確に分ける慣行を近世まで維持してきた土地もあり、両墓制とも言われる（最上 1980）。

このような遺体処理や埋葬地に関わる浄穢観念は中世から近世にかけて少しずつ薄れ、遺体を埋葬する葬礼や墓が一般化するようになるが、それは中世の身分制社会が崩壊したことによる。すなわち、顕密仏教の寺社勢力と貴族とが支配していた荘園において、荘園の領主に対抗するために自衛し互助協力する百姓たちからなる惣村と呼ばれるムラ社会が成立した。やがてムラの付き合い、婚姻、出産、遺体埋葬や火葬に関わる互助の仕組みも整えられはじめた。

近世のムラと寺院

惣村は、土一揆などで自律性を強めていったが、戦国時代に入って各地の大名が地域の荘園支配に乗り出し、最終的に豊臣秀吉によって天下統一されると検地と刀狩りによって武士に従属させられることになった。秀吉は地侍程度の下層階級の出身だったが、下克上や立身出世を封じる身分の統制を行い、町人と農民、農民と兵の分離を行った。しかし、自ら確立した封建体制の支配権をそっくり徳川家康に奪われることになり、江戸時代が始まるのである。

近世の百姓とムラを支配するもう一つの制度が宗門改だった。一五四九年にイエズス会のフランシスコ・ザビエルによって伝えられたカトリックは、信長や一部の戦国大名の庇護を受けて布教活動を行ったが、豊臣秀吉は一五八七年にバテレン追放令を出し、徳川家康も一六一二年に禁教令を出してキリシタンを弾圧した。宣教師の後から植民地化を狙う軍事勢力が来ることの脅威もあったろうが、ヨーロッパにおけるカトリック（スペイン、ポルトガル）とプロテスタント（イギリス）による交易権の争いも禁制の契機となった。キリスト教排除の仕上げが寺請制度と宗門改であり、民衆は寺院から寺請証文を出してもらうことでキリシタンでないことを証明させられた。そのために仏教宗派所属寺院の檀家になることが必要になり、これが寺檀制度の始まりである。一六三七年のキリシタンによる叛乱である天草・島原の乱以降、幕府は諸藩に宗門改を命じ、宗門改帳が作られた。これが後にキリシタン以外の民衆にも適用され、宗旨人別帳として宗派寺院が武士・町民・農民を対象に家ごとに居住者を登録したのである。人別帳には出生や死亡を含む移動を記載し、家の自小作の別や石高まで記載したことから、一種の戸籍・租税台帳の役割を果たした。

現代の日本人が、葬儀・法要の際、家の宗旨としていつも同じ宗派の僧侶・寺に依頼するのは近世以来の慣行であり、必ずしも檀家として所属する檀那寺やその宗派の教えに帰依しているからというわけではない。寺院の方も家が絶えない限り、所属は変わらないものと考えている。また、葬儀の形態もこの時代にできあがってきた。いわゆる通夜と寺での葬儀を執り行い、遺体を早桶（座棺）に入れ、埋葬地へ担いでいってそのまま埋めるか、寺の近くで隠亡（火夫）に頼んで焼くかした。武士や商家、豪農では家相応の葬儀を行い、庶民は町では町内、村では契約や講が協力して弔いをあげた。今でも「村八分」と仲間はずれにされることの意味で使われるが、火事と葬儀だけは協力した共同体規制の名残に由来する。農漁村では土葬が主流だったが、江戸や大坂では都市人口の過密化に対して墓所が不足し、「投げ込み」といって埋葬地に次々と遺体が運び入れられて薄く土がかけられたり、

「暴き立て」といって遺骨があるところまで埋葬地を掘りかえしてから遺体が埋められたりすることもあったようである（木下 2012）。

浄土真宗では、東西の本願寺に祖廟や本廟が成立する一七世紀頃、門徒が墓碑を建立し、本山に納骨することが盛んになり、地方の本山・中本山にも廟所ができて末寺門徒の骨塔（合祀墓）が作られるようになる。廟所にまとめられた結果、門徒のムラには墓がない（埋め墓も詣り墓もない）ところもあった。

家墓と寺院の世襲化

明治以降、日本では武士の家族をモデルとした「家」が制度化され、葬儀・追悼の祭祀も家に継承される仕組みとなった。家制度は長男子単独相続であり、次三男や女子は他出するものとされた。家長が家族員に対して強い権限を持ち、男尊女卑の家父長的家族である。実際には、農山漁村のムラ社会には姉家督や末子相続、商家には婿取りなど生業に応じた柔軟な相続形態があり、庶民には継承すべき「家」はこの時期なかった。農村の小作家族や都市の下層労働者家族には耐久性の強い自宅建物もなかったので、代々継承すべき家の経済的・精神的基盤もなかったのである。だからこそ、人々は「家」をたて、「先祖」として祀られることを夢見た。日本の近代化は、青雲の志を抱かせる立身出世主義と家制度・先祖祭祀を基盤として人々を動機づけたとも言える。

葬儀形態は近世から地域ごとに継承されてきたやり方でなされ、都市部においては葬祭業者が葬送を取り仕切る地域も出てきた（山田 2007）。もっとも変わったのは墓である。政府は衛生管理上の問題から行政的に墓地と埋葬を管理するようになり、地域ごとに独自だった葬儀法（火葬や土葬）や墓制（両墓や単墓）が画一化されていった。家の構成員と継承者は同じ墓に入るべく、先祖代々の墓や石塔が建立されたが、家墓や先祖祭祀の習俗は日本型近代家族の「家」を前提にしたものである。

東京では大正一二年の関東大震災後に焼失した市街地の区画整理が行われ、寺院墓地が宅地に転換されたり、個人・夫婦墓が家族墓に合葬されたり、焼骨を骨壺に収蔵する納骨堂や墓石下のカロートに収める特設墓地が作られたりした。死体を直接地中に埋葬する墓よりスペースがいらず、改葬も骨壺と墓石の移動だけで済むため合理的だった。また、家族墓は何体もの焼骨を入れられるので子孫に継承される財産になる。こうして都内ではまっさきに家族墓が主流になった（問芝 2020）。

さらに、寺院と僧侶のあり方が明治になると根本的に変わってしまった。明治政府は一八七二年に「自今僧侶肉食妻帯蓄髪等可為勝手事　但法用ノ外ハ人民一般ノ服ヲ着用不苦候事」という太政官布告を出した。すなわち、僧侶に肉食・妻帯・蓄髪・一般人の服装を許可したということだが、それよりも江戸時代にあった公儀による僧侶女犯の裁き（通常は市中での晒し、ただし姦通は獄門）をやめるということを意図した。しかし、この布告には元来が妻帯在俗の仏教である浄土真宗や修験道を除いて、出家主義を標榜する曹洞宗をはじめとして各宗派が反対した。現実には曹洞宗の多くの末寺においても妻帯がなされ子どもが住職の地位を継承しており、一九〇六年にようやく曹洞宗宗憲から妻帯禁止は外された。戒律を持するという本山の建前と寺院が家族で護持されているという実態には乖離がある。住職亡き後新しい住職が晋山すると、前住職の寺族（妻子）は寺を去らなければならなかったからである。寺族の位置づけについては現在まで宗門内で議論が続いている（中村 2011）。

葬送・墓の民主化と消費化

第二次世界大戦の敗戦国であった日本をアメリカが約六年半占領統治したことで日本の社会構造は大きく変わった。財閥解体は旧に復したが、約一〇〇〇家あった華族の廃止と寄生地主から農地収用を行った農地改革によって日本社会は初めて身分制を脱し、人権や平等が個人に固有のものとされる民主主義国家となったのである。この影響は二つのレベルで進行した。

戦前まで宗派仏教寺院の多くが地主であった。地域で小作地を貸していた寺院は、農地解放によって小作地を手放し、自分稼ぎを強いられることになり、比較的高学歴を有していた住職は学校教員や役場職員を兼職するか、境内に幼稚園や保育園を設置しながら寺院の護持を行う例が多くなった。都市部の本山格寺院や門跡寺院では寺院の護持経費を捻出するために寺宝を古物商に引き取ってもらったり、貸しビルや駐車場などの不動産利用に乗り出したりするところも出てきた。

この状況に変化が現れたのが一九七〇年代から八〇年代にかけての高度経済成長期である。一億総中流と信じられるほどの経済水準の底上げが見られ、自宅や車、耐久消費財を購入し、テレビに映る都会の生活様式が農村部にまで及んだ。先祖代々の文字が刻まれた四段の御影石の家族墓が村の共同墓地でも普通に見られるようになり、檀家総代や素封家に許された院号クラスの戒名もお金さえ包めば可能になった。葬儀も、葬祭業者が専用斎場で行う数百万円単位のパッケージ化された荘厳な式典が誰にも可能になり、参列した人々も葬儀の立派さ、並ぶ花輪(供花)の数を気にしたのである。寺院にとって葬儀・法事の法務収入は潤沢になり、本堂や庫裏の建設費用などを檀家に依頼可能な程度にまで檀家もまた豊かになった。宗派の大本山も、末寺寺院から賦課金を得て大々的な祖師の御遠忌事業を実施できた。この時期、僧侶の専業化が進み、同時に高額化する布施や護持費に対する「葬式仏教批判」も出現したが、一九八〇年代の終わり頃にははやくも過疎地域における寺の消滅が話題に上り始め、寺院の格差問題が顕在化していった(櫻井・川又編 2016)。

ここでようやく、縄文時代から追ってきた葬送・墓制・寺院の歴史的な振り返りを終え、現代の寺院仏教、葬儀、墓の行方に接続することができる。

3　葬送・墓制・寺院のゆくえ

社会構造の転換とウェルビーイング

本章では、葬送・墓・寺院のあり方を、時代史、社会史、宗教史に区分された歴史的時間軸と、人の一生、社会集団、政治経済の仕組みを包括する社会構造から叙述してきた。人口構造と社会構造から長期的展望をまとめよう。

人口構造として、日本は人口減少社会を経験する一〇〇年を迎えることになり、地方では文字通りの人口減少、都市部では人口高齢化が急速に拡大する。青年期から高齢期まで全世代を通じて単身世帯が全世帯の半数を超す。日本の福祉行政は家族に基礎を置かずに、個々人の自助・共助・互助と自治体・医療介護施設による地域包括ケアに転換を図っているが、長期化する高齢期、とくに人生の最終段階を在宅で過ごせる環境はまだ十分に整っていない。

社会構造の面では、戦後に完全崩壊したと思われた身分制が階層の固定化（親の経済階層が子の学歴・職歴という経路を通じて継承される再生産）という形で復活しており、地域間格差も人口減少地域の経済的疲弊によって露わになっている。日本の政治において、経済成長期には富を再配分する財政の仕組み（地方での公共事業、自治体への地方交付税交付金、高齢者・障がい者・困窮者への社会福祉関連経費）が機能した。しかし、定常的経済期に入って税収を上回る社会保障（年金・医療・介護など）の支出で累積債務がＧＤＰの二倍を超え、財政による再配分は年々機能しづらくなっている。将来世代への借金でしかない国債の積み上げにも限度がある。

こうした状況を前提として、人間の生老病死にかかるウェルビーイング（幸福感とそれを支える社会制度）の再設計が求められている（櫻井編 2019）。人生一〇〇年時代における健康や幸福感を持続可能なものとするために、価値観やライフスタイルの転換も求められるかもしれない。少なくとも、自身の病気や介護、人生の最終段階における治療法、葬儀・埋葬などが家族にお任せで済む時代は終わった。これからはあらかじめ自分で用意する人が増えるだろう。同時に、こうした準備をサポートする行政や民間NPOが必要とされる（春日 2018）。

葬送・墓の多様化と模索する寺院と僧侶

一節において家族葬や直葬などの葬儀の簡略化について述べたように、墓も簡素化や多様化が進んでいる。一九九一年にNPO法人「葬送の自由をすすめる会」が、遺灰を自然に返すことや、墓地による環境破壊を防ぐことを目的に散骨の実施を始めた。具体的には、葬儀後、焼骨の一部ないしすべてを粉末化して、地面であれば地権者の許可を得て、海洋であれば海岸や漁場から一定距離をあけて散骨する。地方では継承者がいない無縁化した墓地が急増しており、継承者を必要としない永代供養墓や合祀墓に人気が集まっている。

また、自然に優しいイメージから、自然葬の言葉も生まれ、樹木葬も考案されている（井上 2012）。日本では、①山林の一部に焼骨を埋蔵し植林する里山保全型、②シンボルマークとなる樹木の周囲に焼骨を埋蔵する公園型、③墓石代わりに桜などを植える既存の墓苑型の樹木葬がある。焼骨を埋蔵せずに骨壺を自宅にそのまま置く人、その一部を小さな置物に入れたり、ペンダントに入れたりする手元供養という形を取る人もいる。

葬送・墓は個人化に合わせた簡素化が主たる趨勢であり、葬儀法要は僧侶派遣サービスに依頼し、墓は公営墓地の合祀墓か寺もしくは民間墓苑の永代供養合祀墓を選択する人が増えるだろう。家族ごと檀徒となった寺檀制度は近い将来その基盤をほとんど失うだろう。都市部や地方で檀家となれる三世代家族は現在ですら約一〇％であり、今後は数％に減る。

このような状況において寺院の護持運営は、葬儀法要を柱の一つとしつつ多角化せざるを得ない。その模索形態として、①現代のニーズに合わせた葬儀・墓のイノベーション（派遣従事型、樹木葬／合葬墓造成、懇ろな寺院葬の提供など）、②寺院の本堂や会館をソーシャルスペースに提供・活用（寺活、イベント、子ども食堂や学童保育、地域のたまり場など)、③僧侶ならではのケア(臨床宗教師として宗派関係なく傾聴や看取りに関与、マインドフルネスやヨガ、座禅の指導、いのちの電話・メール相談の開設など)といった方法を模索する若手から中堅どころの僧侶がいる(葛西・板井編 2013:櫻井編 2018)。こうした諸活動がどれだけ寺院運営の足しになるのかは不確かだが、人々の求めのないところで寺の護持は難しいのではないか。

僧侶の社会的役割を寺院の住職というあり方から解き放つのも一つの方向性だろう。すなわち、世襲寺院の見直しや住職の積極的な兼職である。どの宗派をとっても後継者のいない寺院は三分の一に達し、住職専業の見込みの立たない寺が三分の二を超えている。僧侶をもう一つの仕事として本業を定めて生活の安定化を図る、もしくは自身は僧侶専従で配偶者が就業するという寺院家族のあり方も可能だろう。専業の女性僧侶で夫が別の仕事をする家族が珍しくない時代になるかもしれない。

いずれにしても、日本の寺院仏教は「葬式仏教」から別の形態を取る新しい仏教の形に移行していくだろう。そこでようやく近世の寺檀制度から脱し、仏教の近代化・現代化を始められるのではないか。人間の生老病死という現実が変わらない以上、仏教の教えや看取り、葬送、喪の儀礼に意味が無くなるわけではない。仏教書は中身が同じでもカバーを掛け替えれば読む人はいる。寺院という社会的スペースの魅力もなくならないだろう。文化的・社会的リソースをどうコーディネートしていくのか、新世代の僧侶の動向に注目したい。

《読書案内》

櫻井義秀『これからの仏教　葬儀レス社会――人生百年時代の生老病死』興山舎、二〇二〇年。

現代日本人が直面するウェルビーイングの課題(生老病死)を概説し、寺院仏教が人々の生きる力にどれだけ寄与できるか試論を展開している。また、本章の骨子をなす葬送・墓制・死生観の変遷についても口語体の平易な文章で詳しく解説している。

勝田至編『日本葬制史』吉川弘文館、二〇一二年。

日本における葬送・墓制の概略を古代から現代までコンパクトにまとめている。各時代を執筆する論者は当該領域の代表的な研究者であり、信頼できる基本図書である。

鵜飼秀徳『寺院消滅』日経ＢＰ、二〇一五年。

センセーショナルなタイトルで話題をさらった一冊。著者が新聞記者時代に足で稼いだ地方寺院の窮状がルポされている。同じ著者による『無葬社会――彷徨う遺体　変わる仏教』（日経ＢＰ、二〇一六年）もある。寺院関係者には周知のことでも一般市民には驚きかもしれない。

高橋卓志『寺よ、変われ』岩波書店、二〇〇九年。

現代日本の開発僧とでも言うべき行動する僧侶の著者が、寺院護持の核心は葬儀法要にあること、その上で人々の求めに応じて寺と僧侶のあり方を変えていく必要性を自身の経験と寺院運営の実践からまとめている。現代仏教のあり方を批判的に問い直している。

藤山みどり『臨床宗教師――死の伴走者』高文研、二〇二〇年。

二〇一一年の東日本大震災を契機に宗教の別、宗派の別にとらわれずに被災者、死の床にある人、愛する人をなくした人に傾聴を行う宗教者の活動がみられた。傾聴やスピリチュアル・ケアのトレーニングを受けた宗教者という認証である。臨床宗教師についてよくまとめられた一冊。

付記
２節は、櫻井（2020）と内容的に重複している箇所がある。

文献

尾留川方孝、二〇〇九、「平安時代における穢れ観念の変容——神祇祭祀からの分離」『日本思想史学』四一：五六-七三頁。

文化庁宗務課、二〇一八、『宗教年鑑』令和元年版（https://www.bunka.go.jp/tokei_hakusho_shuppan/hakusho_nenjihokokusho/shukyo_nenkan/pdf/r01nenkan.pdf）2021/01/13閲覧。

文化庁、二〇一五、「宗教関係統計に関する資料集」（https://www.bunka.go.jp/tokei_hakusho_shuppan/tokeichosa/shumu_kanrentokei/pdf/h26_chosa.pdf）2021/01/13閲覧。

源信、石田瑞麿訳、二〇〇三、『往生要集』岩波書店。

井上治代、二〇一二、『桜葬——桜の下で眠りたい』三省堂。

井原今朝男、二〇一一、二〇一三、二〇一七、『史実　中世仏教』第一巻・第二巻・第三巻、興山舎。

岩佐貫三、一九六四、「十王経思想の系流と日本的摂受」『印度学仏教学研究』一二：二二五-二二八頁。

葛西賢太・板井正斉編、二〇一三、『ケアとしての宗教』明石書店。

春日キスヨ、二〇一八、『百まで生きる覚悟——超長寿時代の「身じまい」の作法』光文社。

勝田至、二〇〇三、『死者たちの中世』吉川弘文館。

木下光生、二〇一二、「近世の葬送と墓制」勝田至編『日本葬制史』吉川弘文館。

国立社会保障人口問題研究所、二〇二一、「人口統計資料集二〇二〇年度版」ＨＰ参照。（http://www.ipss.go.jp/syoushika/tohkei/Popular/Popular2020.asp?chap=0）2021/01/13閲覧。

厚生労働省、二〇二一、「高齢者白書二〇二〇年度版」ＨＰ参照（https://www8.cao.go.jp/kourei/whitepaper/w-2020/zenbun/02pdf_index.html）2021/01/13閲覧。

増田寛也編、二〇一四、『地方消滅——東京一極集中が招く人口急減』中央公論新社。

松尾剛次、二〇〇八、『破戒と男色の仏教史』平凡社。

松尾剛次、二〇一一『葬式仏教の誕生——中世の仏教革命』平凡社。

最上孝敬、一九八〇、『詣り墓　増補版』名著出版。

中村生雄、二〇一一、『肉食妻帯考』青土社。

日本宗教連盟。二〇二一、公式ＨＰ（http://jaoro.or.jp/archives/2234）2021/01/13閲覧。

お坊さん派遣サービス（僧侶派遣）の費用・相場やおすすめポイントを徹底比較（https://obosan-haken.info/）2021/01/13閲覧。

大島直行、二〇一七、『縄文人はなぜ死者を穴に埋めたのか』国書刊行会。

斎藤崇徳、二〇一四、「日本における宗教系大学の比較分析」『東京大学大学院教育学研究科紀要』五三：五五-六六頁。

櫻井義秀・川又俊則編、二〇一六、『人口減少社会と寺院――ソーシャル・キャピタルの視座から』法藏館。

櫻井義秀編、二〇一八、『しあわせの宗教学――ウェルビーイング研究の視座から』法藏館。

櫻井義秀編、二〇一九、『宗教とウェルビーイング――しあわせの宗教社会学』北海道大学出版会。

櫻井義秀、二〇二〇、『これからの仏教　葬儀レス社会――人生百年時代の生病老死』興山舎。

問芝志保、二〇二〇、『先祖祭祀と墓制の近代――創られた国民的習俗』春風社。

山田慎也、二〇〇七、『現代日本の死と葬儀――葬祭業の展開と死生観の変容』東京大学出版会。

よりそう（https://www.yoriso.com/obosan/first/#company_profile）2021/01/13閲覧。

湯浅治久、二〇〇九、『戦国仏教』中央公論新社。

第3章

宗教は性別を問わないか

——ジェンダー

猪瀬優理

《ポイント》

現代の日本社会にはさまざまな形で性差別や不均衡なジェンダー秩序が存在している。歴史的には多くの宗教が、教理やその組織を利用して、女性や性的少数者に対して差別的かつ不均衡・不公正な秩序をともなう異性愛主義で男性優位の社会制度、すなわち家父長制を維持・強化する働きを果たしてきた。日本では、女性に対する不浄観や「家」制度と父系的な先祖祭祀の結びつきによって、女性は男性に対して従属的な社会的地位に位置づけられてきた。

人々を救済し、幸福にすることは、宗教の持つはたらきの一つである。宗教は性差別に加担してきた一方で、その教えの中には、人々の間の差異を否定し、平等や平和を希求する側面も同時に存在してきた。この側面は単に内面的な問題にとどまるものではなく、社会的な格差を最小限に抑え、むしろその潜在的な可能性（ケイパビリティ）を高める効果を果たす可能性を持っている。

《キーワード》

ジェンダー秩序、性差別、家父長制、「家」と先祖祭祀、ケイパビリティ

1　ジェンダーとはなにか

厳然と残る女性差別

二〇一八年七月、自民党の杉田水脈議員が雑誌『新潮45』に寄稿した文章において、同性カップルを念頭に「彼ら彼女らは子供を作らない、つまり『生産性』がない。そこに税金を投入することが果たしていいのかどうか」と述べたことが問題となり、雑誌は同年一〇月に廃刊となるに至った。この寄稿文の内容に対して、各所から抗議や批判が相次ぎ、政権与党である自民党の人権意識が問われた（「朝日新聞」二〇一八年八月二日）。

この寄稿文には「キリスト教社会やイスラム教社会では同性愛が禁止されてきたので、白い目で見られてきた」のに対して、「日本の社会では歴史を紐解いても、そのような迫害の歴史」はなく、「寛容な社会だった」との記述がある（杉田 2018：59）。

ユダヤ教やキリスト教、イスラームなどが聖書やコーランを根拠に同性愛を罪とみなし、処罰の対象としてきた歴史があるのに対して（堀江 2007）、日本では特定の宗教が教理などに基づいて同性愛を禁止・抑圧したり差別したりすることは一般的ではない。しかし、日本社会においても同性愛に対する差別や偏見は根強く存在しており、その改善に向けた取り組みは国際的にも遅れている（三成編 2015）。「寛容な社会」というのは誤った認識といえる。

近年の先鋭的な性差別の事例としては、東京医科大学の入試不正問題がある。二〇一八年八月、東京医科大が入学試験において一律に女性に不利となる得点調整を行って、女性の入学割合を減らす行為を行っていたことが明らかになった[1]。

東京医科大の関係者は、このような得点調整を行っていた理由について、「女性は出産や子育てを機に、医師をやめるケースが多い」などと述べている（「朝日新聞」二〇一八年八月八日）。けれども、離職はその勤務体制に柔軟性がないことに起因するものである。勤務体制の改善という現実的な改革に向かうのではなく、性別という属性によって、獲得した得点を一律に減らすことで受験生から入学機会を奪ったという事実は、明らかな性差別であり、深刻な人権侵害である。

医療関係者の中には、家事・育児・介護等との両立を難しくしている医師の勤務体制を黙認し、このような措置に対し「理解できる」などとコメントする向きもあった。フェミニズム思想に基づいた運動によって、男女平等が達成されるべき当然の目標として広く認識されるようになってきたにもかかわらず、女性が差別的な扱いを受けることは「当たり前」「仕方のないこと」とみなされてきた歴史がこの背景にはある。

「男性差別」という声

女性に対する差別が厳然と残る日本社会だが、一方で、「男性差別」もあるとの声が一部にある。よくあげられる「男性差別」の例として、女性専用車両やレディースデイなどの措置のほか、アファーマティブ・アクションのような各分野での男女間格差を是正するための女性優遇の措置がある。性別役割分業意識に基づいて男性のみが稼得責任を問われることや、男性の稼得責任に基づいて遺族年金や児童扶養手当の支給において男女の差が生じていること、女子大学はあるが男子大学がないこと、などがあげられることもある[(2)]。

女性専用車両が設置された理由は、おもに女性が被害者となる犯罪・痴漢対策である。痴漢被害を受ける女性が多い背景には、女性の方が男性の下位に位置づけられていたり、男性を性的主体とし、女性を性的客体とする見方が固定されすぎたりしている状況がある。

アファーマティブ・アクションのような措置が必要となる理由は、先述した医師もそのよい例だが、性別役割分業意識や男尊女卑などの価値観の影響によって、男女ともに担うべき領域であるのにもかかわらず、男性が優位な立場にあり、場合によっては優遇されてきたという背景があるためである。

遺族年金や児童扶養手当が男性に支給されないなど、男女で異なる年金や手当の運用が広く行われていたのは、さまざまな社会制度が、男性のみが主要な稼得責任を負い、女性は賃金労働を行わずに家事・育児に従事するか、賃金労働を行ったとしても家計補助的な立場で家事・育児を優先するという根強い性別役割分業観に基づいて設計されてきたことが反映されている。

「男性差別」として指摘される例のほとんどは、男性中心・優位主義によって形成された社会制度の結果として男女間に生じた格差を補償するためにある。しかし、男性優位の社会制度は、一定の基準を満たした男性にとってのみ有効なものもあり、全男性が同等の恩恵を受けるわけではない。男性の中には、男性であるがゆえに不自由や不利益を被っていると感じる人も出てくるが、これは男性優位社会が生み出している女性差別の反転であることに気づく必要がある。

宗教にかかわりのある性差別

このように現代の日本社会においては、改善の動きはあるものの、男女平等という理想の実現は遠いようにみえる。現代日本社会はいまだ「性別を問わない」社会にはなっていない。公正に判断されると思われていた大学入学試験においてさえ、「性別」を問われる社会なのである。では、性差別に宗教の影響はどの程度あるのだろうか。

二〇一八年四月に、大相撲の「土俵上の女人禁制」に注目が集まった。京都府舞鶴市で行われていた大相撲の春巡業において、土俵上であいさつをしていた舞鶴市長が倒れ、複数の女性看護師らが土俵に駆け付け市長に心臓マッサージを施していた時に、土俵における女人禁制を守るために、少なくとも三回にわたって「女性の方は土俵から降りてください」との場内アナウンスが流れたという事件があったためである。幸いにして市長は回復し事なきを得たが、人命よりも「伝統」を優先する日本相撲協会の姿勢や、いまだに女人禁制という性差別ともいえる「伝統」を守り続ける保守性が問われる形となった。

大相撲における土俵上の女人禁制の起源については諸説あるが、「相撲は神事」であるとして、神道とのかかわりから説明されることが多い。だが、必ずしも長い歴史や伝統があるわけではないともいわれる（吉崎・稲野 2008）。そのほか、お祭りなどの神事や社寺、霊山においても女人禁制や女人結界が見られる。これらの背景には神道や仏教などの宗教があるが、いずれの場合においても、女性を排除する根拠としては女性に対する不浄観や戒律の問題があるとされている（鈴木 2002）。

ジェンダーとは

女人禁制の事例にみるように、宗教においても、人々の振る舞い方、身の置き方について、「性別」が問われてきた。本章の「宗教は『性別』を問わないか」という問いに対しては、「問う」が答えになる。では、どのような形で宗教は性別を問うてきたのか、そしてそのことはその宗教を信じる女性たちや男性たちにどのような影響を与えうるのだろうか。

「性別」のあり方を軸として、社会や集団のあり方を考えていく際に有益な概念が、「ジェンダー」という概念である。一般に「ジェンダー」は、「社会的・文化的につくられた性差」であり、「男役割、女役割などの性別役割の内容」とか「社会の中で共有されている男らしさ／女らしさ」と定義される。このような定義は間違いではないが、「性差」の部分に注目が集まることは、結果として単に「女性／男性」という二分法のカテゴリをもとに考察するだけにとどまってしまうことにもつながりかねない。

これに対し、スコットは「ジェンダーとは、肉体的差異に意味を付与する知なのである」（Scott 1988=1992：16）と定義し、バトラーは「ジェンダーがセックスを規定する」（Butler 1990=1999：27-29）と主張した。これらは、ジェンダーという概念の中には、単なるカテゴリごとの違いにとどまらない意味形成や意味付与といった社会的なダイナミクスが含まれているという見方である。

また江原は、「性規範と役割分業規範等の性別にかかわる規範によって男女それぞれに与えられる行動規範が形成する社会秩序」を「ジェンダー秩序」と称する（江原 2011：97）。「ジェンダー秩序」を形成している「性別」は、単に男女の二つに分かれるものではなく、年齢やその他の属性によって複数の異なる規範が秩序を形成しているという前提を持つことが重要である。また、この秩序は社会のあり方にともなって変容していくという前提を持つことも重要である。

本章においては、ジェンダーをこのような社会的なダイナミクスを捉える概念として考え、宗教がいかに「性別」を問うてきたか、これからどう変容していく可能性があるのかについて考えていく。次節では、世界三大宗教である仏教、キリスト教、イスラームにおけるジェンダーについて簡単に整理しておこう[3]。

2　宗教におけるジェンダー

仏教

仏教の教えを広めたのは紀元前六世紀のインドにシャカ族の王子として生まれたゴータマ・シッダールタ（仏陀、釈迦、釈尊ともいう）である。人間が無知から目覚め、生きる真実を理解し、苦しみからの解脱に至る道を説くため、各地で伝統布教活動を行ったとされる（川並 2007）。

釈尊の教えは「四諦八正道」に集約される。この世で生きることは「苦」であり、その原因は煩悩であるが、それを滅せば苦しみも消滅し、涅槃にいたることができるとして、煩悩を滅するために八つの実践方法が説かれる。上座部仏教と大乗仏教では「苦」の捉え方に違いがみられるが、原始仏教の理念によれば死は男女問わずすべてに訪れるため、ジェンダーは無意味なものであるともいえる（川並 2007）。

けれども、仏教の教えの中に登場する女性と男性のあり方は、基本的には非対称である。たとえば、釈尊の母マーヤーは母の慈悲と処女性を併せ持つ仏教の聖母として慕われる存在であり、釈尊の妻ヤショーダラーは貞淑かつ従順で、跡取り息子を産み、「若きは父、嫁しては夫に、老いては息子に従うべし」という「三従」を説いた、古代インド社会の一般女性の理想的生き方を体現する存在である。反対に仏典の中に登場する邪悪な女性としては、とくに釈尊を誘惑したマーラの三人の娘たちが有名である。男性は誘惑に負ける自らの精神力の弱さを女性に対する反感や嫌悪にすりかえることで、ある種の責任転嫁をし、その結果、女性は厭わしく、淫らで、邪悪なものだとして見る見方が男性修行者の中に生まれた（川並 2007）。

一方で、原始教典に出てくる女性たちの中にも主体的に解脱を選び、家族や社会が求める生き方に背いて出家するものが数多く登場する。たとえば、初めての女性出家者となった釈尊の育ての母ゴータミーは出家を望んで釈尊に三度頼むも三度断られたが、弟子アーナンダのとりなしにより比丘尼（女性僧）になることを認められた。ただし、女性出家者たちは出家者の集団サンガ入団に際して、「ガンダンマ」と呼ばれる八つの条件を課されることになった。これにより、比丘尼は男性出家集団である比丘サンガの絶対的権威を認め、比丘（男性僧）に服従するようになった側面がある。一方、古代インドの女性たちにとって比丘サンガの成立は、出家ができるという点でそれまでなかった精神救済の場を提供し、入団を求めて訪れる希望者は後を絶たなかったといわれる（川並 2007）。

比丘尼となった当時の女性たちの様子が描かれているパーリ語文献『テーリーガーター』には、女性たちが社会の束縛を逃れ、煩悩を断ち切って、心の安らぎを得た喜びを見ることができる。家父長制的な社会による束縛とそこからの解放を願って、尼僧のみちを選び取るというあり方は、二千数百年経った現代においても大きく変わっていない面がある（川並 2007）。

日本では平安時代以降、「三従」と「五障（女性は男性よりも劣るため、梵天王、帝釈天、魔王、転輪聖王、仏陀になれないとする説）」が一組になった罪業観、女身を不完全とし男身に変身することで成仏を求めた「変成男子」の思想、儒教的な男尊女卑の考え方の影響などから、女性に対する独特の差別観が存在している（川並 2007）。

一方で、タイやミャンマーでは、穢れと女性を結び付けた蔑視思想は希薄である。東南アジア社会では、身分格差が少なく、家制度がなく結婚後も女系のつながりが切れないなど、伝統的に女性の影響力が強かったという社会基盤の違いのほか、上座部仏教の考え方の影響もあり、「五障」という考え方は受け入れられていても、「変成男子」のような思想はみられない。同じ仏教であっても地域の伝統によって差異がある（川並 2007）。

仏教の中に女性蔑視的な思想があることは確かであるが、女性を社会の束縛から引き離す力も持っているため、近年では、欧米諸国でも仏教への関心がたかまり、東南アジアでも尼僧になる女性信者の増加がみられる（川並 2007）。

キリスト教

「キリスト」は、ヘブル語「メシア」のギリシャ語訳であり、キリスト教は紀元一世紀初めのパレスチナに生きたユダヤ人イエスを「キリスト」だと信じてその行いを宣べ伝えた人々によって生まれた信仰共同体に端を発する、信仰の規範となる「正典」として誤りなき「神の言葉」とされる聖書を持つ宗教である。そのため、キリスト教の歴史においてはさまざまな事柄が聖書の言葉を根拠にして、主張されてきた。議論を呼ぶ奴隷制・女性差別・植民地主義の是非などについても双方の立場が聖書を根拠とされてきた（山口 2007）。

現在の聖書は、幾度もの編纂を経て「正典」として選ばれてきた歴史があり、「歴史の勝者」の立場による神・人間・歴史理解が記されてきたと考えられ、その無謬性に対して疑義を呈する議論も出てきている（山口 2007）。

ジェンダーにかかわる点については、キリスト教の神が伝統的に「父なる神」として捉えられてきたことの影響は大きい。男性中心主義的な社会のなかでキリスト教が普及するにつれ、それ以前には存在した神の女性イメージは失われ、聖職者が男性に限定されていくなど、教会の組織も男性中心的な形に整備されていったとみられる。その結果、女性は男性より下位に位置づけられてきた。男性が主導的な立場をとり、女性がその補助的な役割を担うという性別役割分業も聖書に基づいて正当化されてきた（山口 2007）。

キリスト教は二〇〇〇年の歴史を通して世界中の人々に大きな影響を及ぼしてきたが、キリスト者（信徒）たち自身にとっても、解放的・抑圧的両面の影響力を持ってきた。女性が抑圧されてきた非西欧社会の女性たちにとっては、キリスト教が個人の尊重・自立を促すことが自己実現への勇気を与え、解放の喜びをもたらした。その反面で、多くの非西欧社会の女性たちは、西洋白人エリート男性中心のキリスト教伝統の影響を受けて、民族・階級・ジェンダー差別が絡まり合った夫権的価値観を神による秩序として神聖化・内面化させることにもつながった。二〇世紀後期に世界中の女性たちが神学の専門分野に進出することによって、また西洋の政治的・経済的・霊的な植民地政策の悪影響に抵抗しようとする人々がキリスト教の改革に参加することによって、こうした問題の批判的分析と変革の道が多方面から模索されるようになった。地球規模の協働研究によるフェミニスト神学やポストコロニアル神学が問いかけてきた影響は大きい（山口 2007）。

キリスト教は同性愛に対しては、神が定めた「自然」に反するものとして厳格に否定する立場をとりがちであり、時に命をも奪い取るような差別や迫害を生み出してきた。同時に、聖書のメッセージの中には差別に対して否定的なものもあり、キリスト教には女性や同性愛に対する差別に対抗する考え方も含まれている（山口 2007）。

イスラーム

イスラームの歴史は、西暦七世紀の初め、オアシスの町メッカに暮らしていたムハンマドという男性に神の啓示がおりたところから始まる。天使を介してムハンマドに伝えられた啓示をまとめたものがアラビア語で書かれた聖典、コーランである。そしてムハンマドは神への信仰によって結ばれたイスラーム共同体を作り上げた。現在は、アラビア半島だけではなく、東南アジアやアフリカを中心に多くの信徒を持つ（八木 2007）。

イスラームには六信五行と呼ばれる教義と儀礼の根幹がある。六信とは、唯一神、天使、啓典、預言者、来世、天命を信じることであり、五行とは、神とムハンマドへの信仰告白、一日五回の礼拝、定められた額の喜捨、ラマダーンにおける断食、メッカへのハッジ巡礼である。このなかで、礼拝における身体の清め方およびハッジ巡礼において、月経や出産による出血を穢れとみなす見方がみられるが、女性そのものを穢れているとみなすことはなく、あくまでも出血のある期間だけの一時的な状態とみなされている（八木 2007）。

イスラームが女性に差別的な宗教だというイメージは強いが、これはそれほど単純な話ではない。イスラームは、その地域のもともとの差別的な慣習の影響を受けている場合があるなど、時代やその地域によって多様だからである（八木 2007）。

イスラームの規範では一般に、男性と女性の二つの性による役割分担が社会秩序の基盤となる。性別を問わず一人の人間としてまったく同じように扱うという意味での男女の平等という発想はなく、女性と男性は本来的に異なる性質、能力を持つという前提に立ち、それを踏まえた別の権利と義務を与えるべきだと考える。持って生まれた身体的なものとしての性が人の役割を決定するのであり、ここに相対主義を前提とするジェンダーという考え方を受け入れる余地はない（八木 2007）。

さらに、イスラームにはジェンダー概念がなじまないというだけではなく、それによってたつフェミニズムの思想および運動が敵視されている状況もある。西洋キリスト教世界とイスラーム世界の競合関係の歴史は長いが、近代以降、女性の地位の問題は、宗教的寛容性の問題と並んで、つねに西洋によるイスラーム批判の的となってきたことにより、フェミニズムはイスラームへの攻撃として受け取られているのである。こうした状況の中ではイスラーム教徒の女性は差別されていないと主張することがそのままイスラーム擁護となり、差別があると認めることはイスラーム批判を煽ることになってしまう。重要なのは、イスラームにおける女性の問題が西洋的価値観の押し付けに対する抵抗という文脈の中に置かれているという点である（八木 2007）。

たとえば、イスラーム教徒の女性が身に付けるいわゆるヴェールの問題も、これに深く関与している。イスラーム教徒の女性は歴史を通してつねにヴェールを着用してきたわけではない。コーランには女性はその身体の「美しい部分」を隠すようにという緩やかな指示があるだけで、なにをどのように隠せという明確な指示はなく、ムハンマド時代にはすべての女性がヴェールを身に着けていたわけではなかった。しかし、歴史の変遷において多様な解釈が生まれるなかでヴェールを着用することはイスラーム的に正しい、あるいは望ましいという解釈が定着していった（八木 2007）。

近年では、女性たち自身がイスラーム的価値の中に、なんらかの積極的な意味を見出して自らヴェールを身に着けている例が出ている。ヴェール着用はイスラームの視覚的な存在証明、示威行動の意味を帯びるため、女性差別の象徴とされてきたヴェール着用を女性が自ら選び取ることによって、女性差別の残る遅れた宗教というイスラームへの批判を無効にする。イスラームにも女性運動の動きはみられるが、西洋の女性をモデルにした運動は必ずしも多くの女性の心をとらえることはなく、逆に、イスラームに根差した主張をもとにした運動については、社会全体に受容されうる側面がある（八木 2007）。

イスラームの名の下で語られ、権威付けられた慣習や規範の中には、実はコーランの記述に明らかに反したものも少なくない。男性に有利な記述は文字通りに忠実に実行され、女性の権利を認める部分はおろそかにされる傾向が指摘されている。女性の権利の確立のためにイスラームの根源に立ち返ることには、一定の有効性があると考えられる（八木 2007）。

3　日本における宗教とジェンダー

今も残る女人禁制

実は、「女人禁制」を「性差別」とみなすかどうかには論争的な面がある。

たとえば、大相撲における土俵上の女人禁制に対して、日本相撲協会は女性の不浄観に基づいているという見方を否定し、「相撲は神事が起源」「大相撲の伝統文化を守りたい」「大相撲の土俵は男が上がる神聖な戦いの場、鍛錬の場」の三つを女人禁制としている理由に挙げ、「性差別」を否定し、土俵は「男だけの世界」と「伝統」を強調する（「朝日新聞」二〇一八年四月二九日）。歴史を紐解けば女性が相撲を取っていた事実が確認されるため、「性差別ではない」ことの弁明にはなっていないが、このような独自の論理を用いて「女人禁制は性差別ではない」と説明する例は少なくない。

修験道で修行の場となる霊山、あるいは比叡山や高野山などの山岳寺院を擁する聖地では、その地に女人結界をしいていた例が多い。しかし、明治五年（一八七二）には、近代化を進める明治政府によって女人禁制が封建的で遅れた慣行とみなされ、女人結界の撤廃指令が出され、各地の山で女人禁制が解かれた。なお、同時期には神仏分離政策を進める明治政府によって神仏習合という特徴を持つ修験道に対する廃止令がだされている（鈴木 2002）。

現在も残る女人禁制の山はいくつかあるが、一年を通して女人禁制がしかれているのは大峰山の山上ヶ岳と後山（岡山県東粟倉村）のみとなっている。ほかには、期間限定で女人禁制となる山や、逆に期間限定で女性に開放される山がある。

霊山における女人禁制にかんしては、歴史学に研究の蓄積がある。宗教上、産婦や月経中の女性を穢れとして排除する習俗は、多くの文化に共通してみられる。日本においては、七世紀後半から八世紀にかけて編まれた『古事記』では血の穢れ観は希薄であった。その後、出産については九世紀前半の『弘仁式』、月経については九世紀後半の『貞観式』までは穢れ観が存在しなかったとする説が多い。血穢観と仏教の女性蔑視思想が結びつくことなどによって、霊山や寺院などの聖域における女人禁制が生じたと考えられている。

大峰山・木曽御嶽講のフィールドワークに基づいた小林奈央子の論考では、女性行者は女性であるがゆえに受ける不浄視から滝行場など御嶽信者が最聖域とする場所に行けないなど差別的な扱いを受けてきた一方で、昭和五〇年代頃まで活躍していた強力（荷運び）の女性たちは最聖域を含めて立ち入りを制限された場所はなく女性としての不浄が全く問われなかったといい、その恣意性を指摘している（小林 2016）。また、最近では、女性を不浄視することが倫理上困難になっていることから、月経中の女性はふらつきや転倒を引き起こす危険があるなどの一見「科学的」にも見える理由をつけて月経中の女性の立ち入りを制限することを正当化しようとする事例や女性にあるとされる霊的優位性を理由として女人禁制を正当化しようとする事例もある。ここから、女人禁制を維持する動きの中には、組織上の主導的立場にいる男性による女性の性質を固定化し規範化しようとする規範の形成、家父長制社会の反映があることが指摘されている（小林 2016）。

多くの制限があるなかで、女性行者たちは自分たちで大峰山の修行に参加できる環境を作ってきた。女性たちが教団の許可を得ずに奥駈修行に参加した一九五〇年代当初は、男性行者からの冷たい視線を浴びながら集団の隅で奥駈修行の同行を続けていた。しかし、女性たちが毎年奥駈修行への参加を継続したことにより、周りの男性行者たちの態度が徐々に変わり、女性たちの参加を認めるようになり、女性が参加しやすい環境づくりも進められた。修行の実践者である女性自身の行動が、盤石不動と思われていた男性のみだった行場を開き、さまざまな変化につながっていったのである。女性行者はつねに、慣例や男性行者に配慮しながら自らの修行を続けてきた（小林 2016）。

女性行者たちは女人禁制の環境がある中でも、声高に開放を叫ぶのではなく、行者として地道な修行を継続することによってその地位を築いてきた。山上ヶ岳が女性に開放されたら真っ先に登りたいという女性行者が多数いるとしても、行者としての声がきちんと守られる環境が整えられていない状況では、信仰を持たない女性活動家たちと声をそろえて女人禁制開放を訴えることは、修行の場が必要な女性たちには困難なのである。「女人禁制開放の問題は、女性であるかどうかのみならず、各人の信心にもかかわる問題であることが改めて浮き彫りになったのである」（小林 2016：63）。

宗教は性別を問うが、イスラームとフェミニズムとの関係にもみられるように、性別にかかわる問題を外側から単に批判するだけでは、宗教のただなかで生きる人々にとっては適切な問題解決にはいたらない可能性があることが改めて確認される。

「家」と先祖祭祀

「家（イエ）」と総称される日本の伝統的あるいは前近代的社会の中核をなす家族制度がある。この制度は、先祖祭祀という宗教的慣習とともに日本の社会・文化の基盤となってきた。「家」の持つ宗教性は、具体的には「家」永続という価値・規範に基づき、先祖の祭りを絶やさないことに集中的に表れている（竹田 1976）。

もともと天皇家の先祖祭祀は父母双方からの継承の理念で実施されていた。しかし、九世紀初頭に皇位や官職などの父系世襲が浸透し、女性が「家」を形成できない男性優位のジェンダー秩序が成立すると、父系の「家」原理の仏教行事も成立し定着した（服部 2015）。

一方で、中世には女官などを世襲する家系があり、妻が一定の財産を管理する権限を持つなど、女性にも重要な役割があった。一一世紀に力を持った武家は夫婦別財で妻は自己の所領を持ち、親権は父母ともに強く、とくに後家は強い権限を持っていたが、嫡子単独相続が広がると、武家における女性の地位は次第に制限されていく。この時代には、違いはありつつも農民や商人・職人といった庶民層にも父系的な家が形成された（久留島 2015）。

中世は神仏混淆した仏教が広く社会に浸透し、寺社が強い宗教的権威と政治権力を有した。有力寺社は女性を排除した寺院社会を形成し、公家・武家と結びついて世俗的権力も行使したほか、上層の家が家督争いを避けるために出家先として男女ともに利用され、父系直系を規範とする家継承を維持し、それを基盤とする政治秩序を守るための装置としても機能していた（久留島 2015）。五障や変成男子の考え方をもとに女人成仏論、女人往生論が定着したのもこの時期である。鎌倉時代になると新しい仏教の宗祖たちが男女の差を否定するような説も唱えたが、伝統的な仏教女性観から自由ではなかった（勝浦 2015）。女性の不浄観が社会に流布したのもこの時期で、この価値観は女性にも内面化され、寺社へ寄付を行うなど熱心な信仰に向かう者もいた。このことからは、女性が自身の意思で処分可能な財産を有していたことが確認できる（久留島 2015）。

近世に入ると社会の基礎単位は原則的に家父長制的「家（イエ）」となり、女性は農民や町民においても男性家父長が代表する「家」に従属するものとなった。性別役割分業も形成され、女性が婚家に土地を持参することがなくなった結果、婚家の経営に関与する根拠は失われてしまった（長野 2015）。

明治維新による近代国家の形成においては、それまでの封建制の時代とは異なる新たなジェンダー編成がなされた。日本に限らず、近代におけるジェンダー編成の根底にあるのは、資本主義とナショナリズムであり、近代日本の中核にあるとされた「半封建的な『家』」も「近代家族」の一形態とみなすことができる。日本では「西洋近代」を選択的に摂取した結果、政治の領域から女性を排除し、公的領域と私的領域を分別することとなった（成田 2015）。一八九八年に公布された明治民法は、女性の男性家長に対する従属的な地位、血統主義、法律婚主義の立場を明確にしたことを特徴とする。男性戸主に強い権限があり、とりわけ夫権は強く、妻の財産は夫が管理するなど「妻」は法的行為者として「無能力者」（一四条〜一八条）とされた。しかし、家や家族の維持にかかわる慣行は、地域や階層、生業のあり方によって多様であり、すべての人々が家や家族に包摂されたわけではなかった。民法でも異性婚・一夫一婦といった一九世紀西欧型の婚姻制度を規範とするものの、夫には「妾」を認め、刑法は妻の婚姻外の性愛を「不義」として犯罪とするなどジェンダー不均衡・不公正な内容も含んでいた（長 2015，三成 2015）。

日本で最初の女性を中心とする社会運動団体として一八八六年に結成された東京婦人矯風会（のちに全国組織となる）はキリスト教に基づき、女性の地位向上のため旧来の封建的な「家」にかわる「家庭」の形成を国民に呼びかけ、一夫一婦制の確立に向けた活動に取り組んだ（林 2015）。その後、仏教に基づいた婦人会なども形成された。

第二次世界大戦後、新憲法制定や民法改正によって、参政権や教育機会均等、家制度の廃止など男女平等の法的基礎が築かれた。だが、高度経済成長期には性別役割分業が主流化し、高学歴化が進んだにもかかわらず、結婚後の女性の居場所は家庭とされた。一九七〇年以降のウーマン・リブの運動は、女にも男にも性別規範に縛られない個人としての生き方の自由と平等を実現しようとしたが、政財界を中心に既存のジェンダー意識は依然として根強く存在している。シングルマザーの貧困、性的マイノリティに対する無視や差別など課題は多いが、少しずつ時代とともにジェンダー秩序も変化し続けている（荻野 2015）。

戦後の民法改正では、祭祀財産の取り扱いに関する条項が新設された。旧民法では、単独相続人である家督相続人が祭祀財産を承継することになっていたが、現行民法では家督相続が廃止されたことから、「家」にかかわる先祖祭祀の継続を担保するため、保守派の要求により相続財産とは別に祭祀財産を特定の祭祀承継者に受け継がせるという取り扱いを導入することとなった。

近世初期に、生家の檀那寺との関係を継続していた女性たちは、生家の先祖祭祀を継続することで婚家に取り込まれずに一定の財産を保有していたが、家制度が浸透し、半檀家が消滅することで、嫁として入家する女性たちも婚家の檀那寺に変更することになり、婚家に取り込まれる家制度が確立し、生家の先祖祭祀から離れることによって、それを執り行うための財産分与もなくなったとの指摘もある（森本 2006）。

家父長制的な家の下での先祖祭祀は、男女の性別役割を固定化し、女性の権限を狭める役割を持っていたが、父母双系の親族組織が働いている場では先祖祭祀が女性の権限の余地を広げる役割を持ちうることが示唆される。現代日本社会においては産業化・都市化という社会変動と夫婦家族制理念の浸透によって、再び双系的な先祖祭祀が登場している（孝本 2001）。先祖祭祀のあり方の変容と女性の地位あるいは家族のあり方との間には、いまだに影響関係が存続しているといえるだろう。

性別役割分業に基づいた教団組織

日本における宗教集団に限った話でなくとも、教団組織においては性別や年齢別の組織が置かれている例が多い。宗教的な行為・活動を行う際には、性別や年齢によって活動時間や活動内容が異なるという側面があるためだが、このような違いが出てくるのは、社会全体が性別役割分業に基づいて構成されていることにもよると考えられる。

川橋（2012）は、宗教界のフェミニズム運動に関する民族誌的記述において、日本の仏教界が男性中心の権威構造を持っていることを指摘する。歴史的に仏教は、禁欲的女性忌避の特徴を持つために女性を排除し、周辺化してきた。しかし、日本仏教は、妻帯僧侶の存在が公認されている。宗派の教えとして妻帯を積極的に認めてきた浄土真宗については事情が異なるが、出家主義を放棄していないのにもかかわらず妻帯を行う日本仏教の僧侶にとっては、仏教の持つ禁欲主義とどのように向き合うかが大きな課題となるはずである。だが、この点は「今でも触れることさえはばかられる大きなタブー」（中村 2011：277）といわれるほど正面から議論される機会は少なかった。僧侶の配偶者や子どもなどの家族を「寺族《じぞく》」というため、「寺族問題」ともいわれる。異議申し立てを行ってきた仏教教団の女性たちの活動に対する、教団側の反応はあいまいさを残したままである。

寺族問題は、すでに指摘されている通り、出家主義をとらない真宗系教団を含めて、僧侶の配偶者の問題、女性宗教者の問題とともに、仏教教団全体に共通する課題である。川橋（2012）は、住職の妻たちには、住職の補佐役としてのさまざまな寺院運営上の労働が家庭での家事労働に加えて課せられていると指摘する。住職の配偶者は、その補佐として日常的な寺務や寺院の後継者育成を意味する子育てなどの役割分担を負っている。その多くは「無償の労働」として「愛情」だけでなく、「信仰」の名の下に行われているため、不均衡なジェンダー秩序の問題点を指摘することは信仰心の欠如とみなされて抑圧される構造がある。また、家庭内においても男性である僧侶が女性である寺族を教化するという上下関係が前提とされている点にも問題がある。寺族女性を男性僧侶よりも下に見る構造の中で、女性が都合のよい労働力として使われてしまう状況も生じている。

このような性別役割分業は、キリスト教会における牧師とその妻の役割分担にもみられる。「牧師夫人」と呼ばれる牧師の妻は、牧師資格を持っている場合もあるが、一信徒である場合にも教会学校の補佐、掃除や食事の支度、事務作業など多くの教会の仕事を担うことを他の信徒から期待される。牧師の家庭を理想的な家族とみなす傾向は、牧師の妻を周囲の視線にさらすことになるため、過度の重圧から精神を病む牧師夫人もいるという（川又ほか編 2006）。

理念上の出家主義を持つ仏教教団では、単に性別役割分業に基づいた労働の押し付けが行われているだけではなく、現実の寺院運営には不可欠な寺族女性の存在を不安定な立場に追い込み、無力化している。

宗祖より妻帯を認めているとされる真宗教団においては、主に僧侶の配偶者を「坊守」と称し、寺院における役職として位置づけているため、寺院における妻の立場の不安定さという問題は少ないが、実際のところその立場や担うべき役割は、その重要性に比して非常にあいまいである（横井 2012）。

仏教教団が有するジェンダー観が問われているのだが、これらの問題に対する各教団の問題意識は高いとはいえない。伝統的な宗教だけでなく日本の多くの新宗教集団においても、性別役割分業に基づいた男女で異なる地位や役割を与える組織構造が形成されており、社会のあり方が反映されたものだともいえる。

4　これからの社会をどう構想していくか

宗教の役割とは

少なからぬ宗教が「幸福」「幸せ」を信仰の目的の一つに示している。幸福には多様な側面があるが、「一時的な幸福」と「持続的な幸福」の二つに分けられることがある。「一時的な幸福」とは、目前の「欲望」「欲求」が満たされることによって得られる満足感である。「最大多数の最大幸福」を追求するベンサムの功利主義に基づくモノ・カネを中心とした経済指標と関連が深い。それに対して、「持続的な幸福」とは、目的のある人生を送る機会、善く生きる意味・方針を人々が得ていることが幸福であるというアリストテレスが唱えた幸福観に基づいたもので、周囲の環境に左右されず「何が自分にとって大切なのか」を確かに見極める能力が備わっていることで得られる幸福である。

「持続的な幸福」につながるアプローチとして、ケイパビリティ（潜在能力 capability）・アプローチがある。このアプローチは、これまで所得や資産などの「資源ベース」で捉えられてきた「幸福」をケイパビリティが十分に発揮できる「生活の質（Quality of Life）」の程度で捉える方へ転換した（ＯＥＣＤ開発センター編 2016：29）。このアプローチでは、実際に得られたものよりも得られる機会の方を重視する。

フェミニストの視点からケイパビリティ・アプローチを提唱しているヌスバウムは「女性はいつも他人の目的に奉仕する存在として扱われ、自分自身のために自分自身を目的として生きてこなかった」とし、これを解消するための原理として「ひとりひとりのケイパビリティの原理（a principle of each person's capability）」を重視する。そして、「ケイパビリティの閾値（threshold level）」、つまり「このレベル以下では本当に人間らしい機能を達成できない最低水準」を示す必要を主張する（Nussbaum 2000＝2005：6）。ヌスバウムは政策提言につなげることを重視し、①生命、②身体的健康、③身体的保存、④感覚・想像力・思考、⑤感情、⑥実践理性、⑦連帯、⑧自然との共生、⑨遊び、⑩環境のコントロール、という具体的な十の潜在能力群を提示している。

ケイパビリティ・アプローチでは、基本的な健康や衣食住の確保だけでなく、感情や思考、人々との連帯、自然との共生など、個人の自己確認や自己表現、社会的な役割や居場所が一定水準まで確保されていることが「幸福」の条件となる。どれか一つでも水準以下であれば、客観的には「幸福」とは言えない。とくに、実践理性は自身の人生をよりよくするために自らの良心・価値に基づいて計画し、行動していく能力であり、ケイパビリティの根幹をなす能力である。実践理性を育てるなど、一人一人のケイパビリティを活かす媒体となることは、宗教の役割の一つではないだろうか。

「一人一人」を重視しない固定的な男女二分法のジェンダー秩序に基づいた社会制度のもとでは女性たちは男性よりもケイパビリティの実現を阻害される可能性が高い。そして、実はそのような社会では、男性もケイパビリティの実現を阻害されるのである。

これまで、宗教は不均衡・不公正なジェンダー秩序を維持・存続するために機能してきた。つまり、人々のケイパビリティを制限することに加担してきた。一方で、不均衡なジェンダー秩序にあらがう力やきっかけも提供しており、ケイパビリティを活かす力にもなってきた。後者の働きを促すためにはどうしたらよいのだろうか。

ジェンダーの枷を外すことができるか

苦難、つまりケイパビリティが阻害される状況が訪れる時、人々にはケイパビリティを促進するための「支え」が必要となる。宗教は「支え」として、それぞれが必要とする「教え」「儀礼」「仲間集団」などを提供することができる。だが、強制されたものでは、「支え」にはならない。信仰活動から「幸せ」を得るためには、一人一人が自ら主体的に考え、納得して選択し、行動するというケイパビリティが発揮されることが重要である。さらに、宗教集団は、「人のため」という利他の精神をその「幸福」の背景に持つことで、一人一人が「幸福」を得ただけで満足して終わるのではなく、次の人に「幸福」をもたらせるように伝え、つないでいくことが出来る（猪瀬 2018）。

宗教が人々を「幸福」にするには、このような一人一人に「支え」をもたらし、その結果として、人々のつながりを形成するような仕組みを宗教の中につくることが必要となる。そして、その際には不均衡・不公正な状況にあるジェンダー秩序のありようを是正する必要がある。もちろん、ジェンダー秩序以外の階層などのヒエラルキーや差別のある秩序のあり様にも注意を払わなければならない。そうでなければ、誰かが幸福になる一方で、別の誰かを犠牲にするということが生じやすくなるからである。

宗教の目的に一人一人の「幸福」を実現することが含まれるなら、宗教や社会のあり方が一人一人の「ケイパビリティ」を損ねる可能性がないかどうかに配慮する視点が不可欠である。

しかし実際には、少なからぬ宗教集団が自らの「正しさ」や「伝統」に拘泥して変化できない場合が多いと思われる。そのために「現在も、世界のさまざまな場所で、宗教伝統の名の下に、多くの女性たちが苦痛と閉塞感を経験している」（川橋・小松編 2016：12）。

国際的な人権擁護の動きのなかで、一九九〇年代から「ジェンダー主流化（gender mainstreaming）」、つまり、あらゆる領域とレベルにおける「ジェンダー平等」を実現しようとする潮流が起こっている。これは、男女で異なる影響を及ぼすあらゆる政策や法律を適切に評価し、新たな政策立案に反映していくためのプロセスである。宗教のあり様もジェンダー主流化の流れの中に位置づけていく必要があるだろう。

《読書案内》

大口勇次郎・成田龍一・服部早苗編『新　体系日本史九　ジェンダー史』山川出版社、二〇一四年。

日本の歴史をジェンダーの観点から編み直した論文集。同様の書籍として、脇田晴子ほか編『ジェンダーの日本史〈上〉宗教と民俗　身体と性愛』（東京大学出版会、一九九四年）、久留島典子ほか編『歴史を読み替える　ジェンダーから見た日本史』（大月書店、二〇一五年）、三成美保ほか編『歴史を読み替える　ジェンダーから見た世界史』（大月書店、二〇一四年）がある。

堀江有里『「レズビアン」という生き方――キリスト教の異性愛主義を問う』新教出版社、二〇〇六年。

日本のキリスト教会においても同性愛を差別する傾向は存在している。本書では、同性愛の中でも見えにくくされてきたレズビアンの観点から、この問題について鋭く迫っている。同じ著者による『レズビアン・アイデンティティーズ』（洛北出版、二〇一五年）においては、キリスト教における問題も含めて、アイデンティティという観点から、さらにこの問題の根幹を問う作業が行われている。

川橋範子『妻帯仏教の民族誌――ジェンダー宗教学からのアプローチ』人文書院、二〇一二年。
日本仏教の実践的な部分におけるジェンダー問題の根幹にある妻帯という問題について、核心に迫った重要な書。この書でも詳しく述べられているが、仏教内部からの異議申し立ての取り組みとして、女性と仏教東海・関東ネットワークによる活動があり、雑誌『女たちの如是我聞』の発行のほか、書籍も三冊出されている。

川橋範子・小松加代子編『宗教とジェンダーのポリティクス――フェミニスト人類学のまなざし』昭和堂、二〇一六年。
宗教とフェミニズム、あるいはジェンダーという概念との相性はあまりよいとは考えられてこなかったが、フェミニスト人類学という観点から宗教を問うことによって新たに宗教とフェミニズムのかかわりを問い直す論文集である。これに先立つ取り組みとして、川橋範子・黒木雅子『混在するめぐみ――ポストコロニアル時代の宗教とフェミニズム』（人文書院、二〇〇四年）や田中雅一・川橋範子『ジェンダーで学ぶ宗教学』（世界思想社、二〇〇七年）がある。

注

（1）　男性に対しては受験回数に応じた得点調整を行っていた。男性は五回目の受験（四浪）から女性と同様に得点を八割にした後の加点が行われなかった（学校法人東京医科大学内部調査委員会 2018：22）。東京医科大では、寄付等の見返りとして特定受験生に便宜を図る得点操作も行っていた。

（2）　児童扶養手当法が改正される二〇一〇年以前は、児童扶養手当は母子家庭のみに支給され、父子家庭には支給されなかった。

（3）　実際には、各宗教について、ジェンダーのあり様は各時代、各地域等による多様性が存在しており、簡単かつ正確に説明することは困難である。ここでは、田中雅一・川橋範子編『ジェンダーで学ぶ宗教学』（世界思想社、二〇〇七年）の各宗教について述べられた章の内容を部分的に紹介する。ただし、各宗教の提示するジェンダー秩序には、時代や社会によってここに述べたほかにさまざまな側面があり、時代によって変化しつつある（川橋・小松編 2016など参照）。

文献

Butler, Judith P., 1990, *Gender Trouble : Feminism and the Subversion of Identity*, Routledge.（竹村和子訳、一九九九『ジェンダー・トラブル――フェミニズムとアイデンティティの攪乱』青土社。）

江原由美子、二〇一一、「ジェンダー秩序と社会の脆弱性――『災害とジェンダー』研究を手掛かりとして」『学術の動向』二〇一一：八、九七-九九頁。

学校法人東京医科大学内部調査委員会、二〇一八、『公表版　調査報告書』

服部早苗、二〇一五、「貴族社会とジェンダー」「院政と父権」久留島典子・長野ひろ子・長志珠絵編『歴史を読み替える　ジェンダーから見た日本史』大月書店、六〇-六一頁、七〇-七一頁。

林葉子、二〇一五、「婦人矯風会とキリスト教」久留島典子・長野ひろ子・長志珠絵編『歴史を読み替える　ジェンダーから見た日本史』大月書店、一九八-一九九頁。

堀江有里、二〇〇七、「宗教と性的少数者」田中雅一・川橋範子編『ジェンダーで学ぶ宗教学』世界思想社、二一七-二二九頁。

猪瀬優理、二〇一八、「『幸せ』をつなぐ――宗教にみるジェンダーとケイパビリティ」、櫻井義秀編『しあわせの宗教学』法藏館、一五九-一八八頁。

勝浦令子、二〇一五、「中世仏教とジェンダー」「女性不浄観――血穢・血盆経信仰」久留島典子・長野ひろ子・長志珠絵編『歴史を読み替える　ジェンダーから見た日本史』大月書店、九二-九三頁、九六-九七頁。

川橋範子、二〇一二、『妻帯仏教の民族誌――ジェンダー宗教学からのアプローチ』人文書院。

川橋範子・小松加代子編、二〇一六、『宗教とジェンダーのポリティクス――フェミニスト人類学のまなざし』昭和堂。

川又俊則・寺田喜朗・武井順介編、二〇〇六、『ライフヒストリーの宗教社会学――紡がれる信仰と人生』ハーベスト社。

川並宏子、二〇〇七、「仏教」田中雅一・川橋範子編『ジェンダーで学ぶ宗教学』世界思想社、二二-三六頁。

小林奈央子、二〇一六、「ロマン化されたイメージにあらがう――日本における霊山と女性行者」川橋範子・小松加代子編『宗教とジェンダーのポリティクス――フェミニスト人類学のまなざし』昭和堂、四三-六八頁。

孝本貢、二〇〇一、『現代日本における先祖祭祀』御茶の水書房。

久留島典子、二〇一五、「中世社会とジェンダー」久留島典子・長野ひろ子・長志珠絵編『歴史を読み替える　ジェンダーから見た日本史』大月書店、八〇-八一頁。

三成美保、二〇一五、「民法・刑法改正とジェンダー・バイアスの残存」、久留島典子・長野ひろ子・長志珠絵編『歴史を読み替える　ジェンダーから見た日本史』大月書店、二三二-二三三頁。

三成美保編、二〇一五、『同性愛をめぐる歴史と法──尊厳としてのセクシュアリティ』明石書店。

森本一彦、二〇〇六、『先祖祭祀と家の確立──「半檀家」から一家一寺へ』ミネルヴァ書房。

長野ひろ子、二〇一五、「近世社会とジェンダー」「家の主と村のジェンダー」「『家』経営体とジェンダー分業」久留島典子・長野ひろ子・長志珠絵編『歴史を読み替える　ジェンダーから見た日本史』大月書店、一一八-一一九頁、一二六-一二七頁、一三四-一三五頁。

中村生雄、二〇一一、『肉食妻帯考──日本仏教の発生』青土社。

成田龍一、二〇一五、「近代国家の成立とジェンダー」「帝国日本とジェンダー」久留島典子・長野ひろ子・長志珠絵編『歴史を読み替える　ジェンダーから見た日本史』大月書店、一五八-一五九頁、一九二-一九三頁。

Nussbaum, Martha C., 2000, *Women and Human Development: the Capabilities Approach*, Cambridge University Press.（池本幸生・田口さつき・坪井ひろみ訳、二〇〇五、『女性と人間開発──潜在能力アプローチ』明石書店。）

ＯＥＣＤ開発センター編、二〇一六、『幸福の世界経済史──一八二〇年以降、私たちの暮らしと社会はどのような進化を遂げてきたのか』徳永優子訳、明石書店。

荻野美穂、二〇一五、「現代日本とジェンダー」久留島典子・長野ひろ子・長志珠絵編『歴史を読み替える　ジェンダーから見た日本史』大月書店、二二八-二二九頁。

長志珠絵、二〇一五、「明治民法の制定と伝統社会」「皇室典範の成立と近代家族規範」久留島典子・長野ひろ子・長志珠絵編『歴史を読み替える　ジェンダーから見た日本史』大月書店、一七〇-一七三頁。

Scott, Joan W., 1988, *Gender and the politics of history*, Columbia University Press.（荻野美穂訳、一九九二、『ジェンダーと歴史学』平凡社。）

杉田水脈、二〇一八、「『LGBT』支援の度が過ぎる（特集・日本を不幸にする『朝日新聞』）」『新潮45』八月号、五七-六一頁。

鈴木正崇、二〇〇二、『女人禁制』吉川弘文堂。

竹田聴州、一九七六、『日本人の「家」と宗教』評論社。

八木久美子、二〇〇七、「イスラーム」田中雅一・川橋範子編『ジェンダーで学ぶ宗教学』世界思想社、五八-七三頁。

山口里子、二〇〇七、「キリスト教」田中雅一・川橋範子編『ジェンダーで学ぶ宗教学』世界思想社、三七-五五頁。

横井桃子、二〇一二、「はたらきかたと役割受容感――住職と坊守の寺院活動」『宗教と社会』一八、三五-四七頁。

米村昭二、一九七四、「同族をめぐる問題（一）」『社会学評論』二五（一）、一八-三九頁。

吉崎祥司・稲野一彦、二〇〇八、「相撲における『女人禁制の伝統』について」『北海道教育大学紀要、人文科学・社会科学編』五九（一）、七一-八六頁。

新聞記事
「朝日新聞」二〇一八年四月二九日「『戦いの場、男だけの世界』　相撲協会、考え方表明　女人禁制」
「朝日新聞」二〇一八年八月二日「自民、杉田議員に指導　静観一転、異例の見解　『生産性ない』主張」
「朝日新聞」二〇一八年八月八日「東京医大入試不正、調査報告（要旨）」「東京医大、公正さ欠落　調査報告『受験生欺いた』」

第4章

宗教は自分らしさを奪うか

——戒律

八木久美子

《ポイント》

イスラームという宗教には、厳しい宗教という印象があるだろう。なぜ世界の四人あるいは五人に一人といわれるほどに多くの人が、戒律で人間を束縛するような教えに従って生きようとするのかと、不思議に思われるかもしれない。しかしイスラーム教徒の視点に立つと、まったく違う景色が見えてくる。イスラームでは、唯一神の存在、来世での救済などを信じることだけでは十分ではなく、神の意志に従って行ないを正しくすることが強く求められる。イスラーム法はそのための指針であるが、具体的な行為規範としてのイスラーム法には、実は多様な解釈がある。どのような振る舞い、いかなる行為が正しいのかと人々は問い続け、時代の推移、社会の変化とともに出される答は変化するのだ。そのため、イスラームはダイナミックな姿を示す。本章では女性の衣服の規範をめぐる議論と実践を追うことで、イスラーム教徒として生きる人々の実像に近づきたい。

《キーワード》

イスラーム法、イスラーム復興、女性、ヴェール、戒律、規範

1　宗教復興、イスラーム復興

世俗化論の終わりと宗教復興

宗教とは人間の実存的な問に答えるものであり、さらにすべての人間がいつかかならず経験する死の意味を読み解き、死後の世界について語ることこそが宗教の役割である、と考えるならば、イスラームほど宗教らしくない宗教はほかにないだろう。なぜならイスラームは唯一神による万物の創造、終末の日、最後の審判、そして来世での救済について語るだけでなく、人々の日常的な行ないの一つ一つに正しさを求めるからである。イスラームが関与しない「世俗的な」領域など存在せず、それは人間の経験のすべてに関わってくる。政治も、経済も、科学も、芸術も、イスラームと無関係な領域ではない。だとすれば、イスラームは人間をがんじがらめにし、自由を奪い去るのだろうか。

詳しい議論に入るまえに、一点、確認しておきたいことがある。それは、宗教は本来的に人間の自由を奪うものであり、その呪縛から解き放たれることによって人間は科学を発展させ、進歩を続けてきたという見方も、近代以降、宗教に残された唯一の役割は人間の精神的救済であり、宗教は「世俗」の事柄に口出しすることを止めるべきだという考え方も捨てなければならないということである。

世俗化のプロセスなくして近代化はありえないというこうした見方が正しいとすれば、「いまだに」人々の日々の行ないを方向づけているイスラームの例は、非近代的な社会固有の現象であり、消えゆくものであるはずだ。しかしながら、こうした見方が間違っていることはすでに歴史が証明している。二〇世紀の最後の二〇年間、世界各地で観察された宗教復興という現象はこのことを雄弁に物語っていた（Kepel 1991=1992）。キリスト教、ユダヤ教、ヒンドゥー教など、イスラーム以外の宗教が支配的な地域でも宗教はその力を取り戻した。

世俗化を宗教の全面的な衰退と捉えるにせよ、公的な空間から私的空間への宗教の撤退と限定的に捉えるにせよ、いまや世俗化を歴史的必然と見ることなどできない（Casanova 1994=1997）。イスラームは例外でないどころか、宗教復興のもっとも顕著な例と捉えるべきなのである。

イスラーム復興

イスラームの復興を思わせる一連の出来事のなかでもっとも世界を驚かせたのは、一九七九年のイラン・イスラーム革命であった。それ以前のイランは、今では想像もつかないほどに高度に西洋化した国だったのである。革命前のテヘラン大学で学ぶ女子学生たちの写真を見ると、ヴェールを着けている者は一人もおらず、膝が出るほど丈の短いスカートをはいているのがわかる。中東諸国のなかでもっとも親米的であり、「近代化」の優等生と思われていたこの国で、イスラームを掲げた革命が起きることなど誰も予測できなかった。

ここでは詳しく論じることはできないが、イラン革命の成功にはイラン固有の背景がある。イランで支配的な宗教がイスラームのシーア派であり、スンナ派とは異なる独自の教えが革命の思想を支え、イランの人々を立ち上がらせる原動力となったことはたしかである。シーア派は世界のイスラーム教徒の一割に過ぎず、イランの例は他の地域のイスラームに直ちにあてはまるものではない。

しかしながらこの革命は、スンナ派、シーア派という宗派の違いを超えるほどのインパクトをイスラーム教徒に与えた。なぜなら、それまで——民族主義であれ社会主義であれ——いかなる世俗的な思想もなしえなかった徹底的な社会の変革をイスラームという宗教が成功させたからである。アメリカの支援を受けた国王の強大な軍隊に素手で立ち向かっていくイランの人々の姿は、イスラームが持つ大きな可能性を見せつけた。

実際、このあとイランの西に広がるアラブ世界の各地でイスラームの教えに基づいた国家樹立、あるいは社会改革を主張する勢力、いわゆるイスラーム主義勢力が拡大し、世俗主義的な政策をとる政権への批判を開始する。

エジプトの経験

イランの西に広がる二〇以上に及ぶアラブの国々のなかで、西洋化／近代化にもっとも早く着手したのはエジプトであった。その時期は日本と同じ一九世紀の末である。しかしながらこの試みはほどなく行き詰まり、経済的にも破綻したエジプトは、一八八二年にイギリスの保護領となる。エジプトに限らず、アラブ世界の二〇世紀とは、西洋列強のくびきからの解放と近代国家の樹立をめざす闘いの時代であった。現代に至るまで、その闘いは形を変えながらもつづいているといってよいだろう。

この間、イスラームが完全に忘れ去られたことは一度もないし、社会的な存在感が完全になくなったことなどないのはたしかである(1)。しかしながら政治の舞台に話を限定すると、二〇世紀のアラブ世界で軸となったのはナショナリズムという世俗的な思想であり、西洋型の近代国家への転換をめざす考え方が政策の根底にあった。しかしこうした思想は急激に力を失っていく。国造りはうまく進まず、植民地支配を脱して独立したあとも、西洋諸国への政治的、経済的な従属がつづいたからである。挫折感に苛まれた人々に、イラン革命の成功はイスラームが人々を動かす力の大きさを痛感させた。

とはいえ、エジプトをはじめとするアラブ諸国ではイランのような劇的な変化は起きなかった。イスラームの理念に基づく社会改革を訴える反体制的な動きは最終的に抑え込まれ、イスラーム主義の一部の党派が無差別なテロを繰り返すようになったのである。そうした展開は、イラン革命から始まる大きな流れの限界を示しているようにも見えた。しかしながら、それはイスラーム復興の終わりを告げるものではなかった。なぜなら、政治的な運動からは離れたところで、人々の日常生活のなかで、イスラームはその存在感を静かにそして着実に拡大していったからである。

金曜日のモスクでは、集団礼拝にやってきた人々が中に入りきれず、路上に絨毯を敷いて礼拝を行なうようになった。テレビではイスラームをテーマにしたさまざまな番組が人気を集めはじめた。人々の会話には当然のように、コーランの一節や預言者ムハンマドの伝承が挿し込まれる。そして、多くの女性たちがヴェールで髪を覆いはじめたのである。

イスラーム教徒の国なのだから当たり前だと思われるかもしれない。しかし、こうした光景は一九七〇年代までは想像もつかなかった。ヴェールに関して言えば、それはいつか消えるものと思われていたと言っても過言ではないのである。

2　イスラームの規範、イスラームの戒律

イスラーム法

とはいえ、次のような疑問が残るだろう。ヴェールの着用はイスラーム法と呼ばれる戒律で定められているのではないか。神の定めた法ならば、従うしかないのではないか。

さらに、イスラーム法が礼拝、巡礼、断食といった狭い意味での宗教的実践だけでなく、何を着るか、何を食べるかといった日常生活の細部にまで関わってくることを考えれば、人間が自らの意志で決定する余地、工夫する可能性などなくなり、個性をもった一人の人間として生きることなどできなくなるのではないかと、尋ねたくもなるだろう。

イスラームでは、あらゆる領域において正しい行ないが求められることはたしかである。すでに触れた通り、イスラームでは教義を理解し、信じることだけでなく、日々、一つ一つの行ないを神の意に適ったものにしようと努めることによってイスラームの教えを「身につける」ことが重視されるのだ（Asad 1993=2004）。この点を踏まえた上で、イスラーム法について概観しておこう。

重要なのは、次の二点である。まず、イスラーム法とは法典の形を採ったものでもなければ、強制力をもつ法律

のようなものでもない[2]。次に、具体的な戒律、行為規範としてのイスラーム法は永遠不変ではなく、つねに議論の俎上にある。

通常、「イスラーム法」と訳されているものには、なにを信じるかというところまで含めた人間の歩むべき道（シャリーア）という側面と、具体的な行為規範（フィクフ）という側面の二つがある。前者は永遠に変わることはないが、後者は変化する。なぜなら具体的な行為規範としてのイスラーム法は、神のことばとされるイスラームの啓典であるコーランと、預言者ムハンマドの伝承であるハディースという聖なるテクストに基づきながら、イスラーム法学の伝統的な方法に従って、特定の行為に関して是か非かをイスラーム法学者が議論し、下した判断の蓄積だからである。

要するに、行為規範としてのイスラーム法は人間の手によるものであり、人間の手によるものである限りそこには誤りの可能性がつねにあるとされるのだ。さまざまに異なる判断が同時に出されることも珍しくはなく、そのなかから人々に受け入れられたものが時間をかけて根づいていく。一人一人の行ないを方向づけ、判断のよりどころとなるという意味で、イスラーム法は道徳に近いものであり、日本社会に置き換えると社会通念や礼儀作法のようなものまで含む。

衣服の規範

わかりやすい例として、女性の衣服に関する規範に焦点をあてることにしよう。イスラーム教徒の衣服というとすぐに女性のヴェールが連想されるが、実はこれについてコーランに明確な指示があるわけではない。だからこそ、イスラーム教徒の女性たちの衣服は時代や地域によってさまざまに異なり、今日にいたるまでどのような服装が正しいかの議論がつづいているのである。

あとで取りあげるとおり、イランやサウジアラビアでは、女性たちの意志とはかかわりなくヴェールを着けることが強制されてきたのはたしかである。しかし、これらの国における服装に関する法律は国家の判断によって制定されたものであり、イスラームの教えに単純に結びつけるのは誤りである。

コーランには、女性の服装に関する章句が複数あるが、もっともよく引用される二四章三一節では次のようになっている。

> 外に表われるものの外は、かの女らの美（や飾り）を目立たせてはならない。それからヴェールをその胸の上に垂れなさい。自分の夫または父の外は、かの女の美（や飾り）を表わしてはならない。(3)

「目立たせてはならない」とされているのは「美」である。しかしながら、身体のどの部分が「美」にあたるのか、それは髪なのか、顔も含まれるのか、それとも全身なのかなどは一切語られていない。

そのため、女性の服装についてはさまざまな解釈が存在してきた。現在では、女性は髪をヴェールで隠すべきだという点では大方のイスラーム法学者が見解を一致させているが、顔や手についてはどうすべきかについての彼らの見解はばらばらになる。イスラームには全イスラーム教徒を包摂するような組織もなければ、最終的な判断を下す「法王」のような権威を持つ人物も存在しないことを思えば当然と言えようか。異なる解釈のうちどれに従うかは、基本的に一人一人の判断に委ねられている。だからこそ、イスラーム教徒の女性にはいかなる類のヴェールもまったく着けない人から、顔や手まで全身を覆い目だけを出す人まで、さまざまな人がいるのである。イスラーム法の世界はつねに開かれている。一般の信徒たちも自ら判断し、選びとらなければならないのである。(4)

3　近代化と脱ヴェール化

顔のヴェール

一八二五年から二年強エジプトに滞在し、その風俗を克明に記録したイギリス人、エドワード・レイン（一八〇一〜一八七六）の記録によれば、当時のエジプトでは地域や階層によってデザインや素材は異なるものの、一定以上の階級に属す都市部の女性は例外なく、外に出る際には全身をヴェールで覆い、目だけを出していたようだ（Lane 1973）。ヴェールの是非を問うという発想は、その時代のエジプトの人々にはなかったと言ってよいだろう[5]。

しかしその後、植民地支配とともに西洋からやってきたのは、ヴェールはイスラームという宗教の後進性の証拠、女性差別の印だという言説であった。西洋人によるイスラーム教徒の支配を正当化するために、イスラーム教徒は悪しき宗教に支配された遅れた人々だという「事実」が捏造されていく。抑圧されたイスラーム教徒の女性たちを解放することが西洋人の使命だという、今日まで影響力を持つ論理がこうして支配的になった（Abu-Lughod 2013=2018）。

西洋の文化に触れた当時のエジプトの知識人のなかには、この言説に疑問を持つことなく、むしろその論理を内面化した者も少なくなかった。彼らにとって、近代化とはすなわち西洋化であったということだろう。二〇世紀初頭、上流階級の女性たちを中心に、ヴェールの着用をやめる動きが拡大していったことがよく知られている。ホダー・シャアラーウィー（一八七九〜一九四七）はこうした女性たちの運動を代表する人物である。

一九二三年三月、ローマで開かれた国際フェミニスト会議にエジプト代表の一人として出席した彼女は、その時の様子を次のように語っている。

私たちの代表団は数の上では一番小さかったにもかかわらず、大きな反響を呼び、大歓迎を受けた。というのは（西洋の）参加者が予想していたよりもずっとそのレベルが高かったからである。参加者たちは好奇心をむき出しに何度も繰り返し、本当にエジプト人なのかと私たちに尋ねた。そうだと答えるたびに、驚きの表情になった。彼女たちの頭のなかでは、ヴェールをしたエジプトの女性は無知で野蛮というイメージができあがっていたのだろう。しかし彼女らの掲げる任務を私たちが完璧に遂行しているのをみてその考えは改められた。そして私たちはエジプト支部として、国際フェミニスト連盟に加盟するよう招待されたのである。

（Sha'rāwī 2012：179（　）は引用者による）

イスラーム教徒の女性のヴェールはイスラームという宗教の後進性の証である、と信じて疑わない西洋の人々を驚かせたときの彼女の高揚感が伝わってくる。彼女が公の場でヴェールを脱ぎ捨てたのは、この会議を終えエジプトに帰国したあとだった。

イスラーム復興以降、西洋をモデルとしたこうした女性解放の考え方が批判を受けることも少なくないが、彼女がエジプトの近代史に名を遺した数少ない女性の一人であることに違いはない。彼女が率いる女性たちがイギリスからのエジプトの独立を勝ち取った一九一九年革命に貢献したことはよく知られており、エジプトの首都カイロには、彼女の名を冠したホダー・シャアラーウィー通りという通りまである。

髪のヴェール

二〇世紀のはじめにホダーたちが捨てたのは、実は髪ではなく顔を覆うヴェールであった。写真を見ると、彼女は洋風の衣服に身を包んではいても、帽子をかぶるのであれ、スカーフを着けるのであれ、決して髪を露わにはしていないのがわかる。彼女は顔を出すことによって、誰かの娘あるいは妻としてではなく、一人の人間として発言し、行動する意志を明らかにした。彼女にとって、顔を隠すヴェールは、自らの存在を社会から消し去るものにほかならなかったのである。

こうして始まった女性たちの動きは、さらに広がりを見せる。二〇世紀も半ばを過ぎると、都市部の教育のある階層では顔をヴェールで覆う女性が皆無となるだけでなく、髪を覆う女性も少なくなっていった。二〇世紀半ばとは、ナセルら「自由将校団」による一九五二年の革命を機に、現在の共和国の礎が築かれた時代である。王制が倒され、「アラブ社会主義」というイデオロギーが掲げられた。女性も参政権を獲得し、教育の機会を得て社会に出ていくようになる。当時のカイロの写真を見ると、ヨーロッパのまちの風景ではないかと目を疑いたくなるほどだ。腕や足を出した服装で街を闊歩する女性たちの姿には、イスラーム教徒であることを思わせるものはなにもない。

一九五四年にエジプトのある研究者によって書かれた「アラブ世界の家族」という論考には次のような記述がある。都市部では自由な恋愛による結婚が増えつつあるという文脈のなかで、「教育が広がり、女性のヴェールが消えつつあり、両性の交流が進んでいるエジプト、イラク、シリア、そしてもちろんレバノンでは、この動きは急激である」と書かれているのである（Nahas 1954：295）。当時、教育の拡大にともなってヴェールは間違いなく消滅するものと考えられていた。

冷戦時代の共産圏における宗教の扱いとは異なり、「アラブ社会主義」を掲げたナセルの時代にもイスラームがあからさまに否定されたり、その影響力が表立って排除されたりすることはなかった。ただそれと同時にこの時代には、近代化と西洋化が同一視され、ヴェールが後進性と結びつけられていたのではないかと思わせる点も多い。ナセルが、「すべてのエジプト人女性にヴェールを着用させようとするような組織」という言い方で、反体制的な傾向を示しはじめたイスラーム主義組織のムスリム同胞団を批判したことはよく知られている（八木 2020）。

4　一九八〇年代からのヴェール回帰

ヴェールへの回帰

筆者が初めてエジプトを訪れたのは一九七八年であるが、当時はまだ、都市部の若い世代で髪をヴェールで覆っているのは圧倒的に少数派だった。ある女子学生の特徴を伝えるのに、「いつもヴェールを着けている人」という言い方が意味を持つ時代だったのである。しかし、まさにこの頃から流れは逆転しはじめる。現在では、エジプトのイスラーム教徒の女性には髪を出している人の方がはるかに少ない。

これから順を追って説明していくが、髪をヴェールで覆うことが、自らの思想、信条、信念を表明する手段という意味を獲得したのである。彼女たちはエジプト社会におけるイスラームの復興を、ヴェールを着けて家の外へ出ることによって表出した。西洋人の猿真似を止め、イスラームの教えに従いながら、自らの生き方を、そしてあるべき社会のあり方を問い、動きはじめたのである。

誤解のないようにいっておくと、髪の扱いについての規範を持つのはイスラームだけではまったくない（Synnott 1993=1997）。頭髪は身体のなかでもっとも自由に手を加えやすい部分だからであろう。キリスト教の修道女は髪をヴェールで隠し、超正統派ユダヤ教徒の女性は結婚後、髪を剃る。仏教の僧、尼僧も剃髪する。宗教を離れても、ジェンダーによって、職業によって、そして年齢によって、あるべき髪型、許容されるその範囲は変わる。自分の意志とは関係のないところで定めれたそれらの基準に合わせることで、あるいは意識的にそれからはずれることで、人々は自分が何者であり、どのような信念を持っているのかを可視化しようとするのである。

一九八〇年代のエジプトで女性たちが再び髪を覆いはじめたこと、とくに教育水準の高い、都市部の若い女性たち、つまり近代化の恩恵をもっとも受けている女性たちの間で髪を覆うヴェールが拡大したことは、「ヴェール回帰」と呼ばれ注目を集めた。ただ、誤解のないよう確認しておくと、彼女たちは母親や祖母の世代が着けていたヴェールに戻ったわけではない。それどころか、ナセルの時代に学生時代を過ごした一世代上の女性には今もヴェールを嫌う人がおり、娘はヴェールを着けているが母親は着けていないという例もある。現代におけるヴェールの着用がグローバル化以前の「古き良き」時代への憧憬によるのでないことは明らかである。

また、言うまでもないことであるが、現在、まちにヴェールを着けた女性が溢れているという状況は、女性たちが学校に行って学び、外で職に就いているがゆえに生まれるものである。女性が外に出る、そして大学であれ職場であれ、男性と同じ空間に身を置くからこそ、彼女たちはヴェールを着けるのである。家の中で親族とのみ過ごす女性には、ヴェールなど無用であることは言うまでもない。

彼女たちのヴェールは、二つのことを可能にした。一つは、髪をヴェールで覆うことで、女性たちが社会に出て活躍の場を見出しつつ、それと同時にイスラームの教えに従って生きる徳ある人間、敬意を表するに値する人間として認知されることが可能になった。家のなかで妻としてあるいは母として生きることだけがよきイスラーム教徒女性の生き方だという昔ながらの見方を彼女たちは突き崩したのである。もう一つは、エジプト社会がイスラーム教徒の社会であることの可視化である。ヴェールを着けた女性たちの姿が、その社会がイスラームの教えに従って動いていることを目に見える形で示すことになり、そこに生きる者にイスラーム教徒という自覚を促すことにつながったのである。

ヴェールの多様性

こうして女性たちに再び選び取られたヴェールが、見た目にも新しさを帯びていたのは当然と言えよう。すでに見たとおり、そもそもイスラーム教徒の女性が着けるヴェールは、その色や形状、そして着け方も、時代によって、地域によって、さらに世代や階層によってさまざまであった。近年、ますますその多様性が増しているのは、同じ時代、同じ地域、同じ階層の女性であっても、一人一人、自分の好みや考え方によって、異なるヴェールを選ぶようになっているからである。ひたすら伝統や慣習に従っていると考えるのは正しくない。

女性たちの選択の幅はヴェールを着けるか否かにとどまらず、ヴェールを着けるにしてもどのような色やデザインのヴェールにするか、さらにどのように着けるか、つまり結び方、巻き方、ピンの止め方にまで及ぶ。

実際、同じ大学に通う女子学生でも、ゆったりとした黒の長衣に合わせ、なんの飾りもない黒一色のヴェールで髪を覆っているだけの人もいれば、体の線の出るデニムのパンツをはき、目の覚めるような鮮やかな色の派手な柄のスカーフをあたかもヘアアクセサリーのように複雑な形にして頭に巻きつけている人もいる。

もう少し上の世代についていうと、おしゃれとは無縁の地味な無地のワンピースとヴェールを身に着けている人もいれば、経済力があり社会的な地位も高い女性のなかには、フランスの有名ブランドの高価なスカーフで髪を覆い、洗練されたデザインのワンピースやパンツスーツを着る人々もいる。ヴェールを着けるということは、衣服によって自分らしさを表現する可能性を放棄することではまったくないのである。

5　選ぶこと、伝えること

選択するしかないということ

エジプトに限らず、世界のイスラーム教徒の圧倒的多数は、いわば「生まれながらの」イスラーム教徒である。かつては、「生まれながらの」イスラーム教徒、つまり家族、親族、隣人など、周囲がみなイスラーム教徒という環境で生まれ育ったイスラーム教徒にとって、親が与えた衣服を着ることが、その性の、その年頃の、その階層の人間としてふさわしい衣服を着ることであった。周囲の大人たちを見ていれば、成長するにつれて自分がなにを着るべきか、自然に学びとることができたはずだ。言い換えれば、とくに意識せずとも普通に生活をしていれば、イスラームの規範を守り、イスラーム教徒として問題のない生活を送ることができたのである。しかし、人々を取り巻く環境は急激に変化しつつある。親の世代が疑うことのないイスラームの行為規範は、娘の世代が考えるそれとは必ずしも同じではない。母親が当然としてきたものに対して、娘たちは疑問を持つ。ヴェールを着けることとの意味自体、時代によって変化してきたのはすでに見たとおりである。

さらに現代では、衣服は多くの場合商品であり、複数の選択肢のなかから一つを選んで消費するものとなっている。イスラーム教徒の世界も決して例外ではないことは、今、世界のアパレル業界において、イスラーム教徒の女性たちが一つの市場を形成しつつあることがみごとに示している[6]。

一九世紀のエジプトに生きた人々が、イスラームとはなにかと問うことはまずなかったであろう。同じように、イスラーム教徒にとってどのような服装が適切なのかと、イスラーム教徒の女性が迷うこともなかったに違いない。しかし今や、こうした問いを発せずに生きていくことは不可能に近くなっている。

おかしな言い回しのように聞こえるが、もはや選択する以外に選択肢はない。ヴェールを着けるか否かを選び、さらにはヴェールを着けるのであれば、どのようなヴェールをどのように着けるかも選ばなければならない。なんらかの選択をしなければ、ヴェールも衣服も身に着けることができないのである。それを着けて公的な空間に身を置いたときに自分が何者と見えるか、という点は選択において決定的な意味を持つ（Crane 2010）。

ヴェールをめぐるせめぎあい

とはいえ、女性たちが外からの影響をまったく受けず、純粋に自らの意志のみでヴェールに関する決定を下していると考えるのは単純に過ぎる。当然のことながら、女性たちは有形無形の圧力を受けるからだ。ヴェールの周辺には社会的にさまざまな力が働き、歴史を振り返ると、その着用が強制されることもあれば、逆に着用が禁止されることもあった。

ヴェールの着用が強制されていることでよく知られているのは、冒頭で触れたイランとサウジアラビアである。サウジアラビアの女性といえば、全身黒づくめで髪を決して出さないというイメージがあるだろう。それが民族衣装なのだという扱いを受けていることも多い。しかしながら、あのアバーア（あるいはアバーヤ）と呼ばれる全身を覆う黒一色のヴェールがあたかもサウジアラビアの女性のユニフォームのようになったのは、国内の部族間の差異を消し去り、サウジアラビア人という統一されたナショナル・アイデンティティを確立するために採られた政策による（Yamani 1997）。それ以前のアラビア半島の女性の衣服は色鮮やかで、部族によって特徴があり、さまざまな装飾が施されていた。

サウジアラビア以上に注目に値するのはイランである。イラン革命によって倒されたパフラヴィー朝において西洋化・近代化政策がとられていたことはすでに触れたとおりである。この時代、イランの女性たちはヴェールを着けることが禁じられていた。ヴェールは後進性、非近代性の象徴と見られたのである。しかし、それがイラン革命によって逆転する。イスラームの国として生まれ変わった新しいイランでは、今度はヴェールを着けることが強制されるようになった。

このように、ヴェールはしばしば政治的な意味を帯びる。ヴェールがイスラームの象徴であるならば、その国の存在意義をイスラームに求める立場をとる限り、国家権力がヴェールの着用を強制するのは当然なのかもしれない。いわゆる宗教警察が、ヴェールを適切に着けない女性を厳しく取り締まる。逆に、その国からイスラーム色を拭い去ろうとするのであれば、ヴェールは禁じるべきものとなる。この点においては、革命前のイランと、いわゆる「スカーフ禁止法」(7)を持つ現在のフランスとの間に決定的な違いはない。問われるべきことは、ヴェールを着けるか否かの判断が、当事者である女性たちの手から離れ、権力によってなされることの是非であろう。

ある。

教室のなかのヴェール

話をエジプトに戻そう。エジプトの近現代史において、ヴェールについてサウジアラビアやイランのような政策がとられたことはない。しかしながらイスラーム復興以降、とくに反体制的なイスラーム主義勢力が台頭し、学生を中心とした若い世代のなかに支持層を広げていくなかで、エジプト政府は、女子生徒・学生によるヴェール着用の広がりに危機感を抱くようになった。ヴェールの拡大をイスラーム主義勢力の影響によるものとみなしたのである。

わかりやすい例としては、学校の制服に関する議論がある。日本と同じくエジプトでも小学校、中学校のそれぞれ六年、三年が義務教育課程であったが、これら公立学校の教員の間にイスラーム主義の支持者が増え、反体制的な傾向を持つイスラーム主義の思想を生徒に吹き込んでいるという指摘がしばしばなされた。公立学校で制服にヴェールが採用され、ヴェールで髪を覆っていない生徒が登校を許されないという事態が発生し、物議を醸すことになった。

これに対抗するように、教育省は一九九四年、小学校においては女子生徒の髪のヴェールの着用を禁止し、中学校では親の承諾がある場合にのみ髪のヴェールを許可し、そして顔のヴェールはすべて禁止という通達を出した（Herrera and Torres eds. 2006）。ここでもまた、ヴェールはそれを着用する当事者の意志から遠く離れたところで、政治的な意味を帯びるようになったことがわかる。

また、髪だけでなく顔までヴェールで隠す者は、その数が少ないだけに注目を集め、議論の的となる。二〇〇七年、エジプトでもっとも歴史のある大学、カイロ大学で顔をヴェールで覆った女子学生がキャンパスから排除されたことは国外でも話題となり、日本でも報じられた。また、教職員の女性による顔のヴェールの着用については、今日まで議論がつづいている。

新たな自己表現

女性たちの衣服の選択が真空のなかで行なわれるわけではないことは、すでに明らかであろう。国家権力の意向、社会的圧力といったさまざまな力が働く場に身を置きながら女性たちは衣服を選び、それを通して自分をどのような人物と見せるのかを決定する。

この決定は、簡単な手続きではない。若い世代には、ロールモデルがいないからだ。すでに触れたとおり、イスラーム復興は世代間の意識の違いを途方もなく広げた。女性は学校を途中でやめ、家庭から出ず母親のもとで家事を学び、できる限り早く結婚して子を産み育てるべきだ、という発想は完全に過去のものとなりつつある[8]。母親の振る舞い、母親の身に着けていた衣服は、若い世代の女性にとって倣うべきものではなくなってしまったと言ってもよいだろう。

しかし、それを補ってあまりあるものがある。それはさまざまなメディアを通して発信される情報、それによって共有される経験の蓄積である（Tarlo 2010）。そこで語られるのは、なにを着るかだけでなく、生活様式や仕事に対する考え方などにまで及ぶことが少なくない。衣服に関する選択の積み重ねは、何者として生きるかという試行錯誤の履歴でもあることがわかる（Kaiser 2012）。

このあたりで、最初に挙げた点に戻ることにしよう。イスラームの教えに従って生きることによって人は自由を奪われるのではないか、という問いへの答はすでに明らかであろう。宗教とは無縁に生きている平均的な日本人は自由に衣服を選んでいるように見えるかもしれないが、実は「常識」という制約のなかで「自由」に自分の着るものを選んでいるに過ぎないように[9]、イスラーム教徒の女性も一定の制約のなかで「自由」に自らの身に着けるものを選んでいる。いや、ヴェールという象徴的な存在がゆえに、――それを着けること、あるいは着けないことによって――イスラーム教徒の女性たちは自分らしさを表現することができるとさえ言えるかもしれない。

《読書案内》

大河原知樹・堀井聡江『イスラーム法の「変容」――近代との邂逅』山川出版社、二〇一五年。

イスラーム法というものが本来どのような姿をとっていたかを簡潔に示した上で、近代以降、西洋的な法システムの導入にともない、そのありようを変えていった経緯についてポイントを押さえて紹介している。


中田考『イスラーム法とは何か？』作品社、二〇一五年。

「法」という概念を説明することから始め、イスラーム法について誤解を解きほぐすことで、イスラーム全体の本質をきわめて深く、しかしわかりやすく説明している。入門書としてはやや手ごわいが、読み進めると目から鱗の連続となる。


ライラ・アハメド『イスラームにおける女性とジェンダー――近代論争の歴史的根源』林正雄訳、法政大学出版局、二〇〇〇年。

イスラームと女性に関する研究で世界的に知られたエジプト人女性研究者によるもの。中東ムスリム社会における女性、そしてヴェールの問題を当事者の視点から多様な資料を使って論じており、読みごたえがある。


高尾賢一郎・後藤絵美・小柳敦史編『宗教と風紀――〈聖なる規範〉から読み解く現代』岩波書店、二〇二一年。

イスラームを中心に、ユダヤ教、キリスト教まで射程に入れ、宗教的規範と現代社会の関係について、若手研究者が世界の多様な事例を挙げて議論している。中国や中央アジアのイスラームの状況など、貴重な情報に触れることができる。


八木久美子『神の嘉する結婚――イスラムの規範と現代社会』、東京外国語大学出版会、二〇二〇年。

一九世紀から今日まで、エジプトにおいて結婚という制度がどのように議論されてきたかを通し、イスラーム教徒の社会においてイスラーム法がもつ意味を論じている。花嫁衣裳の変遷についての記述からは、ヴェールに対する見方の変化を具体的に知ることができる。

注

（1）アラブ諸国のなかにはキリスト教徒、ユダヤ教徒など他の宗教の人々がかなりの割合を占める国が少なくない。エジプトでは、人口の一割弱がコプト・キリスト教徒という土着のキリスト教徒である。こうした人々を抜きに社会全体の推移を語ることはできないが、本章はイスラームについて紹介することが主眼であるため、イスラーム教徒以外の人々の動きについてはあえて触れないものとする。

（2）コーランのなかで刑罰が定められているのは、殺人、姦通などのごく限られた罪のみである。また法律との関係で言えば、イスラーム法の特定の解釈を法律として採用するか否かはその国の判断によるものであり、ある国の法律が「イスラーム法」と呼ばれているとしても、それが世界のイスラーム教徒に通用する普遍的なものではないことには注意が必要である。

（3）コーランの日本語訳については以下を利用する。三田了一訳『聖クルアーン：日亜対訳注解』日本ムスリム協会、一九八三年。

（4）イスラームを固定した規範、戒律と捉えるのではなく、一定のルールのなかでなにが正しいかを議論し続ける伝統、「discursive tradition（討議的伝統）」と捉えるべきだというアサドの指摘はきわめて的を射たものである（Asad 1986）。

（5）顔を隠すことは、畑仕事などの肉体労働をしない、日常生活において外部の男性と接する必要がないなどの条件を満たした女性以外には不可能であり、ある種のステイタス・シンボルともなる。

（6）ユニクロを運営する日本のファスト・リテイリングもハナ・タジマというイギリス人のイスラーム教徒のデザイナーを起用して、イスラーム教徒女性のための商品に力を入れ始めた。

（7）フランスでは、二〇〇四年に「誇示的宗教的標章（signes religieux ostensibles）」を公的な場で身に着けることを禁ずる法律が制定された。イスラーム教徒のみを標的とした法ではないとされるが、これによりイスラーム教徒の女性が自由にヴェールを着けることができなくなったことはたしかである。

（8）二〇一五年にエジプト中央動員統計局から出された統計によれば、二〇一三年年度において国立、私立を問わずエジプト国内の全大学に在籍する学生の数は三三六万七九六〇人で、そのうち男性が一六七万九一三〇人、女性が一六八万八七七〇人であり、若干ではあるが女性の方が多い。

（9）　自由を制限されていると感じないのは、規範があまりにも内面化され、その遵守が当たり前と思われるがゆえに、守っていることが意識されないからである。

文献

Abu-Lughod, Lila, 2013, *Do Muslim Women Need Saving?*, Harvard University Press.（鳥山純子・嶺崎寛子訳、二〇一八、『ムスリム女性に救援は必要か』書肆心水。）

Asad, Talal, 1986, *The Idea of an Anthropology of Islam*, Occasional Paper Series, Center for Contemporary Arab Studies, Georgetown University.

Asad, Talal, 1993, *Genealogies of Religion : Discipline and Reasons of Power in Christianity and Islam*, Johns Hopkins University Press.（中村圭志訳、二〇〇四、『宗教の系譜』岩波書店。）

Casanova, José, 1994, *Public Religions in the Modern World*, University of Chicago Press.（津城寛文訳、一九九七、『近代世界の公共宗教』玉川大学出版部。）

Crane, Diana, 2000, *Fashion and its Social Agendas : Class, Gender, and Identity in Clothing*, The University of Chicago Press.

Cuno, Kenneth M., 2015, *Modernizing Marriage : Family, Ideology, and Law in Nineteenth- and Early Twentieth-Century Egypt*, Syracuse University Press.

Herrera, Linda and Torres, Carlos Alberto, eds., 2006, *Cultures of Arab Schooling : Critical Ethnographies from Egypt*, State University of New York Press.

Kaiser, Susan B., 2012, *Fashion and Cultural Studies*, Berg.

Kepel, Gilles, 1991, *La Revanche de Dieu : Chrétiens, Juifs et Musulmans à la Reconquête du Monde*, Seuil.（中島ひかる訳、一九九二、『宗教の復讐』晶文社。）

Lane, Edward William, 1973, *An Account of the Manners and Customs of the Modern Egyptians*, Dover Publications.

Nahas, M. Kamel, 1954, "The Family in the Arab World," *Marriage and Family Living*, Vol. 16, No. 4, Nov.: 293-300.
Sabit, Abdel and Farag, Maged, 1993, *1939, The Imperial Wedding (Royal Albums of Egypt)*, Max Group.
Shaʻrāwī, Hudā, 2012, *Mudhakkirāt Hudā Shaʻrāwī*, Hindāwī.
Synnott, Anthony, 1993, *The Body Social: Symbolism, Self and Society*, Routledge.（高橋勇夫訳、一九九七、『ボディ・ソシアル――身体と感覚の社会学』筑摩書房。）
Tarlo, Emma, 2010, *Visibly Muslim: Fashion, Politics, and Faith*, Bloomsbury.
八木久美子、二〇二〇、『神の嘉する結婚――イスラムの規範と現代社会』東京外国語大学出版会。
Yamani, Hani A. Z., 1997, *To Be a Saudi*, Janus Pub. Co.

第5章

宗教は会社に指針を与えるか
――経営

岩井　洋

《ポイント》

本章では、宗教史を参照しながら、宗教における経営が会社の経営にどのような示唆をあたえるのかについて考える。「経営」ということばは、宗教とはまったく相いれないものとして考えられがちである。その背景には、経営ということばが「営利目的」や「利潤追求」といったイメージと結びつきやすく、営利を目的としない宗教には適用できないとの考え方がある。また、宗教教団の運営が会社の運営とはまったく異なるという認識もある。しかし、宗教教団と会社の運営は、同じ人間の営みとして、共通の視座から分析することができる。そこで本章では、経営を「特定の目的に向けた集団・組織の管理・運営」として捉える。このように考えることで、宗教教団と会社を比較考察することができる。

《キーワード》

宗教教団、会社、経営、リーダーシップ、永続性

1　経営とはなにか

宗教研究において、「経営」ということばは研究になじまないものと考えられてきた。これには、二つの要因があると考えられる。

一つは、経営ということばが、一般に「営利目的」や「利潤追求」といったイメージと結びつきやすく、本来、人間の救済を理想とし、営利を目的としない宗教とは相いれないものと考える傾向である。いま一つは、宗教教団の運営が、「企業経営」ということばで表現されるような、企業体の運営とは根本的に異なるという認識によるものである。

とはいえ、研究対象となる当の仏教界や神社界では、「寺院経営」や「神社経営」という用語が使われており、いかに財政基盤を固めて宗教活動を持続するかが議論されている。興味深いことに、仏教や神道などの伝統的宗教と新宗教教団とでは、一般社会からの見方が異なる。「坊主丸儲け」ということばで揶揄されることがある仏教界でも、金銭トラブルが問題にならない限りは、宗教とカネの関係があまりクローズアップされることはない。一方、新宗教教団の場合、宗教活動がビジネスのように捉えられる傾向がある。[1]

前述の二つの要因は、経営学がおもに企業経営を研究対象としてきたことと関係する。[2] しかし、経営学がおもな研究対象とし、一般に経営ということばでイメージされる企業体の様式は、近代以降に形成されたものである。経営学者の日置（2000）が指摘するように、経営学を社会システムの管理・運営に関する学問として広くとらえれば、[3] 近代以前にも社会システムの管理・運営に関するノウハウは存在していたはずである。たとえば、ピラミッドの建設や荘園の管理・運営をみただけでも、「作業分担や作業管理に加えて、作業員の食事や生活についてのノウハウなどを考えると、相当に多くの管理ノウハウが発達し、蓄積されていたものと考えてよい」（日置 2000：93）。また日置は、前近代の社会システムの代表例として宗教教団と軍隊をあげ、特定の目的のために多数のメンバーを動員し、その管理・運営を効率的に行うためのノウハウが発達してきたという（日置 2000：93）。

このように、経営を「特定の目的に向けた集団・組織の管理・運営」と捉えれば、経営学が対象とするような企業体が登場する近代以前の集団・組織、さらには宗教教団をはじめとする企業体以外にも経営の概念を適用することが可能である（岩井 2017）。実際、経営ということばを明確に使わないものの、これまでの宗教研究にも、前述の意味での経営に関する視点が随所にみられる。たとえば、チャーチやセクトといった概念から展開した宗教集団類型論（三木 2014）、とりわけ新宗教研究における宗教運動論や教団の展開に関する研究（森岡 1989，Moberg 1962，O'Dea 1966=1971）などがあげられる。

そこで本章では、宗教研究が会社の経営に対して、どのような示唆をあたえることができるのかを考える。以下、宗教教団と会社の相違性と類似性を確認した上で、両者を比較考察する。

2　宗教教団と会社の相違性と類似性

まず、宗教教団と会社の相違性を確認する。表5－1にしめすように、宗教教団が人間の救済と信者数の最大化を目的とするのに対して、会社は社会貢献と利益の最大化を目的とするという大きな違いがある。もちろん、宗教教団の信者数にも適正規模があるはずだが、理念的には、信者数を拡大させることで救済の範囲がひろがる。また会社の目的は、単純に利益の最大化であると考えられがちであるが、経営の世界でよく引用されるドラッカーは、「企業の目的として有効な定義は一つしかない。すなわち、顧客の創造である」（Drucker 1954=2006：46）と述べている。ドラッカーは会社の究極の目的は社会貢献であり、利益の追求はその手段にすぎないとした上で、社会貢献のためには、製品やサービスを通じて顧客の生活に貢献する必要があるという。したがって、顧客の創造が企業の目的になる。このような目的の他にも、メンバーの特性や規模、活動形態についても、宗教教団と会社では違いがみられる。

一方、宗教教団と会社の構成要素を対比させると、意外にも多くの類似がみられる（表5－2）。このことは、両者を同じ人間の営みとして、共通の視座から分析できる可能性を示唆している。そこで、これらの構成要素にそって、宗教研究の視点から両者を比較考察する。

表5－1　宗教教団と会社の相違点

	宗教教団	会　社
目　的	人間の救済 信者の最大化	社会貢献 利益の最大化
メンバーの特性	布教対象は すべて潜在的信者	社員と顧客を区別
メンバーの規模	無限の拡大をめざす	適正規模に従う
活動形態	ボランティアと 奉仕活動	賃金労働

出典：筆者作成

表5－2　宗教教団と会社の構成要素の対比

宗教教団	会　社
創業者・経営者	創始者・教祖
信者	社員
教義	経営理念
聖典	社史
儀礼	行事

出典：筆者作成

カリスマとリーダーシップ

宗教教団の創始者・教祖[4]と会社の創業者・経営者を考える場合、「カリスマ」や「リーダーシップ」といった言葉が思い浮かぶ。

「カリスマ（charisma）」という用語は、「神の恩寵の賜物」を意味する古代ギリシャ語に由来し、神学的な概念として用いられていたが、一九世紀にドイツの法制史家ゾームが『教会法』のなかで、原始キリスト教団の歴史的変遷を説明する際に使ったとされる。ウェーバーは、この用語をさらに一般化し、「非日常的なものとみなされた、ある人物の資質」（Weber 1922=2012：83）という意味で使った。宗教が誕生する時に、その中心となるのが教祖をはじめとする宗教的指導者である。そして、教団の初期において、信者をどれだけ獲得できるかは、宗教指導者のカリスマ性にかかっている。会社の世界でも、「カリスマ経営者」や「経営の神様」などのことばが使われるが、新宗教の教祖のような霊能力を求められることはないにせよ、会社の創業者・経営者にも、ある意味で特殊な資質が求められるといえる。

通常、非日常的な資質を客観的に特定することは困難である。では、特定の人間がどのようにしてカリスマ性を帯びるようになるのか。ウェーバーは、宗教的指導者が非日常的な資質や能力を発揮し、他者がそれを評価するという、指導者と帰依者の関係においてカリスマ性が成立すると考えた。この考えをさらに展開させたのが、リップである（Lipp 1977）。リップは、「スティグマ化」「自己スティグマ化」「カリスマ化」の三つのプロセスをへてカリスマが成立すると説明した。まず、ある人物が社会や集団から、異常あるいは好ましくないという負のレッテルを貼られる（スティグマ化[5]）。次に、負のレッテルを貼られた人間は迫害や差別を受けるようになるが、社会や集団から押しつけられた汚名、負のレッテルを積極的に受け入れるようになる（自己スティグマ化）。そのことにより変化を求める人々から注目を受けはじめ、やがて人々の代弁者として社会を変革へと導く指導者になる（カリスマ化）。このリップの図式を経営理論に転用した例を見つけるのは難しいが、変革期の会社のリーダーを考える時、この図式が役に立つといえる。

宗教教団の「リーダーシップ」を考える際、一つのヒントになるのが「シャーマン（shaman）」と「プリースト（priest）」の概念である。前者は、「神がかり」を通して忘我状態で病気治しや予言などの儀礼を行う宗教的職能者のことである。後者は、儀礼を司り、教団を運営していく「司祭」のことである。両者は、単独で存在することもあるが、役割分担をしつつ協働することで、教団が円滑に運営されると考えられる。

シャーマンは、神がかりによって神や霊のメッセージを伝えようとする。しかし、それは忘我状態のなかで難解なことばや自動筆記等によって行われるため、一般信者には理解しがたい。そこで、それを解釈し、わかりやすく翻訳して伝えるのがプリーストの役割である。このような協働形態は日本の新宗教教団に多くあり、シャーマンが女性、プリーストが男性という組み合わせが多くみられる。[6] たとえば、大本における出口なおと、その娘婿である出口王仁三郎の関係は、その代表例である。この他にも、夫婦や親子関係による、〈シャーマン＝プリースト〉の協働関係がみられる（井上ほか編 1990：111-113）。

「リーダーシップ」ということばについては、経営学でもさまざまな見解（小野 2013、日本経済新聞社 2015）があるが、〈シャーマン＝プリースト〉にみられるような協働関係は、会社経営にも適用できる。竹内（1999）が指摘するように、成功した組織の多くには、中心となるリーダーと、それを支える名参謀ないし有能なナンバー・ツーがいる。たとえば、ソニーの井深大と盛田昭夫、ホンダの本田宗一郎と藤沢武夫などの組み合わせである。これらは、創造的な芸術家や発明家と、それを支える組織的指導者の関係であるともいえる。

教義と経営理念

宗教教団と会社にとって、教義や経営理念を組織内に浸透させることは、メンバーにアイデンティティを付与するとともに、組織の結束力を高めるうえで重要である。

教義や経営理念について考える時、通常、形式化された「教え」や思想が存在することを前提にしている。しかし現実には、教義や経営理念は、ある程度の時間をかけて形成・体系化された場合が多い。そのため、宗教研究では創始者・教祖、経営研究では創業者・経営者のライフヒストリーが重要となり、教義や経営理念の形成過程をライフヒストリーから明らかにする必要がある。

興味深いことに、会社の経営理念と宗教思想の間には、ある種の親和性があり、経営理念には倫理性・道徳性を含むものが多い（土屋 2002，岩井 2012）。宗教思想と経営の関係については、西欧の近代資本主義の発展がプロテスタンティズムの禁欲的な職業倫理や生活態度と深く関係したとする、ウェーバーの古典的分析（Weber 1904/05=1989）がある。また、内藤（1978）は、浄土真宗の教義が近江商人の経済倫理に大きな影響を及ぼしたという。さらにベラー（Bellah 1957=1996）は、浄土真宗や石田梅岩の「石門心学」などの宗教的倫理が、日本における資本主義の発展に寄与したという。

これ以外にも、会社の創業者・経営者のなかには、特定の宗教の信者やなんらかの信仰を持つものも少なくない（中牧 2006，中牧・日置編 2009，住原編 2014）。たとえば、晩年に宇宙根源の力を祀る「根源社」という施設を建立したパナソニックの創業者・松下幸之助は、その典型である（三井 2010）。住原が指摘するように、長い時間をかけて培われてきた宗教や思想（倫理・道徳）は、具体的な経営理念や方針のための「知恵・知識の貯蔵庫」（住原編 2014：20）としての役割を果たしているといえる。

さて宗教教団では、教祖や教師による説教・法話、聖典やその他の文書、さまざまな儀礼や布教活動などを通して、教義が信者に伝えられる。一方、会社の場合、研修、社是・社訓の唱和、さまざまな行事などを通じて、経営理念の浸透がはかられる。教義や経営理念の浸透にとって重要な要素の一つは「物語」である。イエスや釈迦の説法にみられるように、物語やたとえ話は、教義を伝える有効な手段として古くから使われてきた（Barton 1925=1984）。多くの新宗教教団では、信者同士が宗教体験を語りあう集会が設定されている。個人の宗教体験を語ることは、信仰の強化と信者としてのアイデンティティの確立に役立つだけではなく、教団特有の用語（ジャーゴン）を習得するのにも役立つ。信者は、他の信者の体験談を通して用語の使用法や意味を学習し、さらにその用語を使って自身の体験を物語ることで信仰が強化される（島薗 1985，1988，岩井 2005）。

会社の経営でも、近年は体験談やエピソードを引用しながら伝えたい思いやコンセプトを記憶に残るように物語る「ストーリーテリング（storytelling）」が注目されている（Brown et. al. 2004=2007）。宗教教団では、教祖伝をはじめとする文書あるいは語り継がれてきた教祖や信者のエピソード、会社では、社史の内容あるいは社史には書かれていない創業者・経営者や社員に関するエピソードなどが、ストーリーテリングのなかで参照される。

儀礼と行事

宗教教団の教義や会社の経営理念を浸透させるのに重要な役割を果たす実践が、儀礼や行事である。儀礼や行事のなかで使われる道具や装置、手続きや式次第、参加者の所作などには、当事者が意識するしないにかかわらず、教義や経営理念が反映されていることが多い。

また、早くから社会学や人類学の研究が明らかにしてきたように、儀礼や行事には集団の結束力を高める機能がある（Durkheim 1912=1975，青木 2006）。会社の儀式や行事をみると、宗教性をともなうものとともなわないものがあり、宗教性をともなわない場合でも儀礼研究で明らかにされてきた図式があてはまるものも少なくない。たとえば、入社式、社長就任式、退社式などは、ファン・ヘネップのいう「通過儀礼（rites of passage）」にあたる（Van Gennep 1909=2012）。これは、七五三や結婚式に代表される人生の各段階を通過する際に行われる儀礼を意味する。

宗教性をともなう儀式や行事としては、社葬（会社が執り行う葬儀）（中牧編 1999）、社屋あるいは敷地内に神社を持つ場合や創業者・経営者が信仰する神社がある場合は、春季・秋季の大祭や例祭などがあげられる。会社と宗教は一見無関係にみえるが、会社の繁栄と永続を願って社屋あるいは敷地内に神社を持つ会社は多い（神社新報社編 1986，石井 1994）。また、中牧（2006：66–105）が報告しているように、高野山と比叡山にはあわせて一二〇以上の「会社墓」あるいは「企業墓」と呼ばれるものが存在する。これらは、特定の故人の遺骨を納めた「埋墓」ではなく供養や慰霊を目的とした「詣墓」である。「会社墓」や「企業墓」では、会社を発展させた先人に対する感謝と慰霊、会社の発展と永続を願って、定期的に供養儀礼が行われている。(7)

このように、会社のなかにも宗教的な儀礼・儀式が矛盾なく浸透していることは、日本的経営や日本的な会社のありかたを考える上で重要である。

3　宗教教団と会社の永続性

宗教教団と会社の展開論

宗教教団と会社は、ともに集団や組織の永続性を前提としている。しかし、歴史が示すように、長期にわたる繁栄は困難であり、たとえ長く存続するとしても栄枯盛衰を経験すると考えられる。

宗教研究の分野では、新宗教の運動論や教団の展開に関するモデルがいくつか提示されてきた。宗教はカリスマ的な指導者と少数の熱心な信奉者からはじまり、信者の拡大および教団の発展とともに教義・聖典や儀礼などが体系化され、教団施設や聖地が整備されるようになる。しかし、創始者・教祖の死と後継者問題により、教団が存続・分裂の危機をむかえる。その危機を乗りこえられた教団は次なる発展にむかう、というのが一般的なシナリオである。

モバーグ（Moberg 1962）は、生命体としての人間の一生にみられるライフサイクル、つまり出生・成長・成熟・老衰・死亡という規則的変化の視点を宗教運動に適用し、宗教運動のライフサイクルを、①萌芽的組織の段階、②フォーマル組織の段階、③最大効率の段階、④制度的段階、⑤崩壊段階、の五段階に分けている。この五段階は、おおむねカルト→セクト→デノミネーション→チャーチという宗教集団論の展開と対応する。[8]森岡（1989）は、モバーグのモデルを日本の新宗教である立正佼成会に適用して分析し、「教団ライフサイクル論」と名づけた。また、オディ（O'Dea 1960=1971）は、宗教教団が集団として確立していく過程において経験するジレンマを、①混同された動機のジレンマ、②象徴のジレンマ、③行政的秩序のジレンマ、④限界のジレンマ、⑤権力のジレンマの五つにまとめ、「制度化のジレンマ」と呼んだ。いずれのモデルも、教団誕生時の宗教的指導者を中心とする熱狂的な宗教集団が、信者の拡大と教団と発展とともに官僚制化し[9]、やがて環境の変化に適応できずに教団が衰退していく、という展開を想定している。

しかし、教団ライフサイクル論が適用できるのは大教団にまで順調に発達した教団に限られる。したがって、教団自身の発達と、それをとりまく社会の歴史的出来事を視野に入れて、多様な教団の展開形態を想定する必要がある。そこで、教団発達と歴史的出来事の両方を視野に入れた「教団ライフコース論」が提示されている（井上ほか編 1990：56）。

興味深いことに、経営学においても会社組織のライフサイクル・モデルが議論されてきた（桑田・田尾 1998：271-293）。たしかに、宗教教団や会社の展開を生命体としての人間の一生にたとえることは、一つの重要な視点である。しかし、それほど組織化することなく長く存続したり、衰退・存亡の危機を乗りきって長く存続したりする宗教教団や会社については、別の説明原理が必要となる。

後継者問題と事業承継

宗教教団や会社が発展していく過程で経験する危機の一つは、創始者・教祖や創業者・経営者の死である。宗教教団にとって、教祖の死はもっとも大きな試練であり、その後におこるのが後継者問題である。歴史的にみても、イスラームの場合、ムハンマドの死後、ムハンマドのスンナ（言行）を重視しアブー＝バクル、ウマル、ウスマーン、アリーの四人を正統な後継者とみるスンニ派と、ムハンマドのいとこであり娘婿のアリーを正統な後継者とするシーア派に分かれていった。一般に新宗教教団は教祖の個人的な資質や個性に依存する度合いが高く、教祖の死は信者の教団への求心力を喪失させる危険性があり、教団の分裂・分派につながる例も少なくない。そのため、誰を後継者とするかはきわめて重要となる。

日本の新宗教教団の場合、後継者の選定には、教祖の遺言ないし生前の指名、世襲制、あるいは選挙制などのパターンがみられるが、結果としては教祖の近親者が選ばれている場合が多い。ただし、近親者といっても、息子・

娘、妻、養子など、その内容はさまざまであり、なかには世代をこえて孫が継承する例もみられる。このように考えると、創価学会のようにまったく親族ではない後継者が歴代の会長を継承してきた例は少数派であるといえる。新宗教教団で世襲継承がされる理由の一つは、血統によって教祖のカリスマ的資質が継承される、と信者の間で信じられているからであろう。また、教祖の近親者ではなく弟子のなかから後継者を選ぶことになると、弟子間の競争意識を刺激し派閥闘争や教団分裂につながる可能性がある。その意味では、組織論的にみた場合、近親者から後継者を選ぶほうが教団内の調和を保ちやすいという利点がある（井上ほか編 1990：122-123）。

どのような方法で後継者が選ばれたとしても、後継者に求められるおもな資質・能力は、カリスマ的な権威と組織を維持する能力である。しかし、選ばれた後継者が、必ずしも二つの能力を兼ね備えているとは限らない。そこで、カリスマとリーダーシップに関してふれたように、異なる人物が協働する方向性も考えられる。また、教団が発展するにつれ、長期的にみると個人の資質や個性に強く依存する組織は不安定である。というのも、後継者を選定するたびに、後継者候補のカリスマ性の有無を心配しなければいけないからである。そこで、個人のカリスマ性だけに依存することなく、組織が持続する仕組みを考える必要がある。

会社の後継者問題を考える場合、新宗教教団と比較しやすいのが「同族企業[10]」あるいは「ファミリービジネス」と呼ばれるものである。これらを厳密に定義するのは難しいが、株式会社でいえば、創業者一族の複数が主要株主または役員に名を連ねるような会社をイメージすればよい。一九九〇年代後半から二〇〇〇年代に入った頃、高度経済成長期に創業された会社の経営者が高齢化しはじめると、「事業承継」ということばがさかんに使われるようになった。当初、おもに適正な財産相続をあらわす意味でこのことばが使われたが、次第に「人・モノ・金」の三つの継承を含む広い意味で使われるようになった。特に「人」の継承は、経営理念や信用、ノウハウなどの継承を意味し、宗教教団とも共通する部分が多い。

聖典と社史

後継者問題とともに、宗教教団の展開過程にみられる重要な出来事の一つは、聖典の編纂である。われわれは印刷文化になれ親しんでいるため、キリスト教の聖書をはじめ、宗教の聖典、つまり宗教の教えや思想を記したものが、最初から一冊の本として存在したかのように考える傾向がある。しかし、世界の宗教史を振り返ると、聖典が長い時間をかけて編集されてきたことがわかる。なお、ここでいう「聖典」とは、教義がある程度体系的にまとめられ、記述されたものをさす。また、宗教の中心となる権威ある教義を一定の基準に従ってまとめたものを「正典(canon)」と呼ぶが、宗教のなかには、絶対的な基準となる教典を定めないものもあるため、ここでは広い意味で「聖典」という用語を使う。

たとえば、キリスト教の場合、現在の『新約聖書』の原型といわれる『マルキオン聖書』と呼ばれるものが成立したのは、紀元後一四〇年頃とされる（田川 1997：52-76）。それは、イエス・キリストが磔にされた時期（紀元後三〇年頃）から約一〇〇年以上も経てのことである。また、仏教の経典にしても、釈迦の没後、しばらくは弟子たちの記憶力によって教えが維持され、文字に記録されるようになったのはかなり後のことである。さらに、イスラームの『クルアーン』（コーラン）は、比較的早い時期に書物のかたちにまとめられたものの、ムハンマド（マホメット）の死後、約二〇年を経てからのことである。

このように、聖典の成立に長い時間を要するのには、二つの要因が考えられる。一つは、宗教の創始者・教祖の思想が形成・成熟するには一定の時間を要することである。いま一つは、宗教教団が体系化された聖典を必要とする時期は、その成立期よりも、むしろ発展期あるいは成熟期であることだ。とりわけ、宗教教団が創始者・教祖の死や分裂の危機に直面した時、教えを再確認し、間違った解釈が広がることや分派活動を抑制するために、聖典を体系化しようとする動きがみられる。

宗教教団にみられるこのようなメカニズムは、会社経営にもあてはまる。宗教教団の教義にあたる会社の経営理念も、ある程度の時間をかけて体系化されたものである。その体系化の過程は組織の発展過程と密接に関連し、とりわけ経営者の交代や周年事業を契機とする場合が多い。新しい経営者は、経営の継承に関する正統性と企業のアイデンティティを確保するために、創業者あるいは先代の経営者からの経営理念の連続性を強調しながらも、経営理念に新しい要素を付加し、先代との差異化をはかる傾向がある。周年事業においても、創業者の経営理念からの継続性を保持しながらも、新たな経営理念や行動指針が策定されることが多い（住原ほか編 2008）。このような、先代からの連続性の強調による継承の正統性の確保と、先代との差異化という動きは、宗教教団における後継者にもみられる現象である。

経営理念とともに、会社の社史も宗教教団の聖典と同じ役割を果たしている。藤田は、社史を「企業自らの歴史を、自らの責任において提供した歴史書」（藤田編 1990：4）と定義している。これに従えば、社史は一種の歴史書であるから、会社の永続性を目に見えるようにしたものといえる。ちなみに、日本では年間二〇〇点ほどの社史が刊行されており、日本は「社史大国」といわれている。社史編纂・刊行の目的は多様だが、社員教育、社内外への広報、経営者や社員の顕彰、経営史料の整理・保存などに役立つ。社史では、会社の歴史が編纂時の視点から再解釈され、強調されるべき出来事や人物が取捨選択され、物語化される傾向がある。

このような歴史の再解釈と出来事の取捨選択を通した物語化は、宗教教団にもみられる。たとえば「教祖伝」と呼ばれる教祖に関する物語は、文書のかたちでまとめられているか否かにかかわらず、教団にとって重要な出来事が取捨選択され、教祖が神格化される傾向がある。

聖地と企業博物館

宗教教団の展開、後継者問題、聖典の体系化と関連して、宗教教団の永続性を考える時、聖地の成立も重要な要素となる。たとえば仏教では、ブッダが生まれたルンビニー、悟りを開いたブッダガヤ、最初の説法をしたサールナート、そして死去したクシーナガラなどが重要な聖地とされている。キリスト教やイスラームにおいても、イエスやムハンマドに関わるさまざまな場所が聖地とされている。これらは、いずれも最初から聖地だったわけではなく、教団の発展とともに創始者が神話化される過程のなかで聖地となったと考えたほうがよい。

日本の新宗教教団でも、ある程度の時間をかけて聖地が形成される傾向がある。教祖が存命中は、その資質や個性が強力な求心力を持っている。しかし、教祖の死によりその求心力が低下する可能性があり、後継者が自らの正統性を信者にアピールする一つの装置として聖地が成立する。たとえば、教祖が宗教的体験をした場所や教祖の墓地をはじめ、教祖ゆかりの場所が聖地化されることになる。日本の新宗教教団の聖地となる建物は、巨大かつ特異なデザインでしばしば注目されている（五十嵐 2007）。また、聖地の建築物には、その宗教教団の教義や宇宙観が反映されており、建物自体が教義や聖典を伝える装置になっている。これは日本に限ったことではなく、カトリック教会にみられる装飾は、聖書の物語を伝えるための重要な装置としての役割を果たしている。

他方、会社の場合も、宗教教団の聖地に相当するものがある。創業者の生地や創業の地、会社にとって重要な出来事に関連した場所などは、いわば聖地の役割を果たしている。さらに、企業が運営する博物館である「企業博物館」も重要な聖地になりうる。企業博物館の展示は、会社の歴史や経営理念、創業者の思想や哲学を示すものであり、社員に対する重要な教育施設としても機能する（中牧・日置編 2003）。実際に多くの企業で企業博物館は新入社員研修等で使用されている。企業博物館を含め会社の聖地といえる場所は、宗教教団における聖地と教義・聖典との関係と同じように、社史のなかで語られる会社の歴史と関連する。

4　宗教研究と経営研究

本章では、宗教史を参照しながら、宗教における経営が会社の経営にどのような示唆をあたえるのかについて考えた。
そして、宗教教団と会社の構成要素を対比させながら、まず創始者・教祖と創業者・経営者について、カリスマとリーダーシップの観点から考察した。教義と経営理念については、会社の経営理念と宗教思想との親和性を確認するとともに、教義と経営理念の浸透における物語の重要性について確認した。儀礼と行事については、日本の会社に宗教的要素が矛盾なく浸透していることを確認した。宗教教団と会社の発展、後継者問題と事業承継については、ひじょうに似た構造を持っていることがわかった。聖典と社史、聖地と企業博物館についても、宗教教団と会社において、ある程度の時間をかけて形成されることと、両者の発展段階や後継者問題とも密接に関連することを確認した。

このように、経営を「特定の目的に向けた集団・組織の管理・運営」として捉え、宗教教団と会社の諸要素を比較考察すると、両者の類似性が明らかになってくる。しかし、冒頭に指摘したように、宗教研究は経営研究の知見を参照しない傾向があり、このことは逆も同じである。その意味で、今後、両者の研究成果を相互に参照し、ヒントをえることが重要になると考えられる。

《読書案内》

小田晋『宗教集団に学ぶ企業戦略』はまの出版、一九九〇年。
一般向けに書かれたものだが、さまざまな宗教教団が組織化と布教のために使用してきたノウハウがビジネスにも転用できる、という視点からまとめられた書籍としては、もっとも早い部類に属する。ビジネスの観点から宗教教団をみるのに役立つ。

井上順孝・孝本貢・対馬路人・中牧弘允・西山茂編『新宗教事典（本文篇）』弘文堂、一九九四年。
一九九〇年に出版された『新宗教事典』のコンパクト版。各章の概説は、新宗教研究の水準をしめす論文として読むことができる。とくに、「組織」「布教と教化」「教団経済」などの章は、宗教と経営について理解するのに役立つ。

中牧弘允『会社のカミ・ホトケ――経営と宗教の人類学』講談社、二〇〇六年。

会社が祀る神社、物故社員を慰霊する企業墓や法要など、一般にはあまり知られていない会社の宗教施設や宗教行為に着目するとともに、さまざまな社内の行事を宗教人類学あるいは経営人類学の視点から読み解いている。

中牧弘允・日置弘一郎編『会社のなかの宗教――経営人類学の視点』東方出版、二〇〇九年。

会社のなかにみられる宗教活動や経営者の信仰、従業員の宗教文化的背景などに焦点をあて、経営人類学の視点から国内外の事例を分析している。会社のなかに見えないかたちでとけこんでいる宗教文化について考えるのに役立つ。

住原則也編『経営と宗教――メタ理念の諸相』東方出版、二〇一四年。

特定の思想（倫理・道徳）や宗教が、会社の経営理念や方針のための「知恵・知識の貯蔵庫」としての役割を果たしてきたとして、国内外の事例についての研究がまとめられている。宗教思想と経営理念の関係を考えるのに役立つ。

注

（1）新宗教とビジネスの関係をあつかった研究としては、舘澤（2004）、櫻井（2009）がある。また、寺院の経営については、中島（2010）がある。

（2）ただし、非営利組織を研究対象とした代表的な研究として、Drucker（1990=2004）がある。この原著の表紙には、「病院、教会、保健・コミュニティサービス、学校・大学、慈善団体、財団」との副題が記されており、宗教組織（ここでは教会）が経営学の研究対象になることを示唆している。また、非営利組織のマーケティングに関する代表的な研究としては、Kotler & Andreasen（1995=2005）がある。さらに、経営学の観点から宗教教団を研究したものとして、Demerath et.al.（1998）がある。

（3）ここでいう「社会システム」とは、全体社会のシステムそのものをさすというよりも、「全体社会のシステムと社会内部の諸システム」と理解したほうがよい。

（4）宗教によって創始者や宗教的リーダーに対する呼び方はさまざまである。そこで本章では、創始者からの正統な後継者とされる宗教的リーダーを「教祖」という。

（5）「スティグマ（stigma）」ということばは、もともと奴隷・犯罪者・反逆者などの体に押した烙印を意味するギリシャ語に由来する。その後、キリスト教では、十字架のような形のあざをはじめ、神の恩寵をあらわす「聖痕」を意味するようになった。スティグマの社会学的分析については、Goffman（1963=2001）を参照。

（6）このような協働形態は、社会心理学者・三隅二不二の古典的なリーダーシップ論である「ＰＭ理論」とも符合する。三隅は、リーダーシップを「目標達成能力」（P：Performance）と「集団維持能力」（M：Maintenance）の二つの能力要素に分けて分析した（三隅 1984）。

（7）「企業墓」については、山田（2018）による最近のルポルタージュが参考になる。

（8）宗教集団論の包括的議論については、三木（2014）を参照。

（9）「官僚制」というと言葉は、行政等のいわゆる「お役所」のあり方だけを意味しない。明確な規則とルールのもと、権限と命令系統の明確化、業務の専門化、文書主義などを特徴とする（Weber 1922=2012）。

（10）同族企業の多くは、規模の小さい企業であると考えられてきたが、全上場企業約三六〇〇社のうち、五割強が同族企業の分類にはいるという（中沢 2017：184-187）。

文献

青木保、二〇〇六、『儀礼の象徴性』岩波書店。
Barton, Bruce, 1925, *The man nobody knows: a discovery of the real Jesus*, Bobbs Merrill & Co.（小林保彦訳、一九八四、『イエスの広告術』有斐閣。）
Bellah, Robert N., 1957, *Tokugawa Religion: The Values of Pre-industrial Japan*, Free Press.（池田昭訳、一九九六、『徳川時代の宗教』岩波書店。）
Brown, John Seely et.al., 2004, *Storytelling in Organizations*, Routledge.（高橋正泰・高井俊次監訳、二〇〇七、『ストーリーテ

リングが経営を変える――組織変革の新しい鍵』同文館出版。）

Demerath, N. J. et. al., 1998, *Sacred Companies: Organizational Aspects of Religion and Religious Aspects of Organizations*, Oxford University Press.

Drucker, Peter F., 1954, *The Practice of Management*, Harper & Row.（上田惇生訳、二〇〇六、『現代の経営』（上）ダイヤモンド社。）

Drucker, Peter F., 1990, *Managing the Nonprofit Organization: Practices and Principles*, HarperCollins.（上田惇生訳、二〇〇四、『非営利組織の経営』（ドラッカー名著集四）ダイヤモンド社。）

Durkheim, Émile, 1912, *Les Formes élémentaires de la vie religieuse: le système totémique en Australie*, P.U.F..（古野清人訳、一九七五、『宗教生活の原初形態』（上・下）岩波書店。）

藤田誠久編、一九九〇、『社史の研究――日本企業成長の軌跡』有斐閣。

Goffman, Erving, 1963, *Stigma: Notes on the Management of Spoiled Identity*, Prentice Hall.（石黒毅訳、二〇〇一、『スティグマの社会学――烙印を押されたアイデンティティ』せりか書房。）

日置弘一郎、二〇〇〇、『経営学原理』エコノミスト社。

五十嵐太郎、二〇〇七、『新編　新宗教と巨大建築』筑摩書房。

井上順孝・対馬路人・西山茂・孝本貢・中牧弘允編、一九九〇、『新宗教事典』弘文堂。

石井研士、一九九四、『銀座の神々』新曜社。

岩井洋、二〇〇五、「宗教の知識経営論」『関西国際大学研究紀要』第六号、七五‐八五頁。

岩井洋、二〇一二、「宗教に源流をもつ経営哲学の世界」経営哲学学会編『経営哲学の授業』ＰＨＰ研究所、二一二‐二一八頁。

岩井洋、二〇一七、「宗教と経営――宗教経営学の視点から」『宗教研究』三八九号、五三‐七二頁。

神社新報社編、一九八六、『企業の神社』神社新報社。

Kotler, Philip & Alan R. Andreasen, 1995, *Strategic Marketing for Nonprofit Organizations*, Prentice Hall.（井関利明監訳・新日本監査法人公会計本部訳、二〇〇五、『非営利組織のマーケティング戦略』第一法規株式会社。）

桑田耕太郎・田尾雅夫、一九九八、『組織論』有斐閣。

Lipp, Wolfgang, 1977, "Charisma–Social Deviation, Leadership and Cultural Change," *The Annual Review of the Social Sciences of Religion*, 1, 59–77.

三木英、二〇一四、『宗教集団の社会学』北海道大学出版会。

三隅二不二、一九八四、『リーダーシップ行動の科学』（改訂版）有斐閣。

三井泉、二〇一〇、「会社における『聖なる空間』――松下幸之助と『根源社』を中心として」『論叢 松下幸之助』第一五号、三四-四八頁。

Moberg, David O., 1962, *Church as a Social Institution : The Sociology of American Religion*, Prentice Hall.

森岡清美、一九八九、『新宗教運動の展開過程――教団ライフサイクル論の視点から』創文社。

内藤莞爾、一九七八、『日本の宗教と社会』お茶の水書房。

中島隆信、二〇一〇、『お寺の経済学』筑摩書房。

中牧弘允、二〇〇六、『会社のカミ・ホトケ――経営と宗教の人類学』講談社。

中牧弘允編、一九九九、『社葬の経営人類学』東方出版。

中牧弘允・日置弘一郎編、二〇〇三、『企業博物館の経営人類学』東方出版。

中牧弘允・日置弘一郎編、二〇〇九、『会社のなかの宗教――経営人類学の視点』東方出版。

中沢康彦、二〇一七、『あの同族企業はなぜすごい』日本経済新聞出版社。

日本経済新聞社、二〇一五、『リーダーシップの名著を読む』日本経済新聞出版社。

O'Dea, Thomas F., 1960, *The Sociology of Religion*, Prentice Hall.（宗像巌訳、一九七一、『宗教社会学』至誠堂。）

小野善生、二〇一三、『最強の「リーダーシップ理論」集中講義』日本実業出版社。

櫻井義秀、二〇〇九、『霊と金――スピリチュアル・ビジネスの構造』新潮社。

島薗進、一九八五、「新宗教教団における体験談の位置――妙智會・立正佼成会・天理教」『東京大学宗教学年報』二：一-二〇頁。

島薗進、一九八八、「新宗教の体験主義――初期霊友会の場合」村上重良編『民衆と社会――変革と理念と世俗の倫理』（体系：仏教と日本人10）春秋社、二七七-三二六頁。

住原則也編、二〇一四、『経営と宗教――メタ理念の諸相』東方出版。

住原則也・三井泉・渡邊祐介編、二〇〇八、『経営理念――継承と伝播の経営人類学的研究』ＰＨＰ研究所。

田川健三、一九九七、『書物としての新約聖書』勁草書房。

竹内靖雄、一九九九、『チームの研究――成功と失敗の人間学』講談社。

舘澤貢次、二〇〇四、『宗教経営学――いま注目の宗教法人のカネ・ビジネス・組織』双葉社。

土屋喬雄、二〇〇二、『日本経営理念史』麗澤大学出版会。

Van Gennep, Arnold, 1909, *Les Rites de Passage*, Emile Nourry.（綾部恒雄・綾部裕子訳、二〇一二、『通過儀礼』岩波書店。）

Weber, Max, 1904/05, "Die protestantische Ethik und der 'Geist' des Kapitalismus," *Archiv für Sozialwissenschaft und Sozialpolitik*, Bd. XX und Bd. XXI.（大塚久雄訳、一九八九、『プロテスタンティズムの倫理と資本主義の精神』岩波書店。）

Weber, Max, 1922, *Wirtschaft und Gesellschaft*, Mohr.（濱嶋朗訳、二〇一二、『権力と支配』講談社。）

山田直樹、二〇一八、『ルポ企業墓――高度経済成長の「戦死者」たち』イースト・プレス。

第6章

宗教と世俗はどう共存しているか

——都市化のなかの宗教

三木　英

《ポイント》

人類社会が進歩すれば、いずれ宗教はこの世から消えてなくなる。なぜなら宗教は非科学的なもので、時代の先端をゆく都市社会に宗教が活躍する場はほとんど残されていないから。

これは単純化された認識であるが、ある程度の妥当性を持っている。都市に暮らす人々が宗教に関心を寄せなくなっていることはたしかなことであろう。

しかし、この認識が現実を余すところなくカバーしているわけではない。先端技術の成果を駆使して快適で便利な日々を人は生きることができるとしても、メンタル面も付随的に充実するとは限らないからである。都市に暮らしながら心の悩みに苦悶する現代人の少なくないことを、私たちは経験的に知っているはずである。

ここで人には心の健全化を図ることが必要となる。そしてそこにおいて、宗教の機能する場が残る。宗教とは、傷ついた心を癒してきたものだからである。とはいえ心の癒しはこの都市的世界において——心理カウンセリングが典型であるが——宗教以外のものが担うようになってきている。

宗教がいま、都市的世界で、人々にどのように受容されているのか。その現実に本章は迫り、現代という時代の一つの側面に光を当てる。

《キーワード》

都市化、生駒の神々、逃れの場、再帰的近代化、コンビニエンス

1　都市化と世俗化

いま、世界中で都市部への人口集中が進む。日本も例外ではなく、東京を筆頭とする大都市圏への人口移動に歯止めがかからない。繁栄する都市と衰退する地方の二極化が進行するが、同時に、都市に発する生活様式が地方にも波及して社会全体を覆い尽くさんばかりとなる。これが都市化である。

都市化は、巨大な潮流である近代化の一つの様相と認識することができる。そして近代化は資本主義化・産業化・民主化、さらには世俗化といった側面も併せ持つ。すなわち都市化は世俗化という現象とも歩調を合わせると考えられるが、そうであれば本章タイトルに掲げられる宗教と世俗の現代都市における共存は困難、と理解すべきかもしれない。

なぜ困難なのか。それは、社会全体に普及する都市的生活様式（urbanism）が近代合理主義に貫かれたものだからである。合理主義とは目的＝手段的な思考であり、理性・論理を重んじるものである。そして科学が合理主義を支える考え方として評価され、科学的に妥当であるかどうかが物事の適否を判断する基準となっていることも強調しておこう。この科学に基づくという点が、近代合理主義と近代以前の合理主義とを分かつものである(1)。いま人は目的を定めれば、それを無駄なく達成するための効率的な手段を、感情に流されることなく、明確な根拠を順序正しく積み重ねていって選び出そうとするはずである。そうしなければ非難されるほどに、合理主義は世を覆っている。

この近代合理主義を基調とする都市において、宗教は周辺へと追い遣られる。宗教を存立させていた社会的基盤としての地縁・血縁による人間関係が、近代化の流れのなかで動揺するからである。地縁・血縁による人間関係に立脚していた伝統が揺らぎ、伝統と不可分であった宗教が揺らぐのである。そして科学的真理を唯一とする価値観の普及のために「非科学的」ということばがネガティブ・ニュアンスに満ちたものとなり、このことばが宗教に向けられて、批判された宗教はその影響力を薄れさせてゆく。これが世俗化である。

都市的世界は拡大の一途をたどる。宗教は世俗化の震源というべき都市で科学に屈服し、都市的生活様式を取り入れた地方部でも時代遅れと糾弾されるようになって、いずれ人間社会から宗教が消え失せるのは時間の問題となる。そう予想することはまさに合理的なことと思われた。

しかし宗教死滅論としての世俗化説が誤りであることは、いまや明白になった。世界の各地で宗教は支持され続け、あるいは以前にも増して興隆するという事実が確認されているからである。この数多ある現実のうちの一つに、本章は照準を合わせる。近代的であり、それゆえに非宗教的で世俗的であるはずの都市において人々が宗教と関わり続けている現場に分析的視線を注ぎ、現代社会がいかなる社会かを問うのである。大阪市を中心とする日本第二の大都市圏に近接する山系・生駒が、その現場である(2)。

2　大都市近郊における民俗宗教の活況――「生駒の神々」の世界

生駒の神々――近世まで

生駒は大阪府と奈良県・京都府の府県境を画す南北三五キロメートル、東西一〇キロメートルの細長い山系である。大阪市中心部から電車に乗れば、あるいは高速道路を利用すれば、二〇分程度で生駒西麓にたどり着くことができる。大都市から至近の山、それが生駒である(図6-1)。

生駒は古代から世に知られてきた山である。『古事記』『日本書紀』は神武東征神話を収め、大和に入り建国しようとした神武(カムヤマトイワレヒコ)が長髄彦(ナガスネヒコ)と孔舎衛坂《クサエノサカ》で矛を交え、一敗地に塗れたことを語っている。孔舎衛坂とは生駒西麓の現・東大阪市日下《クサカ》であるといわれ、神武は生駒越えを果たしえず南に下り、紀伊

図６－１　大阪市中心部から東に生駒山系を望む

出典：筆者撮影

半島南の熊野から北上して大和入りを果したのであった。またその途上、神武が戦勝を祈願して生駒・神津嶽に中臣氏（藤原氏）の祖神アメノコヤネノミコトを祀ったとの伝承もある。

日本国宝絵画の白眉である『信貴山縁起絵巻』は命蓮《ミョウレン》の法力が醍醐天皇（在位八九七〜九三〇）の病を癒した事績を主題とするが、その命蓮の住した信貴山朝護孫子寺は生駒南端に位置している。修験道の開祖とされる役小角《エンノオヅヌ》の伝説も、生駒山中に残る。役行者像は左右に男女の鬼を侍らせて造形されるが、この夫妻は生駒山中で行者に捕縛された鬼であったとされる。いまも山中には鬼取《オニトリ》という地名、そして行者が捕えた鬼の髪を切ったという故事に由来する髪切《コキリ》という地名が伝わる。また奈良時代の傑僧・行基が生駒に住んでいたことを『日本霊異記』は記しており、彼の墓はいま生駒東麓の竹林寺に所在する。さらに弘法大師空海の修行伝説も、山中のあちらこちらに残っている。生駒では、異能の宗教者をめぐるストーリーに事欠かない。

江戸時代には、生駒の幾つかの寺社が大衆的群参の地となっている。文政七年（一八二四）に出された『神仏霊験記図会』は、生駒聖天宝山寺や信貴山朝護孫子寺、枚岡神社榊社が大坂町民たちの目当てであったことを教えてくれる。生駒西麓の野崎観音慈眼寺も元禄時代以降に賑わった寺で、一九三五年に発表され大流行した歌謡曲『野崎小唄』は往時の繁華をモティーフとしている。この時代における都市の庶民たちの、生駒の神々のもとに物見遊山する場景が目に浮かぶようである。

生駒の神々――一九八五年以前

その生駒が宗教的な山として再び脚光を浴びるようになったのは、一九八〇年代半ばからのことである。それは、宗教社会学の会編『生駒の神々――現代都市の民俗宗教』（以下、『神々』と略す）刊行を契機としている。

関西を拠点とする宗教研究者たちは、生駒に活発な宗教的営為の見られることを七〇年代末に耳にする。ご利益を求めてお百度を踏む人が詰めかける神社がある、恵まれた奇跡に歓喜して巨額を寺社に寄進する人がいる、修行する人が後を絶たない瀧行場が山中に数多くある、神霊・祖霊と直接に交流するシャーマンを囲んだ信者集団の拠点が幾つも形成されている、韓国・朝鮮出身者たちが山のなかの小屋で神霊を降ろしている、等々。

しかしこれらの情報は研究者にとって、にわかには信じ難いものであった。近代化の進行が弛まない時代に、しかも時代の最先端をゆくはずの大都市の近郊で、昔ながらの宗教現象が観察されるなどということが実際にありうるのだろうか。当時の宗教研究では世俗化、すなわち宗教の影響力の翳りが世界規模で進行しているという議論が大勢を占めている。それにもかかわらず、その議論とは対照的な現実が生駒にはあるという。本当のことなのだろうか。

宗教社会学の会は、その実態の把握・解明を志す研究者たちによって発足した。そして調査を遂行し、大都市大阪の近郊で非合理主義的な民俗宗教[3]の健在であることを活写した『神々』を、成果として世に問うたのであった。刊行後の反響は大きく、通常であれば購買層はそれほど大きくないはずの研究書が予想を越えて広範囲に読者を得て版を重ね、また「神々」を取材したテレビ番組も何本か制作されている。生駒の宗教が再び世間の耳目を集めるようになったのである。

『神々』によれば、生駒山中には多くの参拝者を集めて「大手」と表現しうる寺社が存在する。生駒聖天宝山寺

（生駒市）、信貴山朝護孫子寺（生駒郡平群町）、石切神社（東大阪市）が代表格である。寺社境内に多くの参拝者が集っているなら通例それは観光客であるが、生駒の「大手」を賑わす人々はそうではない。

年間参拝者三〇〇万人と推計される宝山寺は、そこに祭祀される聖天（大聖歓喜天）の絶大な人気によって支えられる寺である。聖天は商売繁盛にご利益があり、また悪習や好ましからぬ人間関係を断ちたい者たちの願いを叶えてくれるとされている。江戸時代初期創建の宝山寺は、同じ奈良県内にある白鳳佛・天平佛の拝観者で賑わう寺に比較すると歴史は浅く、観光資源が豊富というわけではない。それにもかかわらず多くの参拝者がここを訪れてくるという事実は、ご利益を求める者、ご利益を頂戴したと認識する（そして御礼参りをする）者の数多であることを示している。朝護孫子寺も、その縁起絵巻から推し測れるように、病気直しを筆頭にご利益を求める参拝者が多く、その数は年間およそ五〇万人に及ぶ。そして前記二つの寺院にも増して多くの参拝者を集めているのが、「でんぼ（腫物）の神様」として知られる石切神社である。その数は年間三五〇万人とされ、生駒のなかの最大手といえよう。石切神社は江戸時代末期まで地域神的存在に過ぎなかったが、一九一四年に大阪電気軌道（現・近畿日本鉄道）が大阪と奈良を結んで開通するや大勢の参拝客を集めるようになり、駅から神社に向かう参道には商店が増えてきて、物販店や飲食店さらには占い業者の店舗が客たちで活況を呈している。神社の境内に至れば、そこでお百度を踏む多数の人々の姿が目に入ってくるだろう。気候の良い休日ともなれば、二つの百度石の間を廻る人々が密集し、人間による切れ目のない環ができる。彼らの多くは自身あるいは家族・知己の病気平癒を願う人々である。

以上の大手に準ずる生駒の神々として、修験道の寺院が挙げられる。修験道とは仏教と日本古来の山岳信仰の要素が習合し、さらに神道・道教の影響も受け容れた日本独自の宗教である。超常的な能力を有したと伝承される開祖・役小角を模範に、山に起居して修行を積むことを旨とする。生駒全域に二三ヶ寺存在する修験道寺院には瀧行場が設けられていることが多く、「夜討ち朝駆け」と表現されるほど昼夜を問わず水行が盛んに実践されている。

また生駒ではあちこちに「お塚」と呼ばれるものが建立されている。神霊の名を刻み込んだ石碑であるが、神名には記紀に見られないものも多い。刻まれるのは、霊的能力・感受性を有したシャーマン的人物がトランス状態のなかで知り得た超自然的存在の名である。そしてこの霊的能力の持ち主のなかには、能力をいっそう磨き、その能力によって人を救い導いてミニ教祖と把握しうる存在となったケースもある。彼らはあたかも、生駒に足跡を残した古代の異能の宗教者の末裔のようである。そんな彼らが主宰する宗教施設も、生駒には珍しくない。

さらに在日コリアン寺院――『神々』では「朝鮮寺」と表記されている――が山系全域に亘って設立されていることも、生駒の大きな特徴である。周知の通り、大阪には在日韓国・朝鮮人が多数集住している。その彼ら、とりわけ在日一世の女性は、日常生活で遭遇する種々の苦難が神霊・祖霊の不機嫌に起因するものであると解釈しがちである。そこで、苦しみから解放されるために――また日常の平穏のつづくことを願う場合にも――神霊・祖霊を慰撫する必要がある。そのための「クッ（賽神儀礼）」を執行する場が、在日コリアン寺院なのである。かつて儀礼の会場は在日コリアンの多く住む大阪市内に設けられていたところ、この儀礼実践は銅鑼や太鼓をともない、長い場合には一週間以上を費やすことから、騒音への苦情を避けて生駒山中に会場が求められるようになったものである。『神々』には、およそ六〇の在日コリアン寺院についての報告が載る。

これら多様な宗教施設に、大阪市をはじめとする世俗都市から多くの人々が定期的に足を運ぶ。その一年間の総数は延べにして一〇〇〇万人と推計されている。大都市から至近の距離に、たしかに、宗教と世俗とが共存する聖地は存在していた。

こうした現実は調査に携わった研究者を驚かせた。研究成果に触れた宗教研究者たちにも衝撃を与えた。さらに『神々』を購読した市井の人々もまた、驚くことになった。そして、テレビ番組まで制作されることになったのである。それにしても時代の先端を行くはずの大都市に暮らす住民がなぜ、昔ながらの、しかも洗練されているとはいい難い民俗的な宗教に関心を寄せ、実践しているのだろう。

大都市は合理主義・効率至上主義の貫徹される場所であり、それらをバックボーンに都市的生活が織り成される。

よって無駄なもの、非合理的なものは都市的とはいえず、人々にはそれらを極力排してゆくことが求められる。もっとも、人が徹底的に合理的な存在になりうるはずはない。とはいえ、合理性を軽視できるはずもない。感情に流されることなくつねに冷徹を保ち、無駄を行って叱責されることのないよう気を張り続ける生き方は、心を疲弊させるばかりである。また、刻々変化する都市の生活環境のなかで眩惑され、変わらないものを見つけ出して縋りつきたい気分になることもあろう。そんな都市住民には、疲弊した心を回復させるため、緊張を強いる環境から逃れて心を落ち着かせることが必要になる。

回復のために逃れる場は都市のなかに存在している。一時の安らぎを与えてくれるレクリエーションの場がそれで、そこには多くの都市住民が集まって「憂さ晴らし」をしているはずである。この都市内アジールに加えて、都市の外にも安らぐ場所は必要である。合理主義的な都市で過ごすがゆえに疲弊するのなら、逃れの場、回復のための場を都市の外に求めるのは自然なことである。ただその場合、都市から遠過ぎてはいけない。都市が生活の場であり仕事の場である限り、そこからの長期の離脱は忙しい現代人には難しい。都会人に許されるのは一時的な離脱でしかない。生駒はその点でまさに適地であった。生駒を逃れの場として成立させたのは、都市からの近さである。

都市を一時離れて生駒に行き、奇跡（ご利益）を求めて神霊・祖霊と交流し、瀧の水を浴びてお百度を踏み、儀礼に参与する。こうした行動は科学に基づくものでは決してなく、肉体を駆使（時に酷使）するという点で――近代合理主義的な――理性的思索とは対照的である。近代的な都市の住民に相応しからぬこれらの行動は、近代化（都市化・合理化）が便利さと快適さ、豊かさを実現したとはいえ、同時に重圧をも生み出した――そして人々を精神的に追い詰める――ことを示唆している。重圧に苦しむ人々には、近代合理主義の対極にあるものが魅力的に映じるのであろう。人々は近代合理主義から遠いものと触れ合って元気を取り戻し、そして日常へと復帰する。宗教は都市住民の精神的安定に寄与し、近代都市の存続を密やかに支えている。

3　変わりゆく大都市近郊の民俗宗教——一九八五年以降

前節の記述の多くは、一九八五年に刊行された『神々』に依拠したものであった。この八五年以降、社会は停滞していたわけではなく、都市化は着実に進行している[4]。そうであれば大阪を中心とする都市の人々は——大阪だけにとどまらず世界各地の都市住民もまた——いっそうの快適さと便利さを享受しながらも、都市的生活様式への順応の結果にますます疲弊していると想像できる。

それならば都会人に逃れの場は依然として必要である。そして生駒の神々は、八五年以降も、憔悴した都会人に支持され続けていると考えられるところであるが、果たしてどうであろう。あるいは都市的生活様式の実践を負担と感じないほどに人々は徐々に「強靭」になってゆき、生駒の神々に頼る必要がなくなって、山の聖地から活気が失われているということがあるかもしれない。現実はいったいどちらなのか。

神々の現状を探るべく、宗教社会学の会は再び生駒の神々の調査に着手する。そして時間をかけて神々を訪ね歩き、二〇一二年に『聖地再訪 生駒の神々——変わりゆく大都市近郊の民俗宗教』(以下、『聖地再訪』と略す)と題する成果を刊行した。以下は、前節から四半世紀余りを経た神々の様子である。

『聖地再訪』によれば、大手の寺社にかつての勢いはない。宝山寺に祭祀される聖天を目当てに参拝する人の数は、明らかに減少した[5]。この寺では、聖天への信仰心篤い在家信者たちが多くの講集団を結成し、それらが寺を支え盛り上げていたものであるが、いま講員は概して高齢化し、それにともなって講活動は低調になってきている。こうした状況は信貴山朝護孫子寺にも、石切神社にも該当する(図6-2)。『聖地再訪』が報告するところでは、石切神社参詣者は一九九〇年頃をピークに徐々に減り始めた。

修験道寺院でも祭礼参加者の数は減少しており、そうした危機的状況を乗り越えるため幾つかの寺院では、信者

図6－2　石切神社のお百度詣り
出典：筆者撮影（2013年11月）

に支えられる寺から檀家寺院への転換が図られるようになった。霊能者による教会も、寂れた風情を漂わせるところが増えてきている。とりわけ教会を創設したカリスマ的人物が世を去った後、減退傾向が加速化している。在日コリアン寺院ではクッが執行される機会は少なくなり、生駒の谷筋を歩けば、廃墟になったコリアン寺院があちこちに見られるようになりつつある。

幾つも設けられていた瀧行場では、使用されないまま荒れるに任されたところも目立つようになった。瀧の上流に住宅等がつくられ、そのために水質が悪化して修行目的に適さなくなったケースも確認されている。なにより、瀧の水が枯渇して修行道場として機能しえなくなった、という事態が深刻である。一九八六年から九七年にかけて生駒山を東西に貫く全長五五八〇メートルの第二阪奈道路トンネル工事が行われたが、それが地中の水脈を断ち切ることになってしまったと考えられている。そのために行場に流れていた水が絶え、やむなく修行者がいる場合に限って上流から水道水を流す、という事例も現れた。こうした状態が続けば、生駒を修行の地としてきた人々の足が遠のくことは、無理のないところである。

かつてであれば神々の居所は緑に包まれた――コンクリートとガラスの都市的環境とは異なる――環境のなかにあり、このロケーションが神々にアウラを纏わせていたということはあっただろう。その重厚な森へ無機質な都市の暮らしで疲弊した人々が通っていたのであるが、いま生駒を訪れると、かつての森が消滅して瀟洒な住宅地に変わっているというケースの少なくないことに気づく。アウラは所々で消滅してしまっている。

こうした状況をもたらしたものが不可逆的な都市化であることは明らかである。近世以前、生駒の山は住む人の少ない、平野部から隔絶された地であったと想像される。その時代の生駒に人は、近づき難さを感じていたかもしれない。その山が都市の人口増加の影響を受けて麓から開発されてゆき、一九八五年頃には山裾に多くの人々の暮らしが成立していたことはいうまでもない。生駒はいわば――都市の只中から見れば――都市の周縁部になるほどに都市化したのである。この生駒の漸次的都市化はおそらく、大衆的群参現象の見られた近世以降のことであろう。周縁は都市性が相対的に希薄であるとしても都市の一部であって、都市の外ではない。だからこそ、都市の住民が気軽に通えたのである。しかしながら時が経ち、都市がいっそう生駒に押し寄せてきて、二〇一二年頃にはかつての都市の周縁は都市性を濃厚に身に纏うようになって、周縁ではなくなりつつあった。神々の鎮まる地として似つかわしい場所ではなくなっていったのである。生駒を貫くトンネルの開通は象徴的な出来事といえる。修行のための水を奪っていったトンネルは、都市を拡張する機能を持つものであった。

大手寺社を支える講活動の鈍化に関連して指摘したように、生駒を宗教的に訪問する人々は、総じて高齢化している。こうした状況は、信仰継承が成功していないことに因る。技術革新が著しく、それにともなって生き方が日々更新されてゆくような社会では、信仰を含む昔ながらの慣習を親・祖父母が若い世代に引き継がせることは容易ではない。現世利益・修行・霊能・神霊（祖霊）といった生駒の神々を表現するキーワードを、都市で生まれ育って都市的生活様式になじんだ現代人が受容し難いのは当然である。

『聖地再訪』は、生駒の神々に黄昏が訪れていることを明らかにする結果となった。神々といえども、社会の圧倒的なトレンドに抗するのは困難であったということなのだろう。では生駒の神々はこのまま、フェイドアウトしていくばかりであるのか。

『神々』の描写した民俗宗教聖地が形成され始めた頃、つまり多くの神々が山系各所に拠点を定めて人々の宗教的ニーズに対応し始めた時期は、おそらく二〇世紀になって以降である。[6]ということは神々の展開は、日本の近代化と軌を一にしている。人々は近代化に翻弄されながらも都市で人生を紡ぎ、時に生駒の神々のもとへ身を寄せ、回復しては日々の暮らしに戻って近代化昂進に寄与してきたのであろう。いま神々が退潮傾向を見せているなら、それは近代化が終了しつつある、ということを暗示しているかもしれない。近代化の次段階すなわちポスト・モダンへ、時代は推移していると考えられる。

あるいは、生駒を呑み込む勢いで都市が拡張を続けているというのなら、近代化はまだ終わっていない。それなら人々は――徹底的な合理化に堪えうるほどに強靭になっていない限り――精神的に消耗する暮らしを続けていることになる。ならば生駒の神々が黄昏を迎えているという事態は、理に合わないように思える。

現代はいったい、どのような時代になろうとしているのだろう。このことを考えるため、生駒に見られる新たな動きに着目する。『聖地再訪』の教えるところによれば、新たな動きとは次の四つのものである。[7]在日コリアン寺院がシャーマニズム的儀礼の場だけではなくなりつつあること、以前から多くあった石切神社参道の占い店舗がいっそう増加していること、スピリチュアルな文化の萌芽が見受けられるようになったこと、大規模霊園が幾つも開発されて生駒が慰霊の山という側面を持つようになってきたことが、それである。

山系のあちこちに設けられた在日コリアン寺院の頽勢は否定しようもない。それを支えていた在日一世（女性）が世を去るようになって、クッの主催者が減少するからである。しかしこの「山の寺」以外に、「街の寺」が多く建立されるようになってきたことが、近年の在日コリアン社会の傾向として指摘できる。前者が巫儀・巫者のものであるとすれば、後者は仏教・僧侶のものである。この両者がいま、相互補完的関係を形成しようとしている。僧侶が山の寺を譲り受けてそこに居住したり、巫者と僧侶が一つの儀礼を役割補完しつつ共同で遂行する等がその具体例である。また、かつては関係する地域（南北）や宗派の違いが障壁となって見られなかった僧侶たちの間の交流が図られるようになったことも、注目に値する。さらには日本人の信者を持つ巫者や僧侶が現われてきており、ここでは民族間の境界が取り払われている。

石切神社近辺の占いの店舗は、参道商店街が形成され始め一〇〇件程度の店が軒を連ねるようになった時点で二軒を数えるのみだったという[8]。その数が一九八五年には一三を数えるほどに伸び[9]、『聖地再訪』では四二店舗が記録されるまでになっている。この飛躍的増加は、その時期が神社参拝者の減少してきた時期と重なることから、まさに生駒の新たな動きというに相応しい。この顧客減少と過当競争の状況下で、各店舗は客獲得のため激しく——テレビへの出演経験や低料金等の——自己アピールを競うようになった。また、これら店舗の営業形態が八五年以降に多様化してきていることも興味深い。一人の占い師が一店舗を経営する個人営業型よりも、一店舗を複数の占い師で共用するタイプや、日時を割り当てられた複数の占い師が一つの机を共用するタイプが相対的に顕著になってきたのである。そしてこの新たな営業形態の登場により、一般人の占い業界への参入障壁が低くなって、派遣占い師やパート占い師が増えてきている。あるいは、インターネットによる占いが普及していることも関心を惹く。占い技法に関しては、易占やタロット、占星術といったオーソドックスなものが多いものの、霊能者系の——加持祈祷を行うこともある——占い師が多く活動しており、石切という生駒西麓の土地ならではといえる。

スピリチュアル文化の萌芽は、生駒聖天宝山寺の近辺で確認できる。門前の旅館を改装した、ラスタファリ運動[10]の影響が濃厚な店名を持つビーガン・レストランはその一例である。この店に宗教色は皆無であるが、店名や自然とのつながりを重視する店のコンセプトにスピリチュアルな萌芽を感じ取ることができる。また二〇〇九年には、生駒近鉄鋼索線（生駒ケーブル）宝山寺駅の隣駅・霞ヶ丘から山道を行ったところにヨガ道場が開設されている。さらに、宝山寺のすぐ近くにある岩谷の瀧に——生駒の瀧行場の大半が寂れてゆくなか——いまも多くの修行者が集まっていることは見逃せない。修行者には若者の姿が目立つようになり、さらに女性の修行者が全体の六〜七割を占めているという。指導者の「先生」に率いられ、定期的に訪れる団体も少なくないということである。

生駒には以前から大規模霊園[11]が経営されていたが、『神々』刊行年以降も一七ヶ所が開設されており、増加分の総面積は甲子園球場の一八・七個分にあたる。すなわち『神々』後に生駒に新たに足を運び始めた人々がいるなら、その多くは墓参者であると推測され、そうであれば生駒に宗教的に通う目的として修行や祈願――さらには都市的生活からの一時離脱――の他に、慰霊が有力なものとなってきているといえる。

4　再帰的近代化と聖地におけるコンビニエンス

前節末に記した新たな動きのなかで先ず、スピリチュアルな文化の萌芽に関連して触れた岩谷の瀧（大聖院）の繁盛ぶりに着目しよう。通例（少なくとも生駒では）、瀧行場に流れ落ちる瀧水は一筋だけであり、岩谷の瀧もそれに該当して一筋だけであったが、（調査で長年に亘り何度もこの場所を訪れてきた経験を持つ）筆者は二〇一八年に初めて、境内に従来の流れに加えて別の瀧水の流れ落ちていることを確認している。かつて使用されていたものの、放置され荒れていた第二の行場がリニューアルされたようである。岩谷の瀧の管理者である大聖院・院主が、瀧修行する者の絶えない状況に顧慮して整備したということで、生駒の神々の大部分に黄昏が迫るなか、この行場では太陽がまだ真上にある。ではなぜ、岩谷の瀧は好調なのか。

ここでは、そのロケーションが第一の鍵であると考察しよう（図6－3）。岩谷の瀧は宝山寺の境内から南へ、平坦な道を五分程度歩けば行き着ける。そして宝山寺へは、近鉄奈良線生駒駅（この駅へは大阪中心部にある大阪難波駅から最短二五分で行ける）から生駒ケーブルに乗り換えて一駅の宝山寺駅で下車すればよい。また宝山寺は参拝者のため全三〇〇台収容の駐車場を設けており、ここに駐車すれば岩谷の瀧まで長い時間は要らない。この瀧行場は、訪れることが容易なのである。生駒山系のあちらこちらに設けられている瀧行場には、狭く急勾配の車道を通る、あるいは自動車の入れない細道を歩いてようやくたどり着ける、という場所が少なくない。岩谷の瀧は便利さにおいて抜きんでている。

図6－3　岩谷の瀧

出典：筆者撮影（2020年11月）

生駒の瀧行場は修験道寺院や在日コリアン寺院に併設されている場合が多いが、その寺院に常住者のいないケースは珍しくない。そのため瀧行場のメインテナンスに難があることは、否定できないところである。激しい風雨の吹き荒れた後は行場の石組みが崩れ、あるいは落ち葉や折れた枝の散乱していることもあり、行場の管理者が不在であれば荒廃した雰囲気がたちまちそこに醸し出されてくる。また単独の修行者にとり、管理者不在の行場に対し不安感は拭えない。修行中は行衣に着替えており、無防備だからである。傍らに信頼して衣服を預ける等をできる人がいないため修行に集中できない、ということもあるだろう。ところが岩谷の瀧は唐招提寺（律宗）末寺の大聖院が管理運営しており、院主は行場のすぐ側に住んで日々メインテナンスに怠りない。よって修行を志す者にとり、岩谷の瀧は便利で安心な行場である。管理によって保証された安全性、これが繁栄の第二の鍵である。

　都市的世界からの逃れの場は、都市から距離的・時間的に近くなくてはならない。そして都市へと無事に戻っていかなければならない以上、逃れの場は安全なところでなければならない。その近さと安全性は「便利さ（convenience）」につながるものである。都会の暮らしにコンビニエンスストアは不可欠なものとなったが、多くの信者を集める聖地にも、コンビニエンスは欠かせない。生駒の神々の浮沈は、ユーザーすなわち神々の支持者にとって便利であるかどうかが左右したと考えられるのである。

社会学者アンソニー・ギデンズは社会を研究するにあたっての重要概念として再帰性（reflexivity）を挙げている。再帰性とは、自らを省みて自らを変革し続ける循環と解せばよい。そしてギデンズは、近代社会においては近代化の所産である社会制度それ自体が自らを省み自らを変革していっそうの近代化を達成していく、と分析するのである[12]。これが再帰的近代化（reflexive modernization）であり、ここにおいて近代化がこれまで以上に徹底化される段階が始まっていく。「われわれは、ポスト・モダニティという時代に突入しているのではなく、モダニティのもたらした帰結がこれまで以上に徹底化し、普遍化していく時代に移行しようとしている」（Giddens 1990=1993：15）。この時代と社会の状況をギデンズはハイ・モダニティ（高度近代＝後期近代）と呼んでいる。

このギデンズによる議論が、『神々』以降の生駒の状況の理解を助けてくれる。二〇世紀初頭からの近代化のなかで都市住民にとっての逃れの場として構築されてきた聖地・生駒は、『神々』刊行の一九八五年以降、再帰的近代化のなかで非合理的であるとして（一転）逆風に曝されることになった。しかしながら、すべての生駒の神々が逆風に吹き飛ばされたわけではなく、便利さという都市的生活様式に適合的な特性を持つものには風除けが備わっており、都市住民に支持され続けていると解釈できるのである。

おそらくは岩谷の瀧に修行する者たちの動機としてかつてあったはずの御利益（奇跡）や神秘的能力の獲得は、非合理的であるという理由で近代化の強風に吹き飛ばされたのではないか。代わって、心の鍛錬のためという動機が台頭してきているのではないだろうか。都市での暮らしのなかで人々を襲うプレッシャーに堪えられるよう心を鍛える、という合理的な動機が、である。修行者に若者が増えたとは既述したが、人生経験の乏しい若者が都市のなかで生きづらさを感じ、一念発起して瀧行場で強い心を得ようとしている、そんなイメージが脳裏に浮かぶ。

この視点から、あらためて『聖地再訪』が取り上げた生駒の他の新しい動きを見てみよう。在日コリアン寺院はもともと、世界を巻き込む近代化に押されて来日した在日一世の女性たちのものであった。シャーマニズム的儀礼を通して家族・祖先・祖国とつながる場であった彼女たちの寺は、近代化の副産物であったといえる。時が流れ、それらは寂れ始めるが、いくつかの在日コリアン寺院に韓国仏教の僧侶が居住するようになってきているというのは、それが僧侶にとって居住・修行に好都合（便利＝コンビニエンス）だったからと推測される。彼ら僧侶の仏教は李氏朝鮮時代に抑圧されたため、山のなかでの活動を専らにしてきた歴史を持っており、「山の寺」は彼らに親和的であった。もっとも、寺の立地は他の僧侶や信者たちとの交流に不便が生じない程度のところに限る、という条件がつくであろうが。

石切神社周辺の占い店舗の増加と店舗（机）共有型の営業形態が見られるようになったことは、便利さの観点から説明できる。占い師にとって新規参入が容易であり、初期投資を抑えることができる点で、この営業形態は便利なのである。客にとっても、たくさんの占い師のなかから自分の好みに合った人物と占い技法を選び出せるのは楽しく、便利なことである。かくして石切神社周辺が日本有数の占いゾーンとなるが、その前提には現代における占いへの高い需要がある。人は自身の将来や人間関係（相性）等で悩むものだが、プライバシー尊重の社会では他者からアドバイスを受けることは簡単ではない。アドバイスする側にとり、相手の私的領分に踏み込んだ結果として人間関係を悪化させることは避けるべき事態である。よって御座なりな言葉を並べがちとなるが、それらは悩む者の心の深いところまでは届かない。対して、占い師は眼前の相手との人間関係を斟酌せず、「真実」を告げてくれると評価されているのであろう。占いはアドバイスを得る手段として便利であるからこそ、多くの客が利用するのである。プライバシー重視の社会は、旧来の地縁・血縁関係の動揺の後に成立する。つまり占いブームもまた、近代化の所産なのである。

生駒における大規模霊園の開発が近代化・都市化に誘引されたものであることは多言を要しない。近代化の流れのなか多数の人々が都市に移動し働いてきたが、彼らが世を去ることになったとしても、死後の永遠の住処を近隣に確保することは困難である。新たな墓所へのニーズが都市の近辺で山を拓かせ、大霊園を整備させるのである。霊園までは、最寄りの鉄道駅から送迎バスが（霊園管理を担う会社によって）運行されている。山を切り拓いて造成された人里離れた霊園だが、老齢になっても体力に不安があったとしても、安心して墓を訪ねられる便利さがここには備わっている。この霊園で――生駒の霊園だけに限らないが――近年注目されるのが、継承者のいない墓である。先祖祭祀を担う子孫が不在であるケースは増えており、それに該当する人々にとり永代供養墓や合祀墓を購入すれば後々まで安心である。霊園の提供するこの便利な「商品」は、値段もリーズナブルであろう。

自然に親しむことを愛する都市住民は多い。自然のなかで生き返る心地がする、自然のパワーを貰ってまた明日から頑張れる、とは自然愛好者たちの定型句のようである。しかしどんな自然であっても楽しめる、というわけではないだろう。彼らの大部分が訪れる自然は、気軽に出かけることができ、且つ安全な自然である。大都市大阪近郊の自然である生駒の山も、近代化する都市に暮らす住民たちに愛された山であった。愛された理由は、近くにあって安全な逃れの場だったからである。

その山系各所に数多くあった逃れの場は次第に淘汰されるようになり、よりいっそう近くて安全、つまりコンビニエントな場を残して廃れようとしている。コンビニエンスとは合理性・効率性と不可分なものであり、これもまた都市化・近代化の生み出した概念であるとするなら、都市から離れて非都市的な空間へと逃れようとする人々の心すら、アーバニズム（モダニティ）の色で染め上げられている。

心まで都市的になりゆく現代人と宗教との共存は現在、コンビニエンスという点において成立していると考えられる。ただ、この状況が今後も継続されるかどうかは不透明である。社会は再帰的に近代化し、近代合理主義が漸次的且つ着実にハイ・レベルになってゆくならば、心を瀧修行によって鍛えるという（非科学的・非合理的な）行動も省みられていくことになって不思議ではない。そうなっていくなら、都市で宗教の活躍しうる場は浸食されてゆく。とはいえ、人間のすべてを合理化し尽くすことなど到底不可能であると、人々自身は思っているはずである。そうであれば宗教の活躍の場は残りつづける。宗教が今後どうなっていくか、人間がどこまで合理的存在になっていくのか、それは生駒の神々が身を以て教えてくれるかもしれない。

《読書案内》

石井研士『銀座の神々――都市に溶け込む宗教』新曜社、一九九四年。

東京銀座に多くの宗教施設が存続している理由を考察したもの。都市化に対し地域住民が抱いたプロテストの感情、銀座に社屋を構える企業に保存された村（家）的集団主義、時流に即して変化する祀られるもののフレキシビリティが指摘されている。

宗教社会学の会編『神々宿りし都市――世俗都市の宗教社会学』創元社、一九九九年。

本章中に引用した『生駒の神々』と『聖地再訪　生駒の神々』とを架橋する論文集。生駒をフィールドとした論文の他に、伝統的な祭り、都心に残る墓地、心霊科学、遺骨をめぐる現代的な感性等々を取り上げた論文を収めている。

岡本亮輔『江戸東京の聖地を歩く』ちくま新書、二〇一七年。

巨大都市江戸・東京に散在する多種多様な聖地が取り上げられている。紹介される聖地をつくり保存してきた都市住民の心意を思い、その変化に想像力を及ぼすなら、現代という時代の輪郭が明瞭になってくるだろう。

ピーター・バーガー『聖なる天蓋――神聖世界の社会学』薗田稔訳、ちくま学芸文庫、二〇一八年。

宗教社会学による世俗化研究の代表的著作。社会を覆い社会に意味を与えて安定させてきた聖なる天蓋（すなわち宗教）の、現代的変容が論じられる。邦訳は一九七九年に刊行されているが、それからほぼ四〇年を経て文庫版として再版された。

注

（1）近代合理主義の展開については、Rodis-Lewis（1966=1967）を参照のこと。

（2）以下の第2節における「生駒の神々」に関する記載は、宗教社会学の会編（1985）に依拠している。

（3）「民俗宗教とは、成立宗教の影響を受けて形成されながら必ずしもその正統に則るとは限らない宗教的信念や行事の総体であり、（成立宗教の）聖職者ではなく一般生活者が主体となり、彼らの日常生活において信じられ実践されるものである」（三木 2010：560）。なお成立宗教とは、仏教やキリスト教のような創唱宗教と神道やヒンドゥー教のような民族宗教とを含んだ上位概念である。

（4）第3節の「生駒の神々」に関する記載は、宗教社会学の会編（2012）に依拠している。

（5）宝山寺に祭祀される聖天の縁日は毎月一日で、この日に参拝すればご利益甚大と喧伝されて、新しい月へと日付けが変わるや真夜中の境内に人が溢れるという場景が以前はたしかにあった。ところが筆者が二〇一一年八月に調査したところ深夜の参拝客はおよそ三〇〇名で、約一〇〇〇名を数えた以前の調査時（一九九一年十一月一日）から激減している。九一年の調査については川端（1995）を参照のこと。

（6）栗山（1932,1933）は、民俗宗教の聖地としての生駒を調査した最初期のものと思われる。その発行年から考え、二〇世紀初頭あたりが生駒の――近世以前からの大寺社を除いた――神々の台頭時期と推測される。

（7）生駒における新しい動きについての記載は、宗教社会学の会編（2012）の第三章「生駒の新たな神々」に依拠している。

（8）前掲の注（6）に挙げた栗山の調査報告による。

（9）八五年は『生駒の神々』が刊行された年であるが、参道の占い店舗は『神々』でわずかに触れられているに過ぎない。ここに挙げた数値は對馬（1987）による。『神々』が詳細に取り上げていなかったということからも、占い店舗の八五年以降の急増ぶりがうかがえる。

（10）ラスタファリ運動とは、一九三〇年代にジャマイカの労働者階級や農民たちのなかから生起した、彼らの父祖の地・アフリカへの回帰運動のことである。運動に合流していった人々は一九三〇年にエチオピア皇帝に即位したハイレ・セラシエI世（ラス・タファリ・マコンネン）を彼らを導く救世主として崇拝しており、運動はこの点で宗教的側面を有するが、自然への回帰を主張する思想運動という側面もある。

（11）ここでは二〇〇〇平方メートル以上の敷地面接を持つものを、大規模として捉えている。

（12）ギデンズの議論については、Giddens（1990=1993,1991=2005）を参照のこと。

文献

Giddens, Anthony, 1990, *The Consequences of Modernity*, Polity Press.（松尾精文・小幡正敏訳、一九九三、『近代とはいかなる時代か？――モダニティの帰結』而立書房。）

Giddens, Anthony, 1991, *Modernity and Self-Identity : Self and Society in the Late Modern Age*, Polity Press.（秋吉美都・安藤太郎・筒井淳也訳、二〇〇五、『モダニティと自己アイデンティティ――後期近代における自己と社会』ハーベスト社。）

川端亮、一九九五、「縁日深夜に参詣する人々」宗教社会学の会編『宗教ネットワーク――民俗宗教、新宗教、華僑、在日コリアン』行路社。

栗山和夫、一九三二、「大阪及び附近民間信仰調査報告（一）（二）」『民俗学』第四巻一〇号・一一号。

栗山和夫、一九三三、「生駒山脈に民間信仰を訪ねて」『旅と伝説』第六巻五号。

三木英、二〇一〇、「民俗宗教の持続と変容」日本社会学会社会学事典刊行委員会編『社会学事典』丸善。

Rodis-Lewis, Geneviève, 1966, *Descartes et le rationalisme*, Presses universitaires de France.（福居純訳、一九六七、『デカルトと合理主義』白水社。）

宗教社会学の会編、一九八五、『生駒の神々――現代都市の民俗宗教』創元社。

宗教社会学の会編、二〇一二、『聖地再訪　生駒の神々――変わりゆく大都市近郊の民俗宗教』創元社。

對馬路人、一九八七、「石切神社参道における運命鑑定業者の実態」研究代表者・塩原勉『日本宗教の複合的構造と都市住民の宗教行動に関する実証的研究――生駒宗教調査』昭和六〇・六一年度科学研究費補助金（総合研究A）研究成果報告書。

第7章

宗教とツーリズムはなぜ結びつくのか

――スピリチュアル・ツーリズム

山中　弘

《ポイント》

かつて聖地に向かう動機を巡礼者たちに尋ねれば、「罪の赦し」、「故人への供養」さらに「病の治癒」などといった答えが相場だった。ところが、今日、巡礼路を歩く人々は驚くほど増えているものの、動機となると、特定の信仰とは関係のない「自分探し」、「内省」、「挑戦」などの声が多い。こうした聖地や巡礼の状況を考える場合、「スピリチュアリティ」ということばが鍵を握っているように思われる。実際、「スピリチュアルだが宗教的ではない」と語る人々が増えており、日本でも少し前には「スピリチュアル」ということばが流行した。

本章では、宗教の公的な制度領域の外側で広がるスピリチュアリティの拡大と浸透の一つとして宗教ツーリズムに注目する。欧米のツーリズム研究の領域では、一九七〇年代以降、ツーリズムを巡礼と同一視する議論が行われ、現在、スピリチュアル・ツーリズムがトレンドになっている。その展開を学説史的に振り返りながら、それを比較の参照枠として、日本のパワースポットと江原啓之のスピリチュアル・サンクチュアル巡礼を支える発想や態度を検討することから、後期近代社会における宗教の質的変化の一端を明らかにしたい。

《キーワード》

スピリチュアル・ツーリズム、スピリチュアリティ、宗教ツーリズム研究、パワースポット、再帰的自己のプロジェクト

1　現代宗教の変化とスピリチュアリティ

今日の宗教状況の解釈をめぐって

「寺院消滅」ということばに象徴されるように、過疎化と高齢化、都市部への人口移動によって、これまで寺檀制度や村落共同体を基盤にしていた過疎地の寺院や神社が存続の危機にさらされている（櫻井・川又編 2016）。しかし、他方で、二〇一三年の伊勢神宮の式年遷宮には年間一四〇〇万人を超える人々が訪れ、各地のパワースポットの人気も、少なくともコロナ禍以前まではかなりの活況を呈していた。こうした一見矛盾するようにみえる今日の宗教状況をどのように考えるべきなのだろうか。二つの解釈が可能だろう。一つは、伊勢神宮やパワースポットの活況は一過的な娯楽的イベントで、レベルの異なる二つの事例を同じ線上で論じることはできないというものだ。もう一つの解釈は、矛盾するようにみえる二つの状況は現代宗教の質的変化の現れであって、両者を一体的に捉えるべきではないかというものだ。結論から先にいえば、筆者は後者の解釈をとりたいと考えている。つまり、現代の宗教状況はこれまでの宗教研究を支えてきた聖俗二元論的な見方――聖なる領域に属す宗教はツーリズムなどの俗的な領域とは異なっている――では十分説明できないものに質的に変化しており、むしろ、その特質を積極的に焦点化すべきではないかというものである。

スピリチュアリティとは

実際、近年の宗教社会学では新しい宗教状況の出現を指摘する研究が多くあるが、なかでもスピリチュアリティという概念は、今日の宗教のあり方を表現するときによく目にする。この概念が使われる背景には、一九九〇年代頃から欧米を中心に「スピリチュアルだが宗教的でない（spiritual but not religious）」として、制度宗教から距離をおきながらさまざまな宗教思想や実践を通じて自らの生き方を模索する人々が増えているという事実があり、二〇一七年の統計によるとアメリカ人の少なくとも一八％がこうした人々だとされている（Parsons ed. 2018：1）。ただ、スピリチュアリティの定義は必ずしも明確なものではない。L・ウッドヘッドは、「外的なものよりも内的で主観的な生命に大きな権威を付与すること」や「自己を『親密な他者から宇宙全体に及ぶより大きな全体との関わり』で捉えること」などを共通する特質として挙げている（Woodhead 2010：38）。だが、スピリチュアルだとする人々が一様にこうした考え方を持っているわけではない。実際、スピリチュアルなあり方を求める「探求者」的な人々がいる一方で、健康、ストレス軽減、感情的サポートなど、必要に応じてプラクティカルに関与する「カジュアル」な人々もおり、その境界はあいまいで流動的なものであることが指摘されている（Mercadante 2014：56, 58）。

スピリチュアリティのこうした特質は、それが特定の組織に支えられたものではなく、ネットやメディア、文化産業などを介して受容されていることも大きいように思われる。その点で、ポピュラーカルチャーの一部として、消費主義的なエンターテイメントと重なる要素を含んでいる。現代宗教のあり方としてスピリチュアリティを高く評価する島薗進は、スピリチュアリティの基盤に「大衆健康文化・セラピー文化や呪術－宗教的大衆文化がある」としており、スピリチュアリティと消費主義的な文化との親和性を指摘している（島薗 2012：24）。また、C・オストワルトによれば、今日、伝統的な宗教制度が力を失う状況のなかで、宗教のメッセージ、シンボル、関心などが他の文化形態をとって拡大しポピュラーカルチャーなどのなかに表現されているという（Ostwalt 2003：29-31）。つまり、今日の社会では、宗教的世界が世俗的な世界に近接し、逆に、エンターテイメントや文化の世俗的形態が宗教的メッセージを含んでいるというのだ。たしかに、たとえばフライト・パニックアクション映画「レフトビハインド」（二〇一四）には世界の終末とキリストの再臨のイメージが盛り込まれていたり、新海誠監督の大ヒットアニメ「君の名は」（二〇一六）では主人公の一人が伝統ある神社の巫女であったりと、エンターテイメント映画のなかで宗教的な表象やイメージに出会うことが多くなってきている。

島薗、オストワルトともに、立場の違いこそあれ、現代宗教の一つの特質としてマスメディアを介した非制度的な宗教領域の拡大を指摘しており、現代の宗教状況は、宗教的観念、実践、イメージなどが出版、映画、そしてツーリズムなどを介して文化領域の中へと浸透し、世俗的領域と宗教的領域の境界が流動化しており、スピリチュアリティとは、この二つの領域の境界の流動化と相互浸透的な現象をさしているとみることもできるだろう。筆者は、こうした状況を宗教の質的な変化と考えており、後述するパワースポットを含めてそれを「軽い宗教」と呼んでいる（山中 2020：17）。

宗教的権威の移行

オストワルトはさらに権威の移行という問題を指摘している（Ostwalt 2003：13）。彼によれば、伝統的な制度宗教の衰退にともなって、宗教的権威は、世俗的国家、エンターテイメント産業、マスメディア、出版産業など他のさまざまな文化形態へと移行しているという。これは、宗教的観念や実践、シンボルが、それらを管理していた宗教組織から流出することで、結果として制度的な宗教的権威を欠いたまま脱文脈化され、ネットや文化産業などを介して自由に利用され表現されることを意味している。二〇一〇年頃に一時的にブームとなった明治神宮の敷地内にあるパワースポット「清正の井」を考えてみよう。この小さな井戸はお笑い芸人による御利益のエピソードを発端にして瞬く間に評判になり、井戸の写真を撮るために長い行列ができた。しかし、このブームには明治神宮は一切関与しておらず、むしろエンターテイメント産業や出版メディアなどが大きな役割を果たした。つまり、この井戸の特別なパワーを支えていたのは、神社という社会的に認知された伝統的な宗教権威ではなく、そのパワーを語る個人や雑誌、さらにその情報に基づいて実践した不特定多数の人々の体験や感覚なのである。言い換えれば、この種の「軽い宗教」の真正性は、先のスピリチュアリティの特質のように、最終的には個々人の体験や感情などの主観的な確信や感覚に依拠したものといえる。つまり「ほんもの」（真正性）が人々の主観的な判断に依存しない

「客観的」な後ろ盾を失っているということを意味しており、従来の真正性の融解ともいえる状況とみることもできるのである。

以上、ここまではマクロな宗教社会学的視点から現代宗教の変化の特質を指摘したが、本章では、この議論を踏まえて宗教の非制度的領域で広がるスピリチュアリティの拡大と浸透の一つとしてツーリズムに注目したいと考えている。一九七〇年代以降、欧米のツーリズム研究の領域ではツーリズムと巡礼との関係が議論されるようになるが、ここでは今日までのこれらの議論の展開を学説史的に整理するとともに、欧米のスピリチュアル・ツーリズムの現状を紹介したい。そして、それを比較の参照枠としながら、日本のパワースポットおよび江原啓之のスピリチュアルな巡礼を支える発想や態度を検討することから、後期近代社会における宗教の質的変化の一端を明らかにしたい。

2　宗教とツーリズム研究の展開

宗教ツーリズムの活況

今日、聖地、教会、寺院、巡礼路など、さまざまな宗教的資源を活用したツーリズムが活況を呈するようになっている。キリスト教の聖地サンティアゴ・デ・コンポステーラへの巡礼路（カミーノ）を多くの人々が歩き始めるようになった一九九〇年代頃から今日にいたるまで、この種のツーリズムの流行は世界でみることができる（Raj and Griffin 2015）。大聖堂を訪れることも人気になっている。たとえば、イギリスのセントポール大聖堂では、一九九九年と二〇一三年を比較すると、一〇〇万人近く訪問者が増加しており、カンタベリー大聖堂でも八〇万人ほど増えている。ダーラム、ソールズベリー、ウィンチェスター、ヨークの大聖堂も人気で、二〇一三年には六つの大聖堂で合わせて三五〇万人、大聖堂より小規模な教区教会まで含めると八二五万人のツーリストが訪れているとされ、実際の礼拝参加者数の激減とは対照的な状況となっている（Curtis 2018）。

もちろん、教会や寺院などを対象としたツーリズムはこれまでも存在していた。しかし、九〇年代以降の状況は、目的が建造物の歴史的・文化的価値ばかりでなく、そこを訪れることで喚起されるスピリチュアルなものや内省にもなってきている。この変化は伝統的な宗教への回帰というよりも、自分なりの仕方で心や人生を豊かなものにするために多様な宗教的観念や実践に改めて目を向けてみようとする動きとみてよいだろう。しかも、その旅はスピリチュアルなものの探求ばかりでなく、食や文化などを楽しむことも含んだものが多いといわれている。つまり、今日の聖地は、特定の宗教の敬虔な信徒だけが占有する空間ではなく、既存の宗教とは距離をおきながらも聖地や巡礼路からスピリチュアルな体験を得ようとする、単なるツーリストでもなければ信仰者というわけでもない人々が数多くやって来る場所となっている。こうした状況は世俗化とは一概にいえない変化であり、先にも指摘したように宗教的なものがツーリズムへと浸透、拡散している状況といえるだろう。

宗教ツーリズム研究の展開史

さて、グローバルな規模での宗教ツーリズムの活況によって、こうした現象を分析する著作や論文が数多く発表されるようになっているが、これらの業績を概観してみると、その議論の焦点の推移がそのまま現代の宗教のあり方の変化と密接に関係していることがみえてくる。そこで、ここでは一九七〇年代から二〇〇〇年代までの研究動向を便宜的に以下のように大きく三つの時期に時系列的で分けて、その変化を学説史的に整理してみたい。

第一期　現代の巡礼としてのツーリズム（一九七〇年代頃〜）

この時期の研究は、一九七〇年代の社会学者Ｄ・マッキャーネルによるツーリスト論から始めることができる。彼はツーリズムを「疑似イベント」として否定的に評価したＤ・ブーアスティンを批判し、ツーリズムを「体験の真正性の探求」だと捉えた。マッキャーネルによれば、「近代化の進展は不安定さと非真正性という感覚そのものと密接に結びついており」、そのため近代人は「リアリティと真正さが近代以外の時代、異文化、より純粋で素朴な生活といった、どこか他の場所にある」と思っている（MacCannell 1976 : 5）。ツーリストが観光地でよく口にする「これがほんものの……だ」という「真正さ」をめぐることばは、近代社会の対人関係で人々が感じる「よそよそしさ」と表裏の関係になっている（MacCannell 1976 : 13-15）。したがって、訪れた場所やそこで暮らす人々の生活に対してツーリストたちが「うわべだけの体験で満足している」というブーアスティンの批判は当たらない。むしろツーリストはすべて、社会と文化に対する「より深い関わりを望んでおり」、「それが旅の動機の基本的な要素」となっている（MacCannell 1976 : 10）。このように、マッキャーネルのツーリズム研究のおもな問題意識は近代社会の人間のあり方を論じることにあり、巡礼を主題としているわけではない。しかし、彼の議論が巡礼とツーリズム論の起点の一つになるのは、ツーリズムを現代的な巡礼ともいえる「真正さへの探求」として位置づけることで、ツーリズムを新たな視点から捉えかえす道を開いたからだといえるだろう。

これに対して、人類学者V・ターナーは、「コミュニタス」という独自の視点からツーリズムの古い形態とされる巡礼を分析することで、この議論と接点を持つことになる。コミュニタスはフランスの人類学者A・V・ヘネップの通過儀礼論で展開された「リミナリティ」という概念と密接に関わっている。彼は、ヘネップのリミナリティが明らかにした伝統社会での儀礼的なアイデンティティの無化、つまり「一時的に何ものでもない状態」を積極的に「コミュニタス」と読み替えて、部族社会とは異なる現代社会の巡礼のなかに象徴的で規範的な社会秩序の潜在的な転倒を見出そうとした（Turner and Turner 1978 : 2-3）。つまり、この解釈によって、巡礼を社会構造によって課された役割からの一時的な離脱とそれを通じたアイデンティティのリセットとして捉えかえしたのである。彼の議論は、巡礼分析の焦点を信仰実践からコミュニタスに移すことによって、巡礼論の間口を広げたとみることができる。ターナーの次のような有名なことばは、巡礼論からツーリズム論への展開、さらには巡礼＝ツーリズムという議論にまで発展する方向性を示している。

もし巡礼者が半分ツーリストなら、ツーリストも半分巡礼者なのだ。人々が海岸の雑踏の中に埋もれているときでさえも、彼らは、オフィスや作業現場あるいは炭鉱での規則に縛れた生活では手に入れることが難しい、ほとんど聖性を帯びた、多くの場合、象徴的なコミュニタスという様式を求めているのだ。（Turner and Turner 1978：20）

専門領域も方法論も異なるマッキャーネルとターナーだが、彼らの問題意識はともに近代産業社会への批判を含んでいる。つまり、極度な合理化と分業化が進む近代社会での巡礼にコミュタスの出現を捉えたターナーの発想は、ツーリズムに「ほんもの」への希求を読み込んだマッキャーネルの立場に共鳴する部分を持っている。そして、こうした共通の問題意識を生み出す背景には、カウンターカルチャーやヒッピーなど、既存の支配的な文化伝統の自明性や権威が大きく揺らぎはじめた一九六〇年から七〇年代のアメリカという時代状況を認めることができるように思われる。

マッキャーネルとターナーを理論的に合流させることで新たな論点を提示したのが、イスラエルの観光社会学者E・コーエンである。彼は、マッキャーネルの「真正性」の概念をエリアーデ、ターナーの議論を使ってさらに展開し、理論的な議論を牽引した。コーエンの基本的論点は、マッキャーネル、ターナーにみられる巡礼とツーリズムの同一視に反対してツーリストの体験を現象学的視点から類型化することで、ツーリストと巡礼者の意識のあり方の相違を強調した。彼によれば、巡礼が「中心への動き」であるのに対して、ツーリズムは「他者に向かう動き」であり、二つは正反対の動きなのである。その上で、人々のいだく旅に対する意識と体験を①「レクレーションモード」、②「気晴らしモード」、③「経験モード」、④「実験モード」、⑤「実存モード」、というよく知られた五つのモードに区別した（Cohen 1979）。これらの区別によって、マッキャーネルがマクロに論じたツーリストの求める真正性の内実を類型的に弁別し、「実存モード」が巡礼に接近するにしても、少なくとも直ちにツーリズム＝巡礼であるとはいえないとしたのである。

第二期　両者を一体なものとして捉える試み（一九八〇年代頃～）

コーエンの提案にもかかわらず、その後も、聖地を訪れるツーリストと巡礼者の捉え方について議論がつづくことになる。こうした議論が続く背景には、一九八〇年代までは寂れていたスペインの伝統的巡礼路カミーノの活性化が挙げられる。巡礼者数は一九九〇年代に入って急増する一方で、その動機については宗教に収まらない多様なものであることがわかってきた。つまり、聖地や巡礼に対する人々の意識が変化し、コーエンのように両者が本質的に異なったものとする立場では捉えられない状況が生じてきたわけである。こうした状況を反映して、巡礼に代えて「宗教ツーリズム」ということばが使われるようになってくる。このことばがいつ頃から使われ始めたのかを正確に特定できないが、「移民とツーリストの司牧的ケアに関するバチカンの委員会」のＡ・ルフェーブル神父が、一九八〇年にすでに、「ヨーロッパのカトリックの聖地や教会を訪れる人々すべてに巡礼者というレッテルを貼ることは軽率で、実際に誤りだ」と述べているという（Nolan and Nolan 1989：45）。

九〇年代に入って、これらの動向を理論的に整理するために、ツーリズム研究の代表的なジャーナル *Annals of Tourism Research* は、ツーリズムと巡礼に関する特集を組み、その巻頭言で、Ｖ・スミスは「巡礼・ツーリズム連続体」を提示している。これは、連続する直線上の一方の極を「聖」として敬虔な「巡礼」を、もう一方の極を「俗」として世俗的快楽だけを求める「ツーリズム」を理念型的に位置づけ、その中間部分に「宗教ツーリズム」を配置するというものであった（Smith 1992）。一つの直線上の両極に巡礼とツーリストをおくことで、二つの領域の境界が流動的で両者がまったく次元を異にするものでないことを示し、宗教ツーリズムを「聖」と「俗」のいずれの方向にも向かうものと整理している。スミスの整理が示すように、聖地を訪れる巡礼者の動機を明らかにすることは重要であり、そのための実証的な調査も積み重ねられることになる。たとえば、N・コリンズ－クライナーとN・クリオットは、質問紙票とインタビューを使って、イスラエルのナザレなどガリラヤ湖周辺の聖地を訪れたさまざまな国々の巡礼者の動機、感情、自己イメージ、さらには行動や体験を調査した。それによると、カトリックとプロテスタントでは、動機、自己イメージ、行動が異なっているという。カトリック信徒の八割弱は自らを敬虔な巡礼者と考え、聖地以外の場所にあまり関心を払わなかった。これに対して、プロテスタントのなかで巡礼者だと考えている人々は四割弱で、三割は自らをツーリストとみなしていた。また、彼（女）たちは、ガリラヤ湖やその周辺さらに聖地以外の教会や博物館など、より広くスピリチュアルなものに関心をいだいており、その点で「巡礼者」よりも「宗教的ツーリスト」に分類されるとしている。全体として、コリンズ－クライナーたちは、「古典的な巡礼とツーリズムとの間の相違は小さくなっており、さまざまな点で類似性が現れている。巡礼とツーリストを区別することはますます難しくなっている」としている（Collins-Kreiner and Kliot 2000：65）。

第三期　区別自体が意味を失う（〜二〇〇〇年代頃）

この時期は、「ツーリストか巡礼者か」という二項対立的な区分をめぐる議論が最終的に意味を失い、両者を分ける境界が融解する。コリンズ－クレイナーは、「巡礼研究―連続性と変容」（Collins-Kreiner 2009）と題された論文のなかで二〇〇〇年代初頭までのこの領域の数多くの研究業績の整理を行っている。彼女によると、巡礼に関する近年の研究動向はポストモダニズムに移っているという。つまり、全体として、巡礼に対する新たなアプローチは「客観性よりも主観性の強調や、より個々人の主観的体験に目を向けて」おり、これまでの理論の脱構築と明確な区別（differentiation）の拒否という傾向が認められるという。ここでは、彼女の整理に基づいて、この領域の変化を以下の四つにまとめたい。

（1）区別から脱区別へ

マッキャーネルやターナーがツーリズムを現代の巡礼だとみなした一九七〇年代後半以降、第二期のスミスの整理を経て、研究の方向性は巡礼とツーリズムを区別しない「脱区分」（dedifferentiation）が主流になっている。また、スミスの整理を踏まえて、ほとんどの研究者たちは、信仰的敬虔に代えて教会や寺院の「歴史的・文化的意味」を探求する、「知識に基づくツーリズム（knowledge based tourism）」を宗教ツーリズムと捉えている。

（2）研究対象の拡大

「宗教的聖地」とそれをめざす「敬虔な巡礼者」というこれまでワンセットで扱われていた概念の自明性が失われ、聖地ということばが宗教に限定されない、人々にとってもっとも大切な場所をさすものへと拡張され、巡礼研究の対象が広がっている。たとえば、エルビス・プレスリーの熱狂的なファンによる彼の邸宅や墓地の訪問、第一次世界大戦で戦死した兵士たちの墓地の訪問、さらにアフリカ系アメリカ人が自分のルーツを尋ねてアフリカの国々を旅する「ノスタルジー巡礼」など、さまざまな動機と多様な聖地に向かう人々を対象とした聖地―巡礼論が展開されている。

（3）一般的・包括的な概念から個別的・内的な体験へ

第一期では「コミュニタス」やコーエンによるツーリスト体験の類型など、一般的で包括的な概念に基づいて巡礼とツーリストの類似性や相違点が議論されていた。しかし、今日では一般化をめざすよりも、個々の巡礼者や旅行者の体験の多様性や変化を個別的に記述することが重視されている。これは、聖地や巡礼路を訪れる人々の意識や感情が多様で、この多様性を理解するためには「巡礼」や「ツーリスト」という一義的な概念の適用をあきらめるという方向性が強くなっていることを意味している。

（4）「二者択一的」（either or）から「あれもこれも」（both and）アプローチへ

これまでの変化の帰結として、マッキャーネルやターナーなどのパラダイム的なアプローチに対して別の新しいアプローチを提示するという二者択一的な研究態度から、研究者個々のアプローチと既存のものとを並存させるという傾向が生じている。いわば、研究の視点の多様化のために支配的なパラダイムを意識せずに、研究者がそれぞれの視点から対象にアプローチするという状況が現れている。

3　西欧のスピリチュアル・ツーリズムの展開

スピリチュアル・ツーリズム

ここまでは一九七〇年代から今日にいたるまでの聖地や巡礼に関わる宗教ツーリズム研究の展開を学説史的に概観してきた。そこから浮かび上がってくる今日の宗教状況は、聖地を訪れる人々の動機がますます多様になり、宗教、非宗教という二項対立的な動機から人々を巡礼者かツーリストかに分類することが不可能になっているという現実だろう。しかし、ここで「多様な動機」とは、宗教的動機もあれば気晴らしもあるという単純なものではない。むしろ、聖地を管理する制度宗教が説く巡礼や聖地の意味づけには無関心でありながらも、自分なりの仕方で人生の意味を内省するために聖地を訪れるという、いわば宗教的ではないがスピリチュアルな人々が増えているということである。

A・ノーマンは、聖地や巡礼路を介して自分のアイデンティティの模索や人生の意味の問い返しといった「再帰的自己のプロジェクト」を動機としたツーリズムを「スピリチュアル・ツーリズム」と名づけ、この種のツーリズムの特質を検討している（Norman 2011）。彼は、カミーノと北インドのリシュケシュを訪れる欧米の人々を対象としたフィールドワークを通じて、「巡礼」や「宗教ツーリズム」に部分的に重なりながらも独立したカテゴリーとしての「スピリチュアル・ツーリズム」という新たな概念を提示した。彼の研究は、二〇〇〇年代以降のヨーロッパの聖地・巡礼をめぐるツーリズムの捉え方の展開を知る上で非常に有益だと思われるので、少し詳しく紹介してみたい。

ノーマンによれば、スピリチュアル・ツーリズムは、「世俗化、ポストモダニティ、ツーリズムの歴史が組み合わさった過程」から必然的に生まれたものであり、「スピリチュアル・ツーリズの本質は、ツーリズムという文脈で意識的に行われる自己のプロジェクト」だとしている（Norman 2011：199-200）。この見解についてもう少し説明してみよう。ノーマンの議論には、欧米社会での自己啓発的なスピリチュアリティの広がりが前提にされており、自己の内省や成長に資すると思われる聖地への旅はツーリズムの文脈でもそれほど珍しいものではないという認識が存在している。多くの人々が日常生活をより良く過ごすために、ヨガや瞑想などの実践を通じて内省と内的な成長をめざすことを考えており、ごく日常的な意識の延長線上に聖地を訪れることが一般化しているというのである。したがって、スピリチュアル・ツーリズムとは、魂の救済のために訪れる聖地や巡礼という宗教的文脈とは異なり、再帰的自己のプロジェクトとして、つまり純粋に自分のアイデンティティの模索や内的成長のための実践としてプラクティカルに聖地や巡礼を利用するというものである。

リシュケシュとカミーノ

たとえば、ヨガの聖地と呼ばれるリシュケシュを訪れる欧米人たちの目的は、本場でスピリチュアルな瞑想や内省を学ぶことだが、それは一九六〇年代のヒッピーがこれまでの生活を捨てて新たな人生のためにやって来たのとはまったく異なっている。現代の彼（女）たちの旅の前提は、あくまでもスピリチュアルな実践を短期的に学んで帰国し、それらの技法を使ってこれまでの生活をストレスなくつづけることである。しかも、リシュケシュには、欧米人のこうした欲求を満足させる数多くのヨガの道場や快適なホテルなどが整っており、日常生活との連続性を保ちながら、自己啓発的に自分の成長に努めることができる環境といえるのである（Norman 2011：28-45）。カミーノについても同様だという。今日のカミーノでは決まった目的も方法も存在しない。そこでは長距離を歩くという禁欲が求められるものの、途上にある教会、自然の風景、食事、宿での会話などを楽しみながら各自が自分のやり方で目的の達成をめざす「一人一人のカミーノ」が存在しているという（Norman 2011：51）。ノーマンによれば、カミーノは「聖なるものへの旅」というよりも、「自己の内部への旅」あるいは「内なる自己への旅」なのである（Norman 2011：204）。

新たなスピリチュアル・ツーリズムの創出

スピリチュアル・ツーリズムという呼称は、ノーマンの学問的な類型だけに由来するわけではなく、この種のツーリズムの需要の高さを背景として、すでにヨーロッパではEU主導のもとでツーリズムの一つのジャンルとして研究、開発されている（Timothy and Olsen 2018）。カミーノをモデルにして、巡礼路の道標の設置、クレデンシャル（パスポート）の携帯、巡礼宿（チェックポイント）でのスタンプ、巡礼達成の証明書の発行など、参加者の達成感を刺激する工夫や、本物性を喚起する象徴ないし歴史伝統を活用したスピリチュアル・ツーリズムが新たに創設されている（Serrallonga 2018：214）。たとえば、二〇一七年から始まった北アイルランドの巡礼路、「聖パトリックの道（St. Patrick's Way）」をみてみよう。聖パトリックはアイルランドにキリスト教をもたらした聖人で、アイルランドから蛇を追放したという伝説を始めとして、多くの言い伝えを残したアイルランドの守護聖人である。その聖人の名を冠した巡礼路は、古都アーマー郊外のナーバン・センター・エンド・フォートから出発して聖パトリックが没したとされるダウンパトリックを終着点とする、全行程一三二キロの道のりとなっている。(1)「聖パトリックの道」には、その道を歩く人々に向けて『聖パトリックの道　巡礼路』と題されたパスポートが用意され、巡礼者たちは、パスポートを携えて一〇ヶ所のチェックポイントごとにスタンプを押して目的地をめざす。そして、すべてのポイントでスタンプを押して終着点に到着すると、セントパトリック・センターから達成証明書（Certificate of Achievement）が発行されるのである。(2)

「聖パトリックの道」だけなく、アイルランドの多くの旅行会社が、アイルランドのカミーノとして、広大な景色と聖人たちのゆかりの場所を訪れる巡礼路（Pilgrimage Routes）を売り出している。たとえば、ウィルダネス・アイルランド社のＨＰにはこう書かれている。「アイルランドの巡礼路や道には、アイルランドの多くの聖人たちにちなんだ名前や物語があります。古のアイルランドの巡礼路をたどりながら、緑の野原、遠い頂上、広大なヒースの大地、ドラマチックな海岸線を当てもなく歩いてみましょう。(3)」

ここでは、カミーノのブランド力を踏まえて、聖人の名前で権威づけられた新しい巡礼路を歩くことの魅力が強調されており、今日のヨーロッパのスピリチュアル・ツーリズムの状況の一端をうかがうことができる。

4 日本におけるスピリチュアル・ツーリズム

さて、ここまでは欧米におけるスピリチュアル・ツーリズムについて論じてきたが、日本の場合はどうだろうか。伊勢参りなど、物見遊山的な近世の寺社参詣を考えれば、今日の欧米における巡礼／ツーリズムをめぐる議論との隔たりは否めない。近代に入ってからも四国遍路やその他の霊場巡拝には、大師信仰、観音信仰あるいは先祖供養などと共存しながら物見遊山的な観光的要素が入っており、日本の文脈での巡礼／ツーリズムという論点そのものの妥当性に疑問符がつくように思われるかもしれない。

伝統的巡礼の衰退

しかし、筆者は、今日、日本の聖地巡礼にも大きな変化が生じており、グローバルな消費主義的資本主義の拡大によって、欧米の宗教ツーリズム研究の問題系に連なるスピリチュアル・ツーリズム的なあり方が現れてきていると考えている。その変化には、四国遍路を含めた伝統的遍路実践の衰退が大きく関わっている。二〇一九年の四国遍路の現状に関するある調査報告によると、[4] 回答をよせた札所寺院二八ヶ寺すべてがこの一〇年間で遍路者数が減ったとしており、平均減少率はマイナス三八％となっている。また、一〇年前と比較して、八一％が団体の巡拝バスの大幅な減少を、七二％がマイカーでの遍路の減少を回答している。この傾向は、四国ばかりでなく、四国写し霊場として著名な福岡県の篠栗霊場や知多四国遍路でも同様で、篠栗では一九五〇年代～六〇年代には七〇軒ほどあった遍路者のための宿泊施設が二〇〇〇年代には一四軒に激減しているという（松永 2007：3）。ところが、同時に新しい変化の兆しも出てきている。先ほどの調査報告によると、四国遍路では六〇％近くの札所が歩き遍路の増加を回答しており、さらに九〇％以上の札所が外国人の増加を回答している。もちろん、歩き遍路も外国人遍路者も全体としてはごくわずかだが、結願した歩き遍路者に外国人の占める割合は二〇一七年で二〇〇七年の一〇倍となっているという。こうした変化から、その調査報告は、カミーノの爆発的な人気に示される「歩き巡礼旅の世界的ブーム」の中で「令和の四国遍路は、外国人遍路の存在感が高まり、『四国遍路三・〇』とも呼ぶべき戦後三回目の大変革となる可能性」があるとしている。この見通しの妥当性はおくとしても、伝統的な遍路実践の不振を背景にして、二〇一〇年の四国遍路世界遺産登録推進協議会設立に示されるように、グローバルなマーケットでのスピリチュアル・ツーリズムの流行を睨んで、インバウンドの外国人遍路者を取り込んだ新たな遍路世界の構築をめざそうとする動きが出ているのである。

熊野古道とながさき巡礼

実際、四国遍路のこうした取り組みにはすでに先行する事例がある。二〇〇四年に世界遺産に指定された「紀伊山地の霊場と参詣道」である熊野古道だ。周知のように熊野古道は平安時代からの熊野信仰に基づく伝統的な参詣道であったが、近世以降、とくに明治期の神仏分離政策の影響などによって急速に衰微して廃道になっていた。ところが、文化庁による「歴史的な道」事業や和歌山県の地域振興政策などによって整備が進み、カミーノと同様に「道」を主たる資産とした世界遺産指定を勝ち取ったのである。熊野古道に深く関与する熊野本宮大社は、田辺市と協力しながら古道を活用したスピリチュアル・ツーリズムの展開に取り組んでおり、その一環として「共通巡礼証明書」を発行している(5)。これは、カミーノと熊野古道の二つの巡礼路を歩き終えた人々に与えられるものだが、開始からわずか二年で、アメリカ、カナダ、オーストラリアなど世界中から熊野にやって来た五〇〇名以上の人々が証明書を受けとった。この成功には、二〇〇六年に立ち上げられた田辺市熊野ツーリズムビューローの存在が大きい。「国・エリアではなく、『巡礼』『トレイル』のテーマに合う嗜好をもつ外国人をターゲットに考えた(6)」というマーケティング戦略は、まさに、日本における欧米的なスピリチュアル・ツーリズムの導入と捉えることができるように思われる。熊野古道以外にも、新しいタイプの巡礼の創出の試みは続いている。二〇一八年に世界遺産指定を受けた「長崎と天草地方の潜伏キリシタン関連遺産」では、カトリック信徒でないツーリストをターゲットにした巡礼の創出をめざしている。これは、熊野古道と異なって伝統的な巡礼路が存在しないために、実際には長崎各地に点在する教会を巡る旅となるが、カミーノ人気を利用して「ながさき巡礼」という名称で観光客にアピールしており、五島列島にある教会すべてを訪れた人には、信仰の有無にかかわらずカトリック長崎大司教区から巡礼証明書が発行されている（山中 2021：72-79）。

パワースポットと江原啓之の『神紀行』

ここまでは、伝統的巡礼を活用した地域振興という問題意識から生じている変化の動きをみてきたが、もう一つの新しい動きとしてパワースポットの流行を挙げなければならないだろう。パワースポットとしての神社巡りは、参拝の仕方自体はほぼ伝統的なやり方を踏襲しているものの、初詣や七五三など年中行事のなかに組み込まれた従来の神社参拝とは異なった新しい動きであり、今日の宗教の変容という点からも注目すべき現象といえるだろう。パワースポットという和製英語が『現代用語の基礎知識』で最初に取り上げられたのは一九八六年だとされるが（菅 2010）、それが頻繁に使われるようになったのは二〇〇〇年代に入ってからである。当初はニューエイジ的な文脈で、イギリスのグラストンベリーやアメリカのセドナなど、大地や宇宙からのパワーやボルテックス（渦）を感じる場所という意味で使われた。しかも、巨大断層群である中央構造線の真上に位置する分杭峠が「ゼロ磁場」とされたように、一見すると宗教に無関係にみえる場所がパワースポットと呼ばれたりもした。

しかし、二〇〇〇年代に入ると、旅行会社はもとより神社の側でも自らの境内地をパワースポットと称するようになり、次第に宗教的聖地、とくに神社をパワースポットと同一視することが多くなってきた。そして、「スピリチュアル・サンクチュアリ巡礼」と名づけてパワースポットと神社巡りを巧みに結びつけたのが江原啓之だ。彼は、神社に代えて「サンクチュアリ」という横文字を使うことで神社参拝のハードルを下げるとともに、雑誌などのメディアを通じて、スピリチュアルなものに関心をいだく人々に向けた新たな神社巡礼という商品とマーケットを作りだしたのである。ここでは、パワースポットの特徴的な宗教意識を分析した大道晴香や堀江宗正の研究などを参照しながら、江原のスピリチュアル・サンクチュアリ巡礼記『神紀行』を検討することで、日本におけるスピリチュアル・ツーリズムの在り方や特質を考えてみたい。

江原啓之は、幼少の頃から霊やオーラがみえる「霊的体質」の強い少年だったといい、一八歳になると度重なる心霊現象に悩まされるようになったという。その原因を知るためにさまざまな霊能者を訪れるかたわら独自に滝行などの修行を重ね、自らの指導霊を感得したという（江原 2020：154-185）。その江原が二〇〇三年からほぼ一年間にわたって『Hanako WEST』に連載したのが『神紀行』で、内容的には沖縄から北海道まで全国の社寺を霊能的視点を交えて巡るというものだが、参拝した社寺へのアクセスマップ、ホテル、食事など観光情報も満載されたポップな聖地巡礼ガイドブックという趣になっている。しかも、社殿への参拝とは別に、彼がパワーを感じた場所を「滝に向かう参道の一か所に、すさまじいパワーが集まっている場所がありました」と記すなど、「パワースポット」を巡る旅のガイドブックという性格も備えている（江原 2005：1-36）。

パワースポットのコンテンツの共通の型

さて、まずパワースポット全般の特質についてみておかなければならないだろう。大道によれば、パワースポットを語ることばは、「神様とつながる Wi-Fi」や「神様へのオーダー」などのように、通常の宗教の文脈で使われない「文化的フレームワーク」から語られているという（大道 2020：67）。『神紀行』でも、社寺を「スピリチュアル・サンクチュアリ」、お守り、おみくじ、護摩木を「たましいのサプリメント」と表現しているように、「宗教的次元を前提にしない人々にとって納得しやすい、〝腑に落ちる〟表現」（大道 2020：68）を使っている。大道によれば、これは単にことばの「チョイス」にとどまらない意味を持っている。というのも、パワースポットはマーケットの中で「競争にさらされる」商品であり、「常に受け取り手である消費者の嗜好とニーズの影響下」におかれており（大道 2020：68）、消費者の納得が不可欠といえるからである。つまり、パワースポットは、人間を超えた「パワー」に関わる領域に位置しながらも、同時に明らかに消費主義的な資本主義の文脈にも深く関与しているのである。

大道は、パワースポットに惹かれる人々には「大衆層」と「スピリチュアルなコア層」があることに注意しながらも、パワースポットの「コンテンツ」に「一定の型」があることを明らかにしている。その型とは「来訪すれば何らかの効果が得られる場所という、機能性へのフォーカス」だという（大道 2020：72）。つまり、神社をパワースポットとして語り直すことは、「効果」＝「利益」という功利系の中に神社を位置づけることであり、これによって神霊との関係を神霊からの利益をどうすれば最大化できるのかというテクニックやノウハウといった「技術的な操作」の問題へと落とし込むことができるわけである。実際、『神紀行』でも、「ご神木に触れたり、深呼吸をしたりする」といった「神社のパワーを最大限にいただくためのテクニック」が紹介されている。大道は、こうした「テクニカルな物言い」は、「まさに利潤の追求を『良し』とするパワースポット」特有の表現で（大道 2020：77）、「聖なる領域に介在する極めて資本主義的な価値観」であるとしている。この価値観からすれば、自分に「必要な神様を選ぶ」という「消費者の個別的選択による利益の最大化を推奨する表現」は「ごく自然な」ものとして捉えられるのである。

もちろん、パワースポットが利益の増加の追求に支えられているとしても、筆者はパワースポットを訪れる動機をすべて現世利益への願望だと考えているわけではない。堀江が指摘するように、パワースポットを訪れた人々が受けるご利益は、物質的なものよりも、心の持ち方などの心理的効果（「心理利益」）が多いのかもしれない（堀江 2019：194）。しかし、パワースポットを推奨するさまざまな書籍の主な焦点がそうした心理的な効果をより多く得るためのテクニックを強調しているとすれば、パワースポットを訪れる動機が消費主義的な資本主義のエートスを反映したものであることは否定できないように思われる。

願いごとの成就をどうみるか

一方、パワースポットのメッセージのなかには、利益を最大化する態度に対して否定的なものがあるという。江原も、神社参拝の目的として「現世利益」を求めることには消極的な態度を示す。彼によれば、「本来、神社とは願い事のために訪れる場所」ではなく、「日頃の見守りに心から感謝し、今後の加護をいただけるよう、ご挨拶させていただく」ところで、「現世利益を求める心が、かえって神様との距離を隔ててしまう」と戒めている（江原 2005a：72）。ここでは、利益を最大化するためのテクニックの駆使といった態度は否定され、むしろ願いが容易に成就してしまうのは「低級霊」の仕業だと書くほど警戒的である（江原 2005a：78）。大道も、パワースポット全般に、自己本位の利益を望んでいるかどうかを尺度にして「良いもの」と「悪いもの」を区別しており、パワースポットには「超越的次元」ないし基準は存在しているという。しかし、この「超越的次元」はあくまでも「自分が必要な神様を選ぶ」という表現のように、「自律性のコントロール下で統御」されており、イニシアティブは人間の主体性の側に担保されているという（大道 2020：85）。

実際、江原も願いごと自体を否定しているわけではなく、他のパワースポット関連の書籍と同様に「効果的な願いの方法を知るべきだ」として願いの成就をテクニカルな次元に位置づけている。つまり、大道が指摘したように、超越的次元は強調されるものの、それはあくまでも人間の自律性＝主体性の「コントロール下」にあり、人間の側の「操作」性に回収されるようになっている。江原は「願い事を叶えるのは、神様のお力ではなく、あくまでも自分の努力」（江原 2005a：73）だとの「大原則」を守った上で、願いごとをすべきだとしている。面白いのは、その際にS・スマイルズの『自助論』にある有名な「神は自らを助くるものを助く」ということばを引用していることである。これは産業革命期のヴィクトリア時代の自立・自尊を強調したことばであり、いわば近代的な資本主義を支える個人主義的で主体的な自己像を表現した象徴的なことばである。江原の立場は願いの成就は神にすがって叶えられるのではなく、まさに「自分の行為の結果」に他ならないとする「人間の主体性」を強調したものであり、人間がいかにして神霊の力をプラクティカルに自分の利益のために使っていくのかに彼の問題意識はあるとみることができるのである。

5　スピリチュアル・サンクチュアリ巡礼をどう評価するのか

霊能的な神道的宗教の復興は？

さて、ここまではパワースポットと江原啓之のいうスピリチュアル・サンクチュアリ巡礼の特徴について検討してきた。ノーマンのいうスピリチュアル・ツーリズムが超越的な存在を介さない「再帰的自己のプロジェクト」だとすれば、超越的な「神霊」の実在を前提にした江原的なスピリチュアル・サンクチュアリ巡礼は、ことばこそ類似しているものの、それとはまったく異質な、神道的宗教ないし「霊能的」宗教の復興現象として捉えるべきなのだろうか。本章を閉じるにあたって最後に、欧米のスピリチュアル・ツーリズムを比較の参照枠として、江原のいう巡礼の評価を試みたい。『神紀行』には、伝統的な神社参拝を推奨することばが数多くみられる。たとえば、「スピリチュアル・サンクチュアリ巡礼　旅をパワーアップさせる一〇の法則」の第一の法則が「まず産土の神様と氏神様にお参りすること」とされており、神社神道の基本を外していない。また、神社参拝の正式な作法が写真入りで事細かに説明されてもいる（江原 2005a：80–87）。このように、神職の資格を持ち、実際に神職を勤めた経験もある江原の推奨する巡礼は、現代的な装いをまとった伝統的な神社参拝の勧めにすぎないと受けとられても不思議でない面がある。

しかし、筆者は、彼のいう巡礼が神道的な霊能信仰によって大きく規定されているにしても、欧米のスピリチュアル・ツーリズムとの間にみかけほど距離はないのではないかと考えている。彼の「内観」の強調などは、その類似性の比較的わかりやすい例であろう。江原は、「自分が何を考え、何を望み、何に悩んでいるのか、自分の心をのぞき込み、普段は意識していない内面を整理する」ことを「内観」と呼び、聖地を訪れる御利益として「自分を見つめ直す時間」を挙げている（江原 2005a：76）。つまり、彼のいう巡礼は、現世利益と観光にまみれた「快楽的な旅」の勧めというよりも、欧米のスピリチュアル・ツーリズムにみられる「自己」への内省と探求という問題意識を内包している。しかも、たとえば「自分に合った仕事を見つけたい」という問いに、「自分の状況を正確に把握」するために「参拝を内観の時間だと考えてください」というアドバイスは、内観があくまでも旅が終わった後に待っている仕事や日常生活のためのものであることを示している（江原 2005b：89）。

共通した発想や態度とは

「内観」以外にも、『神紀行』には欧米のスピリチュアル・ツーリズムを生み出した発想や態度に共通したものを数多く認めることができる。これは、消費主義的な資本主義のグローバル化によって形づくられた消費文化や生活スタイルの類似性によるところが大きいように思われるが、どの点が共通した発想や態度なのかは、すでに言及した点とかなり重なるところがあるので、ここではごく簡単に述べることにする。第一に、スピリチュアルなものに対する「操作的な」態度である。つまり、スピリチュアルなものを自己の内的な探求や改善の手段として使うことを良しとするという「ノウハウ」的な発想の優位性である。第二に、こうした発想が可能なのは、外在的な超越性が要求する「他律性」よりも、スピリチュアルなものを自分の意志で操作しようとする自律性と、多様な選択の自由を認めようとする態度である。「必要な神様を選ぶ」というパワースポットの考え方や、江原の「本当の聖地は、あなた自身が選び出すもの」(江原 2005a：71)という発想も、自己の欲求を中心にして自分の目的に適った手段の選択を勧める立場を端的に示している。これは、マーケットから好みの商品を自由に選択する消費者的な態度に適合的であり、自己の探求や改善といった「自己のテクノロジー」を求める人々の需要に応えることができる発想といえる。

第三に、自分の聖地を選ぶという発想は、同時に、個々人の感覚、つまり自分の主観性にのみ判断の基準があるということを意味している。つまり、外側にある宗教的権威ではなく、自分の感性で受けとめたものにのみリアリティを与えているということだ。しかし、それはオリジナルな自分だけのものというわけではない。堀江は、「パワースポット体験の現象学」として、パワースポットを訪れた人々の「主観的現実」をいくつかに類型化しているが、それによると、彼(女)たちの多くは、オカルト的な超常現象を体験しているわけではなく、水、光、風、空気、音などの自然現象が身体や心に与える感覚を日常生活にはないパワーや癒しとして表象し、それにスピリチュアルな意味を与えていることがわかる(堀江 2019：193-218)。そして、「マイナスイオン」「光のエネルギー」「癒し」など、ネットですでに定型的に存在することばが自らの体験を記述する際に反復されており、堀江はそこに「体験を記述する言語が体験を構成するという循環が存在する」ことを指摘している（堀江 2019：216）。これは彼（女）たちの体験の主観的なたしからしさが、消費主義的な資本主義のマーケットに絡め取られているともいえるのである。

江原やパワースポットに認められる以上のような三つの発想や態度は、伝統的な宗教的言説や宗教的権威の文脈とは異なって、再帰的自己のプロジェクトという文脈のために既存の宗教的観念や実践をプラクティカルに活用するという欧米のスピリチュアル・ツーリズムとそれほど遠くないところに位置している。もちろん、欧米と日本では宗教の布置やその伝統の内実に大きな違いがあることは改めて指摘するまでもない。なによりも、江原が「八坂神社の境内に入った瞬間から、ぼくには龍神のお姿がはっきりと見えていました」（江原 2006：3-21）と書くように、『神紀行』には霊能者としての江原の霊視の記述が散見される。しかしすでに述べたように、過疎地の寺院や神社が消滅の危機にあるという日本の宗教状況を念頭におけば、江原のいうスピリチュアルな巡礼の人気はシャマニスティックな霊能的信仰を含めた伝統宗教の復興を意味していると捉えるのはむずかしい。むしろ、彼の人気は、伝統宗教にはほとんど関心がないものの、仕事の成功やストレスからの解放などのために、ネットや書籍に載っている瞑想、ヨガ、開運などのお手軽なノウハウを知りたいと願っている人々を惹きつけているとみるべきだろう。彼（女）らは、宗教を積極的に選択しているわけではなく、サンクチュアリと名を変えた神社を訪れて、食事と自然を満喫しながらツーリズムの一環としてスピリチュアルなものを選択し消費している。本章の冒頭で述べたように、この状況を宗教か世俗かという聖俗二元論的発想で読み解くのは難しく、むしろ、どの領域にも自由に軽快に出入りする「軽く」なった宗教という宗教の質的な変化を読み取るべきだろう。さらに民俗信仰史的な視点からは、江原のいうスピリチュアリティの大衆的な受容は、霊視や除霊などの「処罰的なタタリ信仰」の変容としても捉えることができ、消費主義的資本主義が基層信仰の深部にまで到達したとみることもできるのである。

いずれにしても、後期近代の産業社会において、自らのアイデンティティを支えていた宗教や伝統といった外部的な参照枠が失われ、それに代わってアイデンティティの支えを自らの内部に求めようとする動きを再帰的自己のプロジェクトだとすれば、この再帰的な再編作業は、欧米や日本といった地域に関わりなく、自己に対する不安や焦燥を感じる心理的メカニズムを生み出すとともに、心理的安定を求めるセラピー的需要を生み出すのである（山中 2020：14）。この意味で、江原の霊能は再帰的自己のプロジェクトの一環としてカウンセリング的に活用されているとみることができるだろう。江原のいうスピリチュアル・サンクチュアリ巡礼が欧米のスピリチュアル・ツーリズムとそれほど遠くないところに位置しているのは、両者の宗教的表現が異なるにせよ、後期近代の産業社会の自己のあり方の共通性に由来していると考えられるのである。

《読書案内》

天田顕徳『現代修験道の宗教社会学——山岳信仰の聖地「吉野・熊野」の観光化と文化資源化』岩田書院、二〇一九年。

山岳信仰の聖地である和歌山県の吉野・熊野をフィールドにして、現在の修験道の変容を観光化との関わりで論じた一冊である。とくに、これまで修験道を支えてきた講の現状を明らかにするとともに、丹念なフィールドワークを通じて地域の伝統的な信仰である修験道を経済振興の貴重な文化資源として活用しようとする動きを明らかにしている。

堀江宗正『ポップ・スピリチュアリティ——メディア化された宗教性』岩波書店、二〇一九年。

スピリチュアリティの日本での受容を始め、パワースポット、江原啓之のテレビ番組と著作の検討、さらにサブカルチャーにみられる「転生」や「魔術」などを包括的に扱った著作である。自らのフィールドワークを含めてさまざまなデータを使って江原のいうスピリチュアリティの評価も行っており、日本のスピリチュアリティ研究には欠かせない著作である。

星野英紀・山中弘・岡本亮輔編『聖地巡礼ツーリズム』弘文堂、二〇一二年。

現代の聖地をどのように理解するべきなのかを論じた序論から始まって、「巡礼」、「伝統」、「世界遺産」、「消費」、「メディア」「悲劇」、「国家」、「戦争」という八つの視点から全部で八六の聖地を取り上げている。聖地のそれぞれの歴史や現状についてコンパクトにまとめた現代の聖地事典的な著作で、今日の聖地の広がりを知る上で参考になるだろう。

岡本亮輔『聖地巡礼——世界遺産からアニメの舞台まで』中公新書、二〇一五年。

スペインのカミーノ巡礼からアニメ巡礼まで、今日の聖地巡礼ブームの現状を宗教社会学的視点から網羅的に読み解いたもので、このブームの全体像を知る上で便利な入門書といえる。また、パワースポットのあり方をいくつかの類型に分けて提示しており、この現象に対する社会学的理解を知る上で有益である。

門田岳久『巡礼ツーリズムの民族誌——消費される宗教経験』森話社、二〇一三年。

本書は、四国遍路ツアーのフィールドワークなどに基づいて、著者が「巡礼ツーリズム」と呼ぶツーリズムの参加者たちの宗教経験のエスノグラフィーである。現代の消費社会のなかで日本の伝統的巡礼がどのように変化しているのかを参加者の宗教経験のあり方を中心に論じた著作で、人類学、民俗学の視点からの現代の伝統的巡礼を知る上で有益であろう。

注

（1）（https://visitarmagh.com/trails/saint-patricks-way-the-pilgrim-walk/）二〇二一年七月二五日最終閲覧日

（2）*Saint Patrick's way: The Pilgrim Walk*（https: //visitarmagh. com/wp-content/uploads/2019/09/NMD_Pilgrims_Passport_web.pdf）二〇二一年七月二五日最終閲覧日

（3）（https://www.wildernessireland.com/blog/irish-caminos-irelands-pilgrimage-routes/）二〇二一年七月二五日最終閲覧日

（4）四国経済連合会／四国アライアンス地域経済分科会、2019、「新時代における遍路受入態勢のあり方」（https://www.yonkeiren.jp/pdf/henrochosa_gaiyou20190618.pdf）最終閲覧日二〇二一年七月二五日

（5）（https://www.tb-kumano.jp/kumano-kodo/dual-pilgrim/）最終閲覧日二〇二一年七月二五日

（6）日本政府観光局「外国人目線で展開するインバウンドプロモーション」田辺市熊野ツーリズムビューローの取り組み一般社団法人田辺市熊野ツーリズムビューロー」(https://action.jnto.go.jp/casestudy/1611) 二〇二一年七月二五日最終閲覧日

文献

Cohen, Erik, 1979, "Phenomenology of Tourist Experiences," *Sociology*, 13 : 179–201.

Collins-Kreiner N. and Kliot, N., 2000, "Pilgrimage Tourism in the Holy Land : The behavioural characteristics of Christian pilgrims," *Geojournal* 50 : 55–67.

Collins-Kleiner, N., 2009, "Researching Pilgrimage Continuity and Transformations," *Annals of Tourism Research*, 37 (2) : 440–456.

Curtis, Simon, 2018, "Reaching out-Engagement through Events and Festivals - The Cathedrals of England," Richard Butler and Suntikul Wantanee eds., *Tourism and Religion : Issues and Implications*, Channel View Publications, 236–249.

江原啓之、二〇〇五a、『江原啓之　神紀行1　伊勢　熊野　奈良』マガジンハウス。

江原啓之、二〇〇五b、『江原啓之　神紀行2　四国　出雲　広島』マガジンハウス。

江原啓之、二〇〇六、『江原啓之　神紀行3　京都』マガジンハウス。

江原啓之、二〇二〇、『スピリチュアルな人生に目覚めるために　心に「人生の地図」を持つ』講談社文庫。

堀江宗正、二〇一九、『ポップ・スピリチュアリティ――メディア化された宗教性』岩波書店。

MacCannell, Dean, 1976, *The Tourists : A New Theory of the Leisure Class*, Schoken Books.

松永慶子、二〇一七、「篠栗霊場における歩き方の変容」九州大学大学院人間環境学府人間共生システム専攻修士論文梗概 (https://www.hues.kyushu-u.ac.jp/education/student/pdf/2017/2HE15026P.pdf) 最終閲覧日二〇二一年七月二五日

Mercadante, Linda A., 2014, *Belief without borders : Inside the Minds of the Spiritual but not Religious*, Oxford University Press.

Nolan, Mary Lee and Nolan, Sidney, 1989, *Christian Pilgrimage in Modern Western Europe*, the University of North Carolina

Press.
Norman, Alex, 2011, *Spiritual Tourism: Travel and Religious Practice in Western Society*, Continuum.
大道晴香、二〇二〇、「パワースポットのメンタリティ――禁欲と欲望のはざまで」山中弘編『現代宗教とスピリチュアル・マーケット』弘文堂、六七‐八六頁。
Ostwalt, Conrad, 2003, *Secular Steeples: Popular Culture and the Religious Imagination*, Trinity Press International.
Parsons William B. ed., 2018, *Being Spiritual but not Religious: Past, Present, Future(s)*, Routledge.
Raj, Razaq and Griffin, Kevin, eds., 2015, *Religious Tourism and Pilgrimage Management: An International Perspective*, 2nd Edition, CAB International.
櫻井義秀・川又俊則編、二〇一六、『人口減少社会と寺院――ソーシャルキャピタルの視座から』法藏館。
Serrallonga, Silvia, Aulet, 2018 "Spiritual Tourism in Europe: The Spirit-Youth Project" Richard Butler and Wantanee Suntikul eds., *Tourism and Religion: Issues and Implications*, Channel view publications, 200-219.
島薗進、二〇一二、『現代宗教とスピリチュアリティ』弘文堂。
Smith, Valene, L., 1992, 'The Quest in Guest,' *Annals of Tourism Research*, 19: 1-17.
菅直子、二〇一〇、「パワースポットとしての神社」石井研士編『神道はどこへいくか』ぺりかん社、二三二‐二五二頁。
Timothy, Dallen J. and Daniel H. Olsen, 2018, "Religious Routes, Pilgrim Trails: Spiritual Pathway as Tourism Resources" Richard Butler and Wantanee Suntikul eds., *Tourism and Religion: Issues and Implications*, Channel view publications, 220-235.
Turner, Victor and Turner, Edith, 1978, *Image and Pilgrimage in Christian Culture*, Columbia University Press.
Woodhead, Linda, 2010, "Real Religion and Fuzzy Spirituality? Taking Sides in the Sociology of Religion," Stef Aupers and Dick Houtman eds, *Religions of Modernity: Relocating the Sacred to the Self and the Digital*, Brill, 31-48.
山中弘、二〇二〇、『現代宗教とスピリチュアル・マーケット』弘文堂。
山中弘、二〇一二、「観光的巡礼としてのスピリチュアル・ツーリズム――「ながさき巡礼」を事例として」山田義裕・岡本亮輔編『いま私たちをつなぐもの　拡張現実時代の観光とメディア』弘文堂、六一―八一頁。

第8章

キリスト教は社会運動をなぜ支援するのか
——リベラリズム

伍嘉誠

《ポイント》

本章は、現代社会における宗教と社会運動とのかかわりについて、香港のキリスト教を事例として説明することを目的とする。第1節は、世界での宗教と社会運動が関わる事例をいくつか紹介しながら、両者の関係を考察するヒントを提示する。第2節は、キリスト教に着目し、教会の社会運動史、そして教会はどのように社会運動を見るのか、すなわち社会運動をめぐる神学的議論を整理する。第3節は、香港におけるキリスト教の社会参加を紹介するとともに、それをめぐる香港のキリスト教界の議論も取り上げる。第4節は、二〇一四年に香港で起こった民主化デモ「雨傘運動」を事例として取り上げ、キリスト教の役割ついて考察する。

《キーワード》

キリスト教、社会運動、香港、雨傘運動

1　社会運動と宗教

宗教と社会運動との関係を考える際に、以下のことばを頭に浮かべた。

今こそ、民主主義の約束を現実にする時である。今こそ、暗くて荒廃した人種差別の谷から立ち上がり、日の当たる人種的正義の道へと歩む時である。今こそ、われわれの国を、人種的不正の流砂から、兄弟愛の揺るぎない岩盤の上へと引き上げる時である。今こそ、すべての神の子たちにとって、正義を現実とする時である。（キング 1963）

これは、キング牧師による一九六三年の歴史的な演説「私には夢がある」の一節である。キング牧師が人種差別撤廃を求めた理由の一つとしてすべての人間が「神の子たち」であることを挙げたように、一九五〇年代後半からアメリカで隆盛した公民権運動は、キリスト教神学上の意義を強く含んでいた。キング牧師の活動のようによく知られている事例以外にも、宗教の姿はこれまでのありとあらゆる社会運動において散見される。たとえば、平和運動・反戦運動、あるいは妊娠中絶・同性婚・幹細胞研究に対する反対運動など、運動の目標が教団や教派の教義と直的に関わるものもあれば、教団や教派とは関係なく個々の信者が宗教の影響を受けて民主化運動、権利主張運動、環境保護運動といった幅広い社会運動に参与するという場合もある。いずれにしても、こうしたさまざまな運動に宗教はなんらかの形で関与しており、運動の生成・維持に必要な資源を動員したり、意味を提供する役割を果たしている。

社会運動とはなにか

社会運動は、学派や研究者によってその定義や研究上の着眼点が異なる。本章では、「社会構造上の矛盾やその他の原因によって引き起こされる生活要件の不充足を解決するためになされる、社会的状況を変革しようとする集合的活動」（森岡ほか 1993）という一般的に使用される意味で社会運動ということばを用いる。

周知のように、社会運動にはさまざまな「目的」がある。政策の導入、改正、撤回を政府に要求する目的もあれば、政権を倒す（革命）という目的を持つ社会運動もある。また、国・地域内での社会問題を解決するための運動（労働運動や医療改革運動）や、既存の制度・文化・習俗を変えるための運動（ＬＧＢＴの権利を求める運動やフェミニズム）も多くある。つまり、政権・社会問題・既存の制度に対して変革を求めて人々は社会運動を起こし、それに参加するのである。他方で、資源動員論を提案したマッカーシーとゾルド（McCarthy and Zald 1977）が論じたように、社会運動が成功をめざすには、運動を組織、維持するための「資源動員」が必要となる。したがって、運動の理念について、さまざまな組織や、エリート層から一般人までの多くの人々にどのように共鳴してもらい、関心や支持を獲得し、資源を得られるのかが運動の成否にかかわってくる。

宗教と社会運動との関係を考える上では、以上に提示した「目的」と「資源動員」の二つの側面から見ると理解しやすい。すなわち、①運動の起因としての宗教と②運動への資源動員としての宗教、の二つの視点である。これはあくまでも大まかな分け方であり、精緻な理論的枠組みではないものの、これを用いることで一見複雑な関係を持つ宗教と社会運動をよりわかりやすく整理できる。

運動の起因としての宗教——宗教理念に起因する社会運動

社会運動は宗教理念の具現化を契機として起こる場合が多い。すなわち、教団・教派が自らの理想・主張を実現させるという目的から社会運動を起こすのである。上にも挙げた、アメリカにおけるカトリック教会や福音派をはじめとするキリスト教保守派による妊娠中絶・同性婚・幹細胞研究に対する反対運動は、よく知られている事例であろう。たとえば、一九七七年に設立された「アメリカン・ファミリー・アソシエーション（American Family Association）」というキリスト教原理主義に基づいた組織は、妊娠中絶、LGBT、ポルノなどに対してさまざまな反対運動を行っている。こうした教団は、『ルカによる福音書』（一章一五節）に記された「彼は主のみまえに大いなる者となり、ぶどう酒や強い酒をいっさい飲まず、母の胎内にいる時からすでに聖霊に満たされており」（日本聖書協会 1954）に基づき、受精卵も人間であるとの考えから、十戒の一つである「殺してはならない」を根拠に妊娠中絶に強く反対している。他にも、多くの宗教団体が平和と非暴力の理念に基づき、平和・反戦運動に積極的に関与している。たとえば、東南アジア・南アジアにおいて僧侶が、「内なる平和と世界平和（inner peace and world peace）」（Kraft 1992）という仏教の教えに基づき、戦争や独裁政権に抗議するだけではなく、人権問題や環境保護問題、地域開発問題などに積極的に貢献している。この種の社会参加型仏教は、エンゲージド・ブッディズム（Engaged Buddhism）とも呼ばれている。以上の社会運動の目的は、宗教団体の理念と直接に関わるものであり、教派・教団の思い描く理想世界を社会運動という方法を通して実現させようとしているのが特徴である。

運動の資源動員としての宗教

社会運動には宗教理念の実現以外にもさまざまな世俗的な目的を追求するものがある。民主化運動、フェミニズム運動、労働運動、環境運動、反人種差別運動などの運動は、宗教の教えと直接的にはかかわりなく、市民団体・政治団体によって組織されることが多い。しかし、こうした社会運動にも、宗教の姿が散見される。たとえば、アジアにおける民主化運動において、宗教は重要な力の一つとして働いてきた。一九六〇年代に韓国の民主化運動・民衆抵抗を担ってきたプロテスタントとカトリック教会、七〇年代に台湾の民主化運動に積極的に関与した長老派教会、そして二〇二一年にミャンマーで発生した反軍事政府運動における僧侶たちの姿などの事例がある。これらの社会運動・政治運動には、宗教が唱える理念と調和する部分があったため、一部の宗教団体・信者が関わるようになったと考えられる。

人々は宗教を通して、社会運動に参加するためのネットワーク、意味、知識などを幅広く獲得できることを多くの研究が示唆している。たとえば、ヴァーバらはアメリカ人の政治参加について分析し、人々が「非政治的な場」で獲得した経験が、彼らの社会的政治的活動に参加する能力と欲求を向上させる効果を持つこと、そして教会が家、職場、学校、ボランティア団体などとともに、人々の政治参加志向・スキルを養う「非政治的な場」として重要な機能を発揮していることを指摘している（Verba et al. 1995）。また、香港のキリスト教信者を対象とした研究においてネドスキは、信者が教会に通うことによってキリスト教系の社会運動組織に接触し、それに参加する機会を与えられる可能性があるとし、教会が「市民社会へつなぐ道」を信者に提供しうると指摘している（Nedilsky 2014）。こうした宗教は、社会運動に必要な資源動員を提供する一つの源泉であると考えられる。

くわえて、歴史上の数多くの運動において、カリスマ的宗教家が「平和」「非暴力」の理念を呼びかけることで国内外のエリートから庶民まで広く支持を得てきた。たとえば、インド独立運動におけるガンディーの非暴力不服従の思想、アメリカの公民権運動におけるキング牧師の非暴力抵抗運動、南アフリカの反アパルトヘイト運動におけるデズモンド・ツツ大主教による非暴力での紛争解決の呼びかけ、チベット独立運動におけるダライ・ラマによる非暴力の抵抗、南アジアのイギリス植民地におけるイスラーム教徒のアブドゥル・ガファル・カーンによる、一〇万人の「神の奉仕団」を率いた統治への非暴力抵抗などの事例がある（Gregg 2016）。これらの運動は、運動指導者が各宗教の提唱する平和や非暴力という要素を運動に積極的に取り組むことによって、より多くの人から賛同を得られたと考えられる。

このように、宗教と社会運動とのかかわりを検討する際には、「宗教が社会運動を通して自らの理念を実現させる」と「社会運動が宗教を通して必要な資源動員を獲得する」という二つの視点から考えることができる。この二つの視点は必ずしも排他的なものではない。例をあげると、キリスト教保守派は「ＬＧＢＴは神の教えに反する」として反対運動を起こすとともに、教団内のメンバーを運動に参加させるためにネットワークや運動のノウハウを提供し、さらに運動に神学的意義を与えている。この場合、宗教は目的（ＬＧＢＴへの反対）であると同時に、資源動員（ネットワークや意味の提供など）でもあると考えられる。

2　キリスト教と社会運動

本節では、キリスト教と社会運動とのかかわりに着目するために、まず歴史上の教会と社会運動との関係について概説する。キリスト教は西暦三一三年にローマ皇帝コンスタンティヌス一世によって公式に認められる以前はマイノリティだったので、当時主流であった古代ギリシャ・ローマ文化に対抗する、広い意味での社会運動であったと言えるかもしれない。神聖ローマ帝国時代に教会は絶大な権力を持つようになったため、体制に挑戦し社会変革を求めるという性格は薄くなり、自らの権力や地位の維持に有利な制度を擁護するようになった。一六世紀に、ルターが発起した宗教改革により教会の権威が大きく揺れ動かされたことは、教会が社会との関係について考え直す契機にもなった。また、一九世紀に入ると、教会は積極的に海外へと進出し、一部の教団は植民地においてさまざまな医療・教育・慈善活動を展開し、宣教とともに人々の生活を改善するための社会活動を実践するようになった。現代では世俗化によって教会の影響力が衰退しつつあるとされているものの、後述する一九六〇年代の第二バチカン公会議などの影響によりキリスト教の社会への関心・関与はさらに高まり、社会活動・運動の形で影響を与え続けている。たとえば、アメリカにおいてロジャー・フィンケなどの宗教研究の重鎮を中心に運営されている宗教データアーカイブ（The Association of Religion Data Archives：ARDA）によると、一七世紀以降のキリスト教と関わりのある社会運動の事例はアメリカだけでも五五件がある。そのなかから近現代におけるキリスト教に関わる社会運動の代表例を二つ紹介する。

奴隷制度廃止運動

アメリカにおける奴隷制度廃止運動（一六八〇〜一八六五年）で先陣を切って活動したのはプロテスタントの一派のクエーカー教である。一六八八年に一部のクエーカー教徒によってはじめての奴隷制反対デモがフィラデルフィアで行われた。さらに、一七五〇年代以降、クエーカー教は奴隷を持つ信者を破門するなど、奴隷制に徹底的に反対していた。その影響で多くの福音派信者も、第一次大覚醒（一七三〇年代〜一七五〇年代）および第二次大覚醒（一七九〇年代〜一八四〇年代）と呼ばれる信仰のリバイバル期間になると奴隷制に反対する立場へと移行した。一九世紀に入ってからも奴隷制度廃止運動はつづき、奴隷制の伝統が強い南部において支持者と反対者の対立が激しくなったことで、長老派、バプテスト、メソジストでは信徒の分裂まで生じた。一八五二年に、クリスチャンの愛によって奴隷制という悪を克服できる唱えたハリエット・ビーチャー・ストウによる小説『アンクル・トムの小屋』（Uncle Tom's Cabin）が出版され流行し、アメリカ北部在住の多くの人が奴隷制反対の立場をいっそう堅固にした。高まる南北対立はアメリカを内戦へと導き、南北戦争をきっかけに奴隷制は廃止にいたった。

プロライフ運動

アメリカにおけるプロライフ運動（妊娠中絶反対運動）のきっかけは、一九六〇年代の半ばに、州レベルで妊娠中絶が合法化されたことに遡る。一九七三年になると最高裁判所が中絶の合法化を決定したことにより、従来カトリック教会を中心としていた反対運動が全国に広がり、福音派や原理主義派も運動に多く参加するようになった。初期のプロライフ運動は投票などの伝統的な政治参加手段を通して自らの主張を実現させようとしていたが、あまり効果が出なかったため、ピケッティング、デモ、集会など草の根レベルでの直接行動を行うようになった。また、一九八五年には、中絶手術を行うクリニックに閉鎖を迫る、いわゆる「レスキュー・ムーブメント」が展開され、大量のデモ参加者がクリニックの入り口付近へと集まり、スタッフや利用者の出入りの妨害をした。「レスキュー」ということばが使われた理由は、胎児はすでに人間であり、中絶の手術を妨害し胎児を救うこと自体が救命であるという、中絶反対者の「生命尊重」の主張とかかわっている。一九八八年に発生し五ヶ月月もつづいた中絶反対デモでは、一三〇〇人の参加者が逮捕され、その中には白人ミドルクラスのキリスト教徒も数多くいた。キリスト教右派と強くかかわりのあるプロライフ運動は、今日にいたってなおつづいており、アメリカ大統領選挙においては必ず問題となるといってよいほどの主要な争点である。

以上の事例はキリスト教に関わる数多くの社会運動のごく一部であるが、いずれにおいてもキリスト教が重要な役割を担っていたことがうかがえる。では、そもそもなぜキリスト教は社会運動にかかわろうとしているのか。この質問に単純に答えるならば、キリスト教の理念を実現させることが重要な動機としてあるためとなる。奴隷制度廃止運動にせよ、プロライフ運動にせよ、いずれも「差別なき社会」あるいは「すべての命が尊重される社会」といったキリスト教的な社会倫理や理想社会像を現世において実現させようとする目的が共有されている。他方で、キリスト教を含む多くの宗教においては、社会運動に関わるよりも、より多くの人々が救われるために神の教えや真理をいっそう広げる宣教活動に力を入れることの方が重要なのではないか、という意見をしばしば耳にする。つまり、キリスト教の天国であれ、仏教の悟りや西方浄土であれ、ヒンドゥー教の解脱であれ、人間の救済という目標を達成する上で、宗教者や信者にとっては、霊性・精神世界を養い、福音・仏法を伝えることほど重要な実践はないはずである。なのになぜ宗教は宣教だけではなく、社会運動にも関わるのだろうか。これは、各宗教の社会運動の理解とその変化に強く関連する。以下、キリスト教における社会運動をめぐる重要な議論を概説する。

第二バチカン公会議

一九六〇年代、カトリック教会は世界的な問題となっている災害や貧困を深刻視し、こうした問題を積極的に取り組む姿勢を示した。そこで、一九六二年から一九六五年にかけて開催されたカトリック教会の公会議である「第二バチカン公会議」において、地域の発展や国際社会の正義を促進するためのカトリック組織を世界中で設立することが提案された。提案を受けた教皇パウロ六世は、一九六七年に「教皇庁に『正義と平和委員会』を設立し、全世界の司教協議会にも同じ趣旨の委員会を設けるよう」に指示した（カトリック中央協議会）。その後、各地のカトリック教区に「正義と平和委員会」が次々と設立され、社会の抱える問題を解決するために地域に密着した活動を展開するようになった。

社会正義の実現におけるキリスト教の役割と重要性については、アジア地域のカトリック教区においても積極的に促進するためにさまざまな議論が展開されている。たとえば、韓国のステファノ・金枢機卿は「福音宣教と人権擁護」という文書において、アジアが直面する深刻な政治・社会・民族危機を踏まえて、教会がこうした問題へ積極的に関与するよう呼びかけている。

> （前略）アジアの民族はほとんどすべて政治・経済・社会・正義・文化的変動を体験し激烈で抑圧的な危機の渦中にあります。こうした奴隷状態を生み出す根本的諸原因から同胞を解放するために全力を尽くすことをしりごみするならば、路傍に倒れ傷ついた無力な人を見棄てて、自分の「聖なる」つとめに逃避したあのレビ人の烙印を押されることになるのです。（中略）「人間のために」受肉され、安息日に病人を癒された主は、ご自分の教会がただ単に自分自身のために存在することを望まれず、人間とその世界のためにあることを望まれるはずです。（宣教司牧司教委員会 1976：89）

また、一九七四年七月に台湾で開催されたアジア司教協議会連盟第一回総会の宣言文では、「アジアの多くの国民は、抑圧、すなわち不正を内蔵した社会的・経済的・政治的構造のもとで暮らしている」とされ、教会がこうした抑圧された人々を助けるためには彼らとの「対話」が重要であると説明している。

（前略）その人々の貧しさ、権利の剥奪、抑圧を理解し、真に体験することであり、かれらのために働くというだけの温情主義的なものではなく、かれらと共に働くこと、かれらから真に必要としていること、かれらの切望を学ぶことを要求する。

（中略）この対話は社会に正義をもたらす真の実行と努力へと導くものであり、信仰における実際的で組織化された考えや活動をも含む。これは不正な社会構造の変革を求める過程であり、その過程を通して剥奪され、圧迫されている人々は、自己の生活を決める権利と責任を取得し、自己を解放することができ、またこの不正な社会構造を維持していた人々（意識的に、あるいは無意識に）が目覚め、兄弟たちのためのキリストの愛にもとづく自由と正義へと回心されるよう期待するものである。（宣教司牧司教委員会 1976：102-103）

つまり、教会は抑圧された人々の状況を真摯に理解し、彼らとともに問題の解決へ向けて行動することが求められる。それこそが、「不正な社会構造の変革を求める過程」における教会の役割である。

解放の神学

第二バチカン公会議以降、「解放の神学」と呼ばれる神学的運動がグスタボ・グティエレスらによって中南米で隆興した。解放の神学とは「抑圧された民衆を解放するためには社会構造の変革が必要であり、教会は祈るだけでなく、現実を通じてしいたげられた人々を救済すべきであるという考え方」である（倉田・波木居 1985）。グティエレスの『解放の神学』(1985)によれば、「解放」ということばには三つの次元がある。まず、①圧迫されている民衆を助けるためにはその原因である貧困や不正な制度をなくす、そして②人間の自由や発展を制限するすべてのものをなくす、最後に③人間は自分本位と罪から解放され、神との関係および他人との関係を再建する必要がある。

解放の神学は社会運動に神学的な意義を与えているが、その問題点として福音の軽視、過度な実践の重視、信仰の政治化、マルクス主義とキリスト教との混淆、暴力の助長などがしばしば上げられる(Ferm 1987 : 100-117)。こうした問題点を含む一方で、解放の神学は、政治的・経済的に抑圧された人々を解放するための社会変革における教会の役割を強調しており、キリスト教と社会運動との関わりをめぐる議論に大きな影響を与えている。

ローザンヌ誓約

一九七四年、一五〇ヶ国から二三〇〇人の福音派キリスト教指導者がスイスのローザンヌに集い、福音伝道と社会活動との適切な関係について活発な議論を行った。その結果、福音派の世界宣教を促す宣言である「ローザンヌ誓約」が結ばれることになり、福音派キリスト教は宣教理解の分水嶺を迎えた。とくに、誓約の第五項には「キリスト者の社会的責任」について以下のような記述がある(ローザンヌ運動)。

私たちは、神がすべての人の創造者であるとともに、審判者でもあられることを確認する。それゆえに、私たちは、人間社会全体における正義と和解、また、あらゆる種類の抑圧からの人間解放のための主のみ旨に責任をもって関与すべきである。(中略)私たちは、伝道と社会的政治的参与の両方が、ともに私たちキリスト者のつとめであることを確認する。なぜなら、それらはともに、私たちの神観、人間観、隣人愛の教理、イエス・キリストへの従順から発する当然の表現にほかならないからである。救いの使信は、同時に、あらゆる形の疎外と抑圧と差別を断罪する審きの使信でもある。私たちは、罪と不義の存在するところでは、いずこにおいても、勇断をもってそれらを告発しなければならない。（中略）私たちが主張する救いは、私たちの個人的責任と社会的責任の全領域において、私たち自身を変革して行くものである。行いのない信仰は死んだものである。

教会の使命には宣教だけでなく、社会的責任の履行も含まれることを「ローザンヌ誓約」は明らかにしている。「ローザンヌ誓約」の重要な意義は、「伝道」と「社会的政治的参与」を対立構造として捉える従来の理解を打破し、「キリスト教の宣教活動の両輪」という新たな関係性を提示したことである。現代のキリスト教福音派の多くは、この誓約を有力な文書とし、これを基本方針とした宣教活動を進めている。

以上に紹介したように、キリスト教は信仰と社会との関係について長らく模索しており、一九六〇年代以降に限っても、第二バチカン公会議、解放の神学、ローザンヌ誓約など重要な議論を経てきた。その結果、抑圧された人々を救済するために教会が社会的・政治的な役割を果たすべきであるという認識に対して、教会の中である程度の合意が形成されてきた。それは、キリスト教青年会（ＹＭＣＡ）やカリタスなど、多くのキリスト教の慈善団体や社会事業組織が世界中で活躍していることからもうかがえる。一方、キリスト教も一枚岩ではなく、教派・信者の間で社会的政治的参与に対する理解は多岐にわたっている。社会的政治的参与をまったく認めないという保守的な教会もあれば、積極的に社会活動とかかわりを持つ革新的な教会もある。また、一つの教会の中でも、伝道と社会活動に投入すべき時間・労力・資源の比重についてはさまざまな意見がある。教会と社会とのかかわり方とその程度をめぐる議論はまだつづいている。

3　香港のキリスト教の社会参加とそれをめぐる神学的議論

キリスト教と社会運動との関係についてさらに考えるため、ここで香港の事例を紹介する。香港のキリスト教は長期にわたり社会福祉・社会運動と関わってきた。カトリック教会は一八四一年に香港での宣教活動を開始し、一九四六年に香港教区が成立した。信者数は香港の人口の約五％しか占めていないものの、カトリック教会は香港の社会福祉において重要な役割を担っている。たとえば、一九五三年には教区に福祉組織であるカリタス香港が設置され、現在でも教育、医療、コミュニティの発展支援など多様な社会福祉サービスを提供している。また、教皇パウロ六世の呼びかけに応じて、香港教区は一九七七年に「香港天主教正義和平委員会」を結成した。以来、福祉政策・労働政策等の改善を目的として、講演会、ワークショップ、デモ、声明などの幅広い活動を行っている。

プロテスタント教会による香港での布教活動は植民地統治の開始とともに始まった。イギリスによる統治が始まる一八四二年以降、欧米の宣教師が香港に到来し宣教と社会救済を行うようになった。一九四〇年代に中国で共産党政権が成立した際には、多くの宣教師が国から追い出され、特別統治されていた香港で活動するようになった。第二次世界大戦後、教会・宣教師による社会救済・福祉への貢献が多くの市民から認められ、プロテスタント教会は急速に成長していった。バプテスト、聖公会、メソジスト、ルター派、長老派、ペンテコステ派などの主流教派はいずれも香港に支部を設置している。地元の教派として中華キリスト教会という教派もある。こうした教派は専門の部門を設置し社会福祉を行うことが多い。たとえば、聖公会の聖公会福祉委員会、ルター派のルター・ソーシャル・サービス、メソジストのヤン・メモリアル・ソーシャル・サービスがよく知られている。さらに、プロテスタント教会の力を統合する目的から、「香港クリスチャン・サービス」という包括的福祉組織が一九六七年に設立され、現在に至るまで高齢者、青少年、家族向けの多様なサービスを提供している。

社会運動に関しては、五〇年代以降、香港のプロテスタント教会は「解放の神学」や「ローザンヌ誓約」からも影響を受けながら、貧困・人権問題の解決や社会正義の実現における教会の役割の認識を強化し、社会的政治的参加を重視するようになってきた。プロテスタント教会の指導者による社会活動の代表的な例として、「中華基督教会香港区会」の郭乃弘《かくのこう》牧師が、六〇年代に石硤尾《セッキッメイ》の住民を団結させ法的権利を守る運動を組織したことがあげられる。また、ヤン・メモリアル・ソーシャル・サービスの委員である梁《りょう》祖《そ》彬《ひ》は、七〇年代に目の不自由な工場労働者の権利を守るためストライキを組織し、さらに大気汚染問題の被害を受けた油麻地《ヤウマーティ》の水上生活者や、大環山《ダイワンサン》の住民のためのデモも行った（陳慎慶 2002）。

以上の事例のように、香港のキリスト教は社会福祉のみならず、社会運動においても一定の役割を担っている。なぜ香港のキリスト教が社会運動と関わるようになったのだろうか。香港のキリスト教における社会運動をめぐる神学的議論について紹介する。

社会運動をめぐる神学的議論

香港のキリスト教会や神学者たちは、宣教と社会との関係性をめぐり長い議論を重ねてきた。これまでの議論について、筆者は三つの説に大別できると考えている。一つ目は結果論を強調し、神の教えが多くの人に広がれば社会では隣人愛が自然に形成されるという説である。こうした理想的な世界では、人々が自然にお互いを愛し支えあうから、社会変革を促す運動を起こす必要がないと考える。そのため、教会は社会的政治的参加より、宣教に力を入れるべきだとしている。二つ目の説は、社会参加は宣教の手段であるという立場であり、おもにキリスト教原理主義・福音派に擁護されている。つまり、社会参加は価値があると認められるが、宣教という目的を前提にすべきだと考える。三つ目の説は社会福祉は宣教の「パートナー」であると理解しており、「ローザンヌ誓約」で唱えられた「伝道」と「社会参加」が宣教活動の「両輪」であるという考え方とまさに一致している。したがって、貧困者の支援・正義の追求などの社会責任を負うことは、宣教と同じく教会の「インテグラル・ミッション」の一部であるとする。

この三つの説のどれがもっとも適切とされるかについては宗派によって判断が異なるが、香港の主流教会は第二バチカン公会議、解放の神学、およびローザンヌ誓約の影響を受けて、社会参加を「宣教の一部」(第三の説)、あるいは少なくとも「宣教の手段」(第二の説)として理解し、価値あるものと認めている。そのため、香港の多くの教会は、社会運動・福祉を行うということを自らの組織目標の一部としている。

二〇一〇年に南アフリカのケープタウンで開催された第三回ローザンヌ世界宣教会議において、「ケープタウン決意表明(コミットメント)」(The Cape Town Commitment)という文書が発表された。この文書では、「個人」「社会」「創造物」はいずれも神の計画の一部であり、神に創造された人間の使命でもあることを明確にしている。したがって、社会参加を通じて社会を改善するということは、神に与えられた任務を遂げることでもあるとされる。その意味では、教会は信者への福祉だけではなく、社会全体の人々の福祉も実践しなければならない。この「ケープタウン決意表明」の影響を受け、香港の教会は社会参加をさらに強化したと考えられる。

香港の神学研究者である龔立人(1999)は、香港の教会による社会参加活動は「予防型」と「解決型」の性格が強いと指摘している。つまり、社会問題の発生を予防する、あるいはすでに発生した問題を解決しようとする方針に偏っているため、社会をよりよく変革するという視点は希薄であり、「革新型」志向が弱いということである。

返還後の香港においては、行政長官の選挙制度民主化をめぐる議論がつづいており、その実現を求めるための運動が盛んである。こうした中で、香港のキリスト教もさまざまな形で民主化運動と関わるようになってきている。たとえば、カトリック教会の正義と平和委員会や、プロテスタント教会の統合組織である「香港キリスト教協進会」は、民主化を求める声明や活動を多く行っている。また、二〇〇三年に香港政府が「香港特別行政区基本法第二三条」に基づき、中国政府への反発を規制する法案(通称、国家安全条例)を可決しようとした際には、香港の自

表8-1 「7・1デモ」の参加者（宗教別）

	2004		2005		2006		2007	
	人数	%	人数	%	人数	%	人数	%
プロテスタント	119	21.1	85	16.0	103	16.4	115	21.2
カトリック	54	9.6	43	8.1	42	6.7	39	7.2
仏教	25	4.4	28	5.3	45	7.2	24	4.4
道教	3	0.5	3	0.6	1	0.2	2	0.4
無神論	6	1.1	11	2.1	3	0.5	32	5.9
無宗教	349	61.9	354	66.8	428	68.0	308	56.7
その他	9	1.6	6	1.1	7	1.1	23	4.2
計	564	100.0	530	100.0	629	100.0	543	100.0

出典：Public Opinion Programme（2005-2007）より筆者作成。

由が覆されることを懸念し、返還記念日である七月一日に多くの市民がデモを行った。最終的に五〇万人が参加したデモの結果、条例制定は撤回された。その後、香港大学が実施した世論調査（Public Opinion Programme 2005）によると、回答者の四〇％以上が「宗教者の呼びかけ」がこのデモへの参加にとって「とても重要」「重要」であったと回答している。宗教者のカリスマ性が、社会活動への動員に重要な影響を有するものであることが示唆されている。

二〇〇三年以降、毎年七月一日に香港市民は「七・一デモ」と呼ばれる民主化要求デモを行うようになった。二〇〇四年から二〇〇七年の「七・一デモ」において実施された調査（Public Opinion Programme 2005-2007）によると、デモ参加者に占めるキリスト教信者の割合は仏教・道教信者の割合よりも高く、毎年二〇％以上を占めている（表8-1）。

以上から示されるように、香港の教会はさまざまな社会運動に関わっており、信者レベルにおいても社会的政治的活動に活発に参加している傾向が見られる。

4　キリスト教と雨傘運動

雨傘運動の経緯

次に、「雨傘運動」とキリスト教とのかかわりについて考察するが、運

図8-1　金鐘占拠地の様子

「我要真普選」（真の普通選挙が欲しい）のバナーや多くの参加者・支援物資が見える。

出典：Ｓ氏撮影

動に対する立場は宗派、組織、個人によって異なり、また紙幅の都合から本章では扱うことができないものの、雨傘運動を支持した、あるいは運動に参加したほかの宗教の信者（仏教・道教等）の存在も無視できないことを述べておきたい。

香港は一九九七年七月一日に中華人民共和国へと主権が移譲され、「一国二制度」の方針の下、外交・軍事以外においては高度な自治権を持つことが認められた。香港の憲法に相当する「中華人民共和国香港特別行政区基本法」の第四五条では、香港特別行政区政府の首長である「行政長官」を普通選挙によって選出することが「最終目標」（ultimate aim）とされる。しかし、一九九七年から二〇一二年までの行政長官は四〇〇～一二〇〇人で構成される選挙委員会によって選出されてきた。民主化運動支持者は長期にわたり「一人一票」の投票による行政長官の選出実現をめざし「普通選挙を求める運動」を行ってきた。それが実り、二〇〇七年の中国共産党全国人民代表大会において、二〇一七年の香港行政長官選挙に普通選挙が導入されることが決定された。しかし、二〇一四年八月三一日に全国人民代表大会は選挙法案についての「八・三一決定」を発表し、行政長官の候補擁立には一二〇〇人から構成される指名委員会の過半数の支持が必要であるとした。この指名委員会は親中派を主としているため、「八・三一決定」は事実上、中国政府が認めない人物、とくに民主派を排除する決定であった。香港の民主化運動支持者はこの予備審査付きの案を「偽・普通選挙」であると批判し、大規模な反対運動を行った。九月二六日の抗議運動中に学生運動のリーダーである黄之峰《こうしほう》（当時一七歳）が警察に逮捕されたことをきっかけに、反対運動は急拡大することとなり、香港中心部の銅鑼湾（コーズウェイベイ）・金鐘（アドミラルティ）・旺角（モンコック）の三ヶ所を七九日間（九月二八日〜一二月一五日）占拠する大規模抗議運動に発展した（図８－１）。このデモは、参加者が傘で警察の催涙スプレーを防御した様子から外国メディアに「雨傘運動」と名付けられた。

キリスト教信者の運動リーダーたち

雨傘運動が発生する前年の二〇一三年、民主化を求めて「占領中環」（オキュパイ・セントラル Occupy Central）という市民的不服従運動の計画が発表された。金融街である中環の占拠は、香港の経済・社会・行政に影響を与え、中国政府は民主的な行政長官選挙の法案を提示せざるを得なくなるだろうとの思惑から行われた計画であった。偶然かどうかわからないが、計画発起人の三人が全員キリスト教と関係のある人物であったことは非常に意味深い。一人はバプテストの朱耀明《しゅようめい》牧師で、八〇年代から社会活動に積極的に関わってきた。もう一人は香港大法学部の元准教授である戴耀廷《たいようてい》で、熱心なプロテスタント信者でもある。最後の一人は陳健民《ちんけんみん》という香港中文大学社会学部の元准教授であり、当時はキリスト教信者ではなかったものの若い頃は熱心な信仰者であり、「ハーフ・クリスチャン」や「元クリスチャン」として知られている。

「占領中環」の計画を発表した記者会見は、九龍佑寧堂（Kowloon Union Church）という教会で行われ、十字架の前に座った三人によって運動の理念が語られた。朱耀明牧師は「〔この運動は〕敬虔、謙虚、祈祷のこころで始められなければならない…〔私たちは〕こころに恨みを抱かず、弱くそして謙虚に、主が毎日、一歩ずつ導いてくださるように祈る」と話した（蔡 2018）。この運動の正式名は「讓愛與和平佔領中環」（愛と平和で中環を占拠せよ

Occupy Central with Love and Peace）であり、キリスト教のイメージを強く反映していた。

占拠運動は弾圧されて終わり、四年後に運動発起人の三人と支持者の六人は公的不法妨害の疑いで裁判にかけられ、二〇一九年に戴と陳が一六ヶ月の懲役を言い渡された。判決が下される前、戴は香港メディアのインタビューに応じ、「占拠運動は宗教運動ではないが、私を刺激的な信仰の旅へと向かわせるきっかけだった」と語った。また、彼は『ルカによる福音書』（一四章二七節）にある「自分の十字架を負うてわたしについて来るものでなければ、わたしの弟子となることはできない」という一節を引用し、「私は主に与えられた十字架を裏切ってはいまいか？」と六年間ずっと自分に問いつづけてきたのだと、泣きながら語った（莊 2019）。最後に戴は、「信仰というものが正義を追求するものならば、不公平が社会に依然として存在する限り、われわれの信仰は（不公平に）反抗して戦う」と表明した。戴は民主化運動への参加の中でさまざまな挫折を経験してきたが、あきらめずに戦い続けたいという決意の背後には、キリスト教信仰が大きな力となっていたと考えられる。

七九日間占拠をつづけた「雨傘運動」以降も、「非合法集会」等の罪で何度も禁錮刑を受け、さらに二〇二一年には香港版国家安全法違反の疑いで起訴されながらも民主化運動をつづける黄之鋒を支えてきた力の一つも、キリスト教の信仰であると言えよう。

「占領中環」支持者の中にも、教会の関係者が少なくない。たとえば、胡志偉《こしい》牧師（キリスト教組織「香港教会更新運動」の会長）は他の牧師や信者一〇名と連名で、二〇一三年九月に「基督徒支持民主政改理念書」（クリスチャンによる民主政治制度改革支持の理念書）という声明を発表した（基督日報 2013）。その声明では「占領中環」は「やむを得ない運動」であり、「政府が（民主化を求める市民の声に）十分に対応しない限り、市民の非暴力かつ良心による不服従運動を理解・支持する」ことが宣言されている。

また、民主化運動を強く支持してきたカトリック教会香港教区の陳日君《ちんじつくん》枢機卿も、BBCニュースの取材に対し、中国政府との対話を通してでは香港の「普通選挙」を実現させることができないのならば、ハンガーストライキ、または市民的不服従の形で「占領中環」に参加するという立場を示していた（BBC中文 2014）。

キリスト教組織の声明

雨傘運動が発生する前年の二〇一三年九月一二日、二〇〇名のキリスト教聖職者と信者が連名で『基督徒守望香港宣言』（キリスト教信者が香港を守る宣言）という声明を発表すると、九月二九日の時点で四六〇〇名の信者から署名が集まった。以下は、声明内容の一部である。

クリスチャンには塩と光になる責任がある。社会の不義と罪悪に対して、沈黙してはいけない（中略）さまざまな理由と手段により香港市民の民主的権利の実践を弱化・制限しようとする誤った風潮を強く非難する〔…〕権力者は人民の僕であり、公平な普通選挙制度により人民によって選ばれるべきである。民主主義は天国ではないが、専制は天国からより遠いものである。（基督徒守望香港宣言 2014）

雨傘運動発生直前の九月二六日と二七日、警察は普通選挙を求めるデモに参加した学生や市民を追い払うために計八七発の催涙弾を発射し、多くの負傷者が出た。これに対し教会は相次いで声明を出した。たとえば、中華基督教會香港区会は『強烈な非難及び呼びかけ』という声明文を発表し、警察が殺傷力のある武器をデモ参加者に対して使用したことを非難するとともに、香港特別行政区政府が香港市民の普通選挙要求に応じることを強く要求した。また、デモに参加する団体と個人に対しては、愛と平和の方法で行動しようと呼びかけた（中華基督教会香港区会常務委員会 2014）。これ以外にも、突破機構、香港基督徒学會、香港の八大学の学生自治会クリスチャン・フェローシップを含む、一九のプロテスタント団体が共同声明を発表した。

（前略）香港の学生、市民は香港を愛し、社会的関心を持ち、真の民主制度を追求している。私たちは、政府が強大な武力を使用し、非武装の抗議者を追い払うことに対して強い憤りを覚える。（基督日報 2014）

運動反対派の意見

教会の中には運動を支持する者もいれば反対意見を持つ者もいた。たとえば、中国基督教播道会港福堂の呉宗《ごしゅう》文《ぶん》牧師は、違法行為である占領中環に参加する信者たちは教会から追放されるべきだと非難した。また、呉は宗教団体が政治運動に参加すべきではないとし、違法な運動に参加する牧師は聖職をやめるべきだとも表明した（陳 2013）。

香港聖公会の鄺保羅《こうぱうろ》首座主教は運動反対者として有名である。二〇一四年七月六日にセントポール教会で礼拝を行った際、彼は民主化運動支持者に対して「イエスのように沈黙してほしい」と述べた。彼はその理由として、「イエスはピラトに十字架の死刑の判決を下されたとき沈黙したままだった」と説明した。また、香港聖公会の総主事である管浩鳴《かんこうめい》牧師は、「市民的不服従運動そのものがキリスト教の教えの中で認められるかどうかという疑問がある。イエスは、われわれは黙って苦しむべきだと説いている」と運動支持者に反論した（Lee 2014）。

以上に示したように、「占領中環」と「雨傘運動」をめぐり教会内の世論は割れていた。運動反対者は違法性を強調する一方、支持者は市民的不服従運動の正当性を強調した。キリスト教信者がどこまで社会運動に参加すべきなのかという問題をめぐり、教会における運動支持派と反対派の対立が激化した。これらの議論は、一部の信者にとって意味のある信仰的な反省を促すものとなった。実際、雨傘運動以降、香港では教会と社会運動との関係を取り上げる書籍がキリスト教関係者によって多く出版され、教会と信者の「社会的責任」や「公共性」の問題をめぐり神学的な視点からの再考が進められている。

運動に参加した信者の語り

キリスト教信者の雨傘運動への個人的参加はさまざまな様相を示している。筆者がインタビューしたSは、雨傘運動に参加した時の経験について詳しく語ってくれた。Sが所属している教団は一九世紀にドイツから来た宣教師によって設立されたルター派の教団で、信徒にはアッパー・ミドルクラスが多く、政治的には保守的な傾向を有している。Sは約一〇年間この教会に通いつづけている。彼は元来、政治への関心が高く、自由と民主主義を信奉していた。彼によると、「占領中環」の議論が始まった二〇一三年に、教団の内部でこの運動についての賛否の声が出始めた。教会の保守的なリーダーや幹事たちは運動に対して批判的であったのに対して、Sのような若い信者はこの運動が提唱する「愛」と「平和」というキリスト教の精神に賛同していた。

雨傘運動が始まったところで、教会のリーダーたちが各フェローシップの中高年信者に緊急連絡を出した。その内容は、青少年信者に「運動が危ない方向に発展しているため、参加しないように」という指示であった。若い信者であるSも教会の先輩から運動に参加しないように止められたという。しかし、テレビやFacebook等のSNSを通じて運動の拡大に関する情報を得るなか、とくに「警察がデモ参加者を暴力で追い出す報道を聞いた瞬間、もう我慢できなくなった」とのことで、すぐさまデモ会場へと向かったという。その後、彼はほとんど毎日仕事の後にモンコクの占拠地に通い、そこで朝まで過ごしたこともあった。また時には同じ教会の若い信者たちと一緒に参加したりもしたという。

運動の全盛期、市民の要求に無反応な政府へ不満を感じた抗議者たちは、占拠地をさらに拡大しようと動きはじめた。Sもその行動に参加し、警察と対峙した。「僕は三列目にいたが、警察と戦おうとする気持ちはまったくなく、ただ一緒にこの行動に参加したい、僕より若い人たちを守りたいというだけだった。たとえば、警棒が隣の人を叩いてくる時には、一回でもと守ってあげたかった」と述べている。警察が殺到してきた際には、Sは他の参加者と支え合いながら安全な場所へと逃げることができた。

キリスト教の教えは運動への参加にとって重要だったのかとSに聞いたところ、「正直、その質問について考えたことはない。でも、不義の選挙制度を打倒することは、『正義を行う』という聖書にある教えに一致しているのではないか」と答えた。キリスト教はSを雨傘運動参加へと導く直接的な原因ではなかった。しかし、彼は自分が信仰しているキリスト教の教えに政治的参加の正当性を見つけていた。このように、信者たちには社会運動への参加を通して次第に運動の理念を宗教的に再解釈していくというプロセスが認められる。

5 雨傘運動後の香港

雨傘運動の発展とそれをめぐる議論からは、キリスト教がさまざまな面で運動に関わっていたことがわかる。最後に、近年の中国と香港社会との複雑な関係を捉える上で、押さえておくべき要点をまとめておきたい。

二〇一二年に中国共産党総書記に就任した習近平は「中国の夢」というスローガンを掲げ、中華民族の偉大な復興を実現しようとする姿勢を鮮明に示した。それと同時に、中国政府は、西洋を中心とした近代社会が唱える「人権」や「憲政」などを普遍的な価値観として認めず、領土・資源ナショナリズム等を通して、現行の国際秩序や法体系に対する強烈な不信や不満を示している（小野寺 2017）。習近平体制の下で権威主義化が進む中国は、旧英領植民地である香港の支配をいっそう強固にし、香港の中国化（中国大陸との政治・経済・文化的融合）を加速させようとしている。こうした中で、香港の人々の中国に対する不安が高まり、「中国大陸化に反対する」「香港を守る」といった色の強い社会意識・運動が発展してきた。このような文脈の中で、雨傘運動は中国の権威主義的支配に抗し、自由と民主主義の価値観を守ろうとする香港の人々の願望を強く象徴している。二〇一九年六月に、「逃亡犯条例改正問題」に起因して香港返還後最大規模の抗議運動が発生し、そこでのデモ参加者と警察との衝突は、頻度においても激しさにおいても、雨傘運動を上回った。中には、「民族自決」や「独立」などを求める声、そしてそれを実現させようとする人々や団体も現れ、ついには中国政府の主権問題という「レッドライン」を踏み超えるようになった。香港のデモ活動は国家安全を害するものと捉える中国政府は、二〇二〇年六月に香港版の国家安全法を制定し、二〇二一年三月には香港の選挙制度の見直しなどの措置により香港の民主化運動を死滅させようとしている。国家安全法下の香港において、政治参加が難しくなってきている中、香港の人々はどのように自分の政治的主張を示し、どのような形で政治に参加できるのか、今後とも注目されるだろう。

人類の長い歴史において、社会運動と関わる宗教の姿はよく見られる。しかし、近年の香港の事例が示すように、両者の関係は実に多様であり複雑である。社会運動そのものを容認すべきかという根本的な問いから、もし容認するならばどこまで、どのように認めるべきなのかという実行性の問題まで、各宗教の内部でまだ議論の余地がある。また、宗派・組織だけでなく、個人によっても、社会運動に対する意見は異なる場合が多い。さらに、宗教が社会運動を啓発する可能性もあれば、すでに運動にかかわりのある人が宗教から正当性や意義を見出す場合もある。本章で取り上げた香港の雨傘運動の事例は、こうした宗教と社会運動との関係の複雑さを示唆している。

《読書案内》

松谷曄介『香港の民主化運動と信教の自由』教文館、二〇二一年。

香港で民主化運動に関与している香港のキリスト者の生の声を収録したものである。返還後の香港の民主化運動、逃亡犯条例改正反対運動、香港国家安全維持法、信教の自由について信者たちはどう見ているのか、信仰の視点から読者の心に響く語り方で記述している。

倉田徹・張彧暋『香港――中国と向き合う自由都市』岩波新書、二〇一五年。

本書は「自由都市」を一つのキーワードとして、植民地時代から返還後までの香港の社会・政治・文化変動について書かれたものである。香港の歴史・文化の中に、香港人の「自由」への理解はどのように形成され、どのように変化していくのか。香港人のアイデンティティの一部である「自由」はいかに雨傘運動では語られたのか。さまざまな側面から香港と自由との微妙な関係を論じる。

周保松・倉田徹・石井知章『香港雨傘運動と市民的不服従――「一国二制度」のゆくえ』社会評論社、二〇一九年。

雨傘運動の経緯、理念、意義、影響等をめぐって香港研究の専門家の議論をまとめたものである。

櫻井義秀編著『中国・台湾・香港の現代宗教』明石書店、二〇二〇年。

中国・台湾・香港における政教関係と宗教政策を考察するものである。九本に及ぶ論文が所収されている。社会運動・福祉における宗教団体の役割、宗教と政治・社会との関係等、現代中国社会の宗教変動を理解するための重要な課題を扱っている。

工藤英一『社会運動とキリスト教――天皇制・部落差別・鉱毒との闘い』日本YMCA同盟出版部、一九七二年。

明治時代の日本において、「社会問題」である天皇制・部落差別・鉱毒等を、当時のキリスト者はどのように考えたのか。近代日本の社会運動におけるキリスト教の在り方について論じたものである。

付記

本書の3、4節は、伍嘉誠、二〇二〇、「基督教と雨傘運動」櫻井義秀編著『中国・台湾・香港の現代宗教』明石書店、二〇七–二三一頁と内容的に重複している箇所がある。

文献

［日本語文献］
小野寺史郎、二〇一七、『中国ナショナリズム――民族と愛国の近現代史』中公新書。
カトリック中央協議会、「日本カトリック正義と平和協議会」(https://www.cbcj.catholic.jp/japan/comt/japancatholiccouncil/) 2021.3.10

キング、マーティン・ルーサー、一九六三、「私には夢がある」American Center Japan（https://americancenterjapan.com/aboutusa/translations/2368/）2021.3.10
グティエレス、G.、一九八五、『解放の神学』関望・山田経三訳、岩波書店。
倉田清・波木居純一、一九八五、『現代キリスト教用語辞典』大修館書店。
宣教司牧司教委員会、一九七六、『現在の教会と明日への福音宣教――一九七四年シノドス関係文書集』カトリック中央協議会（https://www.cbcj.catholic.jp/wp-content/uploads/2016/10/sokai03.pdf）2021.3.10
日本聖書協会、一九五四、『口語　新約聖書』。
森岡清美・塩原勉・本間康平、一九九三、『新社会学辞典』有斐閣。
ローザンヌ運動『ローザンヌ誓約』宇田進訳（https://www.lausanne.org/ja/content-library-jp/covenant-ja/covenant-ja）2021.3.10

［欧文文献］

Ferm, Deane W., 1987, *Third World Liberation Theologies,* Maryknoll: Orbis.
Gregg, H. S., 2016. "Three theories of religious activism and violence: Social movements, fundamentalists, and apocalyptic warriors," *Terrorism and Political Violence,* Vol. 28, No. 2: 338-360.
Kraft, Kenneth L., 1992, *Inner Peace, World Peace: Essays on Buddhism and Nonviolence,* New York; Albany State University of New York Press.
Lee, A., 2014, "Occupy Central leader and senior pastor slam Anglican archbishop's 'inappropriate' sermon" (2014-7-11), *SCMP* (http://www.scmp.com/news/hong-kong/article/1551824/occupy-leader-and-senior-pastor-condemn-anglican-archbishops) 2021.3.10
McCarthy, John D. and Zald, Mayer N., 1977, "Resource Mobilization and Social Movements: A Partial Theory", *American Journal of Sociology,* Vol. 82, No. 6: 1212-1241.
Nedilsky, K. V., 2014, *Converts to Civil Society: Christianity and Political Culture in Contemporary Hong Kong,* Baylor

University Press, Waco, TX.
Public Opinion Programme, 2005, "July 1 rally 2003 – opinion statistics of online survey", the University of Hong Kong（http://www.hkupop.hku.hk/english/platforms/20030701/freq.html）2021.3.10
Public Opinion Programme, 2005–2007, Onsite survey on July 1 rally 2004–2007, University of Hong Kong（http://www.hkupop.hku.hk/english/report/）2021.3.10
The Association of Religion Data Archives (ARDA), "Social Movements and Religion – by date"（https://www.thearda.com/timeline/browse_movements_date.asp）2021.3.10
Verba, S., Schlozman, L.K. and Brady, H., 1995, *Voice and Equality: Civic Voluntarism in American Politics,* Harvard University Press, Cambridge, MA.

［中国語文献］

「基督徒守望香港宣言」、二〇一四、（https://sites.google.com/site/keepwatchhk/）2021.3.10
『ＢＢＣ中文』、二〇一四、「陳日君不排除絕食或「佔中」爭取港普選」（2014-6-13）（https://www.bbc.com/zhongwen/trad/china/2014/06/140613_joseph_zen_occupy_central）2021.3.10
『基督日報』、二〇一三、「基督徒支持民主政改理念書」（http://www.gospelherald.com.hk/news/gen_2700.htm）2021.3.10
『基督日報』、二〇一四、「基督教團體聯合聲明——《強烈譴責政府使用強大武力對待學生、市民》」（http://www.gospelherald.com.hk/news/gen-3034/）2021.3.10
中華基督教会香港区会常務委員会、二〇一四、「強烈譴責聲明及呼籲」（http://www.hkcccc.org/News/viewNews.php?aid=1013）2021.3.10
莊恭南、二〇一九、「佔中九子祈禱會　戴耀廷哽咽：如社會沒公義　我們的信仰就是抗爭」（2019-4-6）、『香港01』（https://www.hk01.com/%E6%94%BF%E6%83%85/315057/）2021.3.10
陳雪玲、二〇一三、「胡志偉牧師為佔中講句公道話「教會需要不斷挑戰建制」」（2013-9-30）、『蘋果日報』（http://hk.apple.nextmedia.com/news/art/20130930/18443888）2021.3.10

陳慎慶編著、二〇〇二、『諸神嘉年華——香港宗教研究』牛津大學。
蔡揚眉、二〇一八、「等待公義審判的一臺戲——佔中案審訊第一天」（2018-11-19）、『時代論壇』、（https://christiantimes.org.hk/Common/Reader/News/ShowNews.jsp?Nid=156279&Pid=102&Version=0&Cid=2186&Charset=big5_hkscs）2021.3.10）
龔立人、一九九九、『解放神學與香港困境』香港基督徒學會。

第9章

カルト宗教はなにが問題なのか

――人権と公共性

櫻井義秀

《ポイント》

「カルト問題」とは、特定の宗教団体が社会的相当性を欠く勧誘・教化や献金によってその人の身体・精神・財産を搾取することを問題視した評価概念である。社会的相当性とは人権や社会権によって当該社会で当然期待されるべき規範や妥当性の基準をさす。そして、この基準は普遍的なものではなく、時代に応じて変わるものである。

歴史上、信仰によって殉教したり、修道会で一生の献身を誓ったり、教祖に心酔して全財産を投げ出して信仰生活に入ったりした事例は数多い。教団史では信仰の証として称えられている。しかしながら、現代において同じことを自分の家族がやろうとしたら止めるのではないか。無宗教・無信仰を自認する日本人の多くはバカげたこと、だまされていると思うだろう。美談になるか、とんでもない話になるか、この差異はカルト問題を構成する私たちの「自由」や「自律性」に対する規範意識と大きく関わる。

この章では、カルト問題が社会的に構築されてきた時代背景や社会状況を概観し、オウム真理教事件を例として精神的呪縛はなぜ問題なのかを考えてみたい。その上で現在においても勧誘活動を行うオウム真理教の後継組織である Aleph の勧誘実態を見ながら、私たちはなにができるのか、考えてみたい。

《キーワード》

カルト、マインド・コントロール、社会問題、精神的呪縛、自由

1　カルト問題と自由

コロナ禍と宗教

二〇二〇年一月に中国の武漢から感染拡大した新型コロナウイルスは数ヶ月で全世界に拡大した。二〇〇三年のＳＡＲＳ（重症急性呼吸器症候群）や二〇一二年のＭＥＲＳ（中東呼吸器症候群）ほど致死率が高くないものの、無症状感染者や症状の軽い人が移動し、多くの人々と接することで爆発的な感染となったのである。グローバリゼーションによって地域的な感染症は容易にパンデミックとなる。

この新しい感染症に対する治療薬の開発やワクチン投与には時間がかかるために、当初は手洗いとマスク、人と人との物理的な距離（ソーシャル・ディスタンス）以外に効果的な防疫法はなかった。中国はロックダウン（都市や地域の封鎖）、台湾や韓国ではデジタル情報技術を活用した感染経路の追跡調査によって比較的早期に感染封じ込めに成功したものの、日本は緩やかな感染対策（先の三つの奨励にくわえて飲食店の時短営業など）を継続したために感染が蔓延化し、変異株の流入によって事態は容易に沈静化しなかった。政府は感染拡大時に緊急事態宣言を発出して、人々に移動や外での飲食をともなう諸活動について自粛を要請するが、感染者が低減したときにＧＯ ＴＯキャンペーン（旅行パックや宿泊費、飲食代への補助）のような観光・飲食産業のテコ入れを行ったので、その都度感染が再燃し、蔓延化を防止するという当初の目標はなかなか実現していなかった。

この間日本の社会にどのような変化が起きたのだろうか。すでに述べたように、人々が実際に交歓し移動をともなう社交、各種イベントや行事に制約が生じ、運輸・観光・サービス業が大きく落ち込む一方で、デジタル情報技術を活用したバーチャルな接触とコミュニケーション（ＳＮＳの利用やオンラインの授業、イベント開催）と巣ごもり需要に関わる情報データ通信業と運送業、飲食の小売業が売上を伸ばす状況がつづいている。

宗教団体においても人々の直接的な交流（礼拝や月例祭、年中行事）に制約が生じた。そこでオンラインでの礼拝や集会、葬儀や法事なども企画されたが、急速なデジタル情報化に対応できた伝統宗教や新宗教はわずかであり、感染者がなかなか減らない地域では諸行事を中止ないし延期か、大幅に縮小し、感染者がきわめて少ない地方では、もとより宗教施設の運営者や信者の高齢化、人口減少にともなって活動が不活発化している。

このような状況において俄然やる気と行動力を見せている教団がある。日蓮正宗の講集団（一九五八年に妙信講として発足）として教団形成を行った冨士大石寺顕正会の浅井昭衞会長は、従前から『日蓮大聖人に背く日本は必ず亡ぶ』との著作を出すなどして、日本の国難はすべて日本人が日蓮聖人と法華経に帰依していないことに起因していると主張してきた（浅井 2004）。二〇二一年が日蓮生誕八〇〇年を記念する年であることは別としても、教団発行の顕正新聞には、「今日本国の疫病は総罰なり」として、他宗派を批判していた日蓮の首を刎ねようとした龍口の法難や佐渡流罪に処した日本国の大罪によって新型コロナウイルス感染拡大は収まらないのであり、「『仏法より事起こる』災難は、いかなる手段・方法も、結局は対症療法に終わるだけなのです。正しい仏法を立てる以外にはない」として、「三百万（の信者獲得）こそ広宣流布の重大関門」と会員に布教活動への檄を飛ばした（「顕正新聞」二〇二一年二月五日（　）は引用者）。

歴史上多くの宗教がなしてきたことだが、現代において災害や疫病の発生に宗教的な意味を読み取るのはきわめて問題が多い。二〇一一年の東日本大地震に際して「津波をうまく利用して（日本人の）我欲を一回洗い落とす必要がある。これはやっぱり天罰だと思う」と語り、その後発言を撤回した石原慎太郎東京都知事（当時）に、現実の被災者に対する配慮はあったのだろうか（「日本経済新聞」二〇一一年三月一五日デジタル）。自分がそのように思ったのであれば、自己の人生において納得すればいいだけの話であって、他者の不幸に対して差し出がましいことをいう必要はない。ハンセン氏病やエイズを「業病」と称した宗教もあったが、自己を安全地帯に置いた宗教者の物言いでしかない。結局のところ、災禍を利用することで信者を増やし、自教団を利するだけのことである。

次に、ＳＮＳを駆使して大学の新入生や青年たちに働きかけている教団としてキリスト教福音宣教会を例に取ろう。世界基督教統一神霊協会（現在は世界平和統一家庭連合と改称）に二年ほど所属していた鄭明析《チョンミョンソク》は、一九八〇年に愛天教会という教団を創設し、韓国と日本の大学生に布教活動を開始した。ＪＭＳ（ジーザス・モーニング・スター）もしくは「摂理」とも呼ばれるが、統一教会に似た教義を持ち、信者同士の合同結婚を行っていた。

この教団には問題が二つある。一つはダミーサークルを用いて大学内外で若者を勧誘し、教化活動を行うことであり、もう一つは女性信者の相当数が教祖による性的ハラスメントを受けたと告発していることである。日本では二〇〇六年に元信者らが教祖・鄭明析からの性的被害を告発した。鄭明析は、国際指名手配の末に逮捕され、二〇〇九年韓国において強姦致傷罪等により懲役一〇年の有罪判決が確定し、服役した。二〇一八年に出所し、現在も教団の指導者として教勢拡大に指導力を発揮している（櫻井 2006a, 2017）。

では、摂理はどのように学生や青年たちにアプローチしているのだろうか。そのことを考えるためには、人間社会の特徴である社交の特徴と私たちがどのようにして生きていることの実感を持っているか考えてみる必要がある。

ソーシャル・ディスタンスと絆・リア充

ちょっとした無駄話を交わすことや、一緒にご飯を食べたりお茶を飲んだりして場所と時間を共有することで、人はなにとなくつながっていく。それが簡単にできないのがコロナ禍だ。ソーシャル・ディスタンスは防疫対策として望ましいものの、社交の空間や人間関係に大きな影響を与え、社会的孤立を生み出した。

二〇一一年の東日本大震災や近年の集中豪雨被災地域において大勢のボランティアが被災地を訪れ、支援による「お互いさま」や「絆」が強調された。しかし、コロナ禍では目に見える被災地がなく、世界中が被災者となって、助け合いたいのだけれども距離を取って生活をせざるをえない。ふだんから社会関係が可視化され維持されているコミュニティであれば、一定期間のソーシャル・ディスタンスもがまんできよう。しかしながら、現代社会において生まれてから死ぬまで同じ地域で生活する人は少数派である。多くの人々が、進学や就職で故郷を離れ、新天地で社会生活を始め、転勤やパートナーとの出会いでまた移動を繰り返すのである。若い時代だけではない。老後ですら住み慣れた家を離れ、施設入居することもある。このような移動型社会において、コミュニティタイプの社会的絆・結束は弱まらざるをえない。移動の都度、新しい絆をその場で作り上げる必要がある。

大学の新入生には、家族や高校の旧友と離れて学生会館・寮やアパートで一人暮らしを始める人も多いだろう。大学のオリエンテーションやクラスで気の合う仲間と出会えるかどうか、クラブ活動やアルバイトなどで自分の社会圏を拡大できるかどうか気がかりな人は多いと思われる。大学の授業だけでは、学生の社交、人との関わり合い、仲間を求める欲求には応えられない。コロナ禍では、サークルやクラブの新入生勧誘自体が、ソーシャル・ディスタンスのために禁止か自粛させられた大学が多い。オンライン授業は、学術的コンテンツを学習するには効率的な仕組みなのだが、学生同士がつながるという点において制約が多い。

数十名が受講する授業では教員だけが語り、学生は画面をオフにして自室で画像を視聴する。少人数のセミナーで画面をオンにして話し合う時も、話しだしや応答のタイミングが難しく、なによりも横の人と会話ができないのである。孤立感を覚え大学生になった気がしないというのが、二〇二〇年の新一年生だったろう。生き生きしない、ワクワクしない、充実感がない、つまらないというわけである。

誰かと少しでもつながりたいと思う人は、SNSでメッセージを発信したり、似た指向性を持つ人を探したりするだろう。Twitterでは「春から〇〇大学」などとプロフィール欄に明記することで、入学前から学内でのつながりを持とうとする人も多いが、こうしたアカウントはカルト団体の絶好のターゲットにもなってしまう。正体を隠してアプローチし、国際関係や社会問題など、大学生に人気のいわゆる「意識高い系」を装い、「いいね」を押すなどして近づき、清掃や募金活動、学習会、社会人との交流会などなどのイベント参加を呼びかけるのである。もちろん真面目な集まりもあるだろう。しかし、新生活を始めたばかりの大学生や社会人が新しい土地で新しい仲間を見つけようとして，摂理のような団体に出会うケースが多いのである。摂理に限らず，正体を隠して大学生を勧誘する宗教団体は複数ある（櫻井・大畑編 2012）。

ところで，本章では，カルト（視される）団体ということばを定義なしに用いてきた。詳しい説明は次節で行うが，特定団体の行為がなぜ問題とされるのかという基準についてあらかじめ述べておいた方がよいだろう。個人の自由をどのように考えるのか。人は他者に対してどこまで関与，もしくは干渉することができるのだろう。カルト的だというのは，規範的な価値観から判断した団体の逸脱的な特性であり，その判断は個人の自由を侵害し，危害を加えたという認識に基づいている。このことを少し説明しておきたい。

自由と境界

社会学では自由という規範概念を用いることが少ない。どのような人であれ，生まれた時代や地域，家庭環境や経済的境遇の影響を受けないことはありえない。親からの躾や学校教育，友人の影響やマスメディア・SNSからの情報に左右されないことはないだろう。誰からも影響を受けない個人というのは想定できない。その意味で「自由である」とは影響を受けることに対する受諾の有無，影響の程度，および影響を受けた結果としてその個人のウェルビーイング（主観的幸福感や客観的幸福の諸条件）がどうなるのかという観点から見た評価概念となる。倫理的・法律的な規範概念ともその点において重なる。

ある宗教団体が団体名や目的を隠して布教する場合，布教された側では将来自分が受ける影響を適切に判断することが難しいだろう。他者に対して影響力を行使する場合には，情報の開示と十分な説明がなされなければならない。

また，受諾の意思が示されたからといって，なにをしてもいいというわけではない。個人の身体・精神・財産に関係する境界（バウンダリー）を侵犯することは許されない。たとえば，同意や合意があるからといって個人の性を他者が自由に扱うことは多くの社会において非倫理的な行為とみなされる。意図的に誤信させて不利益を被らせたり、非科学的な認識を持たせることで生命を危険にさらしたりすることも許されないだろう。個人の金銭や知的財産を奪うことも許されない。これらは個人の権利として法律的に守られている。このような権利を侵害する行為がカルト的と評されるのである。

しかしながら、宗教的信念として認められるものか、カルト的／逸脱的とみなすのが適当かについては、白黒が判然と分けられないグレーの部分がある。教祖や指導者が特別な儀式と称して信者に性的暴行を働いたり、修行と称して信者に暴力的な苦行を強いたりすることは非倫理的で違法な行為であることが容易にわかる。では、エホバの証人の信者が宗教上の理由によって手術での輸血を拒否した場合、①信者本人が病院に対してあらかじめ「絶対的無輸血治療」と「免責証書」の同意書を作成したケース、②交通事故などで本人の意思は確認できないが、家族が宗教上の理由を主張したケース、③子どもが自らの信仰を語ったようなそれぞれのケースにおいて、信教の自由を尊重して輸血をしないという選択が医療者に可能だったろうか。①で言うなら、延命治療を拒否する尊厳死の選択とどのように違うのだろうか。②と③のケースについては裁判例があるので各自で検討してもらいたい。

精神的自由も実はグレーの部分が大きい。宗教団体は本来きわめて教化力が強い組織であり、態度変容や人格の変化が往々にして見られる。入信して人が変わったように宗教活動に励むことがある。当人の家族や周囲の人々は「騙されているのではないか」「洗脳された」「マインド・コントロールされた」と言うだろう。それぞれのことばについては次の節で説明するが、これらのことばは、悪しき影響力が行使されたという評価に基づいている。問題は、悪しきという評価が、当事者には認識されていないということである。現役の信者は指導者の言、教義や組織目標を信じきっているが、脱会して周囲の環境が変わってしまうと目が覚めたように違う現実が見えてくることがある。

資産の処分に関しては、布施や献金の適切な金額はどのように決められるのかという問題がある。統一教会が日本でなした霊感商法における一九八八年から二〇一八年までの被害総額――各県の消費者相談や弁護士会に寄せられた被害額の累計は、一一九一億六二〇四万九七六九円である（全国霊感商法対策弁護士連絡会公式HP）。原価数千円の高麗大理石壺が、開運や先祖供養になるからといって数十万円から数百万円で販売される。この宗教的付加価値は、顧客が信者になれば持続するが、信者にならなければ悪徳商法による消費者被害となる。そこで教団は顧客をセミナーや集会に誘い続け、顧客の認知構造を信者の認知構造に転換するのである。外部からこのことを評価すれば、悪しき影響力の行使となるが、教団側は正当な布教行為であると主張する。私は、数十回にわたる計一〇億円を超す物品・献金被害を受けた元統一教会女性信者の裁判において、カルト問題の専門家として意見書を提出したことがある。ものには限度があると言わざるを得ない。いくら資産家とはいえ、領収書も渡さず、子どもに無断で自身の老後資金まで吐き出させるような献金強要が宗教的行為として認められるわけがない（櫻井・中西 2010）。

カルトかカルトでないかということに関しては、「一線を越える」という表現が相応しいように思われる。身体・精神・財産への侵犯には越えてはいけない一線がある。その一線は絶対的な面と相対的な面がある。影響力の行使がその人になにをもたらしたのかということを総合的に考えることがなによりも重要である。

2　宗教社会学とカルト批判

カルトの語源

カルトとはラテン語の cultus からできたことばで「儀礼・祭祀」の意味で用いられる。キリスト教の聖人崇拝は cult of saints であり、日本の先祖祭祀は ancestral cult である。ところが、二〇世紀のアメリカではカルトに独特な意味をあてがうようになった。アメリカの新宗教研究者であるゴードン・メルトンは、①主要な宗教伝統に属さないアメリカ発生の宗教（クリスチャン・サイエンス、ヴェーダンタ協会等）をさして一九二〇年代から使われるようになった社会科学者の用法、②異端的キリスト教（モルモン教、エホバの証人等）をさす一九三〇年代からの保守的福音派の用法、③破壊的カルトという意味で反カルト運動家が用いて一九七〇年代以降広まった用法の三つをあげている（Melton 1986：3–11）。

第一の用法は、秘教的教え、カリスマ的指導者への熱烈な崇拝、ゆるやかな信者集団を持つ教団を示す記述的概念として宗教社会学で洗練された。第二の用法は特定の宗派からみた規範的な用法であり、アジアやアフリカからアメリカに移入された諸宗教および非正統的なキリスト教をさす。第三の用法は、教団や教会に批判的な元信者と現役信者の家族、および脱会カウンセリングの専門家が当該教団に介入するべく、マインド・コントロールを行う集団を規定するための用法である。これらの用法が出現した順序を見ると、まずは保守的な宗教者から第二の用法が出され、次いで、社会現象としてのカルトに注目する社会学者が第一の用法を適用しはじめ、教団類型論として洗練させた。最後に、カルトの社会問題性を批判する第三の用法がメディアにより広範に普及された。現在、カルトといえば一般的には第三の含意で用いられ、一部の慎重な人が社会学的用法にも留意している。

ヨーロッパではこうした用法を適用される教団をセクトと呼ぶことが多い。イギリスの宗教社会学者ブライアン・ウィルソンは、新大陸で誕生したアーミッシュ・メノナイトの共同体、エホバの証人、クリスチャン・サイエンス、近年のサイエントロジー、あるいは東洋宗教系のチルドレン・オブ・ゴッド（現在ファミリーに名称変更）やクリシュナ意識運動、超越瞑想等をセクト主義運動として分析している（Wilson 1982=2002：121–132）。

ただし、セクトやカルトと呼ばれる宗教運動には、政治を含む世俗的事柄に関わらず、隠遁的生活を好むものもある。ウェーバー（Weber 1920=1972）やトレルチ（Troeltsch 1920=1981）は、このタイプをセクトやチャーチに対比させて神秘主義と呼んだが、これに近い小規模な教団も多い。近代化の過程においてヨーロッパではセクト活動と神秘主義が見られたが、セクトが新天地を求めたアメリカでは、セクトが既成化・馴化したデノミネーション（教派）が興隆した。そして、デノミネーション間の平和的共存を可能にするための宗教的多元主義の下で、国家統合をアメリカ文化という次元で可能にする市民宗教の発展がみられたとされる。現代の高度産業社会において、カルト／セクトは、既存のデノミネーションが作りあげるコミュニティに根ざした教会（congregation）に満足できない人々に対して、新たな生活の指針や思考・行動の様式を提供することで信奉者を増やしているのだと考えられている。

宗教社会学のカルト論

カルトに含まれる偏見や侮蔑的含意を嫌う人は新宗教という言い方を好むが、宗教社会学におけるカルト研究は、一九八〇～九〇年代にかけてアメリカで活発に行われた。現在検討されている重要な仮説および理論はおおよそ次の三つにまとめられる。

第一に、カルト信者の入信・脱会過程の研究がなされた（Lofland and Stark 1965）。第二に、世俗化論への反駁として新宗教運動の活性化が主張された（Stark and Bainbridge 1981）。宗教とは自分はなにのために生きるのかといった人間学的意味の欲求に応える救済財を提供するシステムであるとみなされる。そのため、救済財のありかたは変化しても宗教というシステムそのものがなくなることはないという論理である。この考え方は、合理的選択や市場モデルで宗教を分析する社会行動論や宗教経済学という分野の提唱にもつながっている（Stark and Bainbridge 1980）。第三に、カルトをチャーチ・セクト・カルトという教団類型論として洗練させながら、社会的機能を分析していく研究が展開された。

ロドニー・スタークは、カルトの形態について、どのような宗教的報酬を与えるかによってカルトを三つに分類している。すなわち、①精神世界に関心を持つ一般人を対象に市販本等で宗教情報を与えるオーディエンス・カルト（ニューエイジ）、②特定の顧客に対価を払わせることで特殊な効用や呪術的効果を与えるクライエント・カルト（自己啓発セミナー等の集団心理療法団体・ビジネスや、さまざまな代替療法を用いるカルト）、③包括的救済を約束するかわりに全人格的な献身を要求するカルト運動（新宗教運動）である（Stark and Bainbridge 1979）。

この分類は、それぞれの類型のままで持続することもあれば、条件次第で①→②→③という発展形態を示すこともある。ロン・ハバートが創始したサイバネティクス（能力開発技法）→サイエントロジー（多額の報酬を要求する心理療法）→サイエントロジー教会（ヨーロッパでセクト対策の対象となる教団）は典型的なカルト運動と教団化の事例である。日本のライフスペース（自己啓発セミナーからシャクティ・パット・グル・ファンデーションとして教団化し、内部でグルの高橋浩二が崇拝されはじめ、ミイラ事件を起こした団体）にも該当しよう。

カルト、マインド・コントロール批判

批判団体や研究者たちは、精神操作、虐待、経済搾取を行う抑圧的組織をカルト的体制（cultic system）として問題化しており、それが心理療法団体や新宗教に顕著であると考えている。そして、宗教であるかどうかという実質は問題にせず、組織特性をカルト的と評している。では、カルトの要件とはなにか。それは洗脳、マインド・コントロールの有無である。

カルト（破壊的カルト destructive cult）が信者を教化するやり方は、当初は洗脳（brainwashing）として、後にはマインド・コントロール（mind control）として批判された。マインド・コントロールとは、社会心理学や認知心理学において説得の技法として研究されてきたコミュニケーションの形態である。

社会心理学者のロバート・チャルディーニによると、相手からイエスを引き出すために次のような人間の社会行動の特性を利用する個人や団体がいるという。①返報性（恩義には報いないと悪いと思う）、②コミットメントと一貫性（やりかけたものはどんなことでもやめにくい）、③社会的証明（皆がやるから正しいと思う）、④好意（友だちの話は聞いてしまう）、⑤権威（人は肩書きに弱い）、⑥希少性（機会を逃したくない）である（Cialdini 1988=1991）。セールス・テクニックの大半は社会的影響力の組み合わせであり、こうした心理状態に人を巧みに誘導することは必ずしも違法

行為とはされない。それは説得の目的が対象者にセールスと了解されるからだ。ところが、説得の目的がモノを買わせるだけに留まらず、対象者の心理的従属を目的にしたものである場合には問題とされる。

一般的に人は必ずしも正確な情報に基づいて考えたり行動したりできないので、他者からの情報や他者との社会関係に認識や態度決定を相当程度委ねているところがある。だからこそ、根拠に基づかないことを教えたり、逆に必要な情報を教えなかったり、不安や恐怖心、射幸心を煽り、リスク認知を錯誤させるような行為は慎まなければならない。このような倫理的基準からみると、カルトによる新規信者の勧誘や教化手法には問題が多いと考えられた。

カルト論争と脱会カウンセリング

メディアや一般市民にとって、特定人物や集団に過度に依存し、家族や友人・知人、社会関係の一切を断ってしまうようなカルト特有の行動は理解しがたかった。悪意を持った個人や団体のマインド・コントロールによって認知の組み替えや態度変容がもたらされたのだという説明はわかりやすく、カルト（加害者）－信者・家族（被害者）という構図も腑に落ちやすかった。

アメリカではカルトから信者を離脱させる手法（deprogramming, exit counseling）が開発され、プロの脱会請負人まで登場したが、彼らの現役信者への介入方法は強制棄教として当該団体はもとより研究者にも批判された。そこで、近年は介入よりも情報提供（cult consultation）や脱会後のリハビリテーションに力点が置かれている。というのも、信者が脱会を強要されたとしてディプログラマーを訴える裁判が争われ、信者側が勝訴したからである。

このような裁判において、宗教学者や宗教社会学者は概してカルト信者の自発的信仰と信教の自由を擁護し、カルト批判の心理学者や精神医学者は心理操作の害悪を説明するべく証人として出廷してきた。これをカルト、マインド・コントロール論争と言っている。元信者や教団側の訴訟代理人に依頼された学者たちの間で展開された論争は、カルト視される教団信者の入信・教化過程をめぐって二〇年以上も継続されたが、学術的決着はつかなかった。その理由はどちらかが間違っていたからではなく、それぞれの陣営において問題の構成と研究の方法論が根本的に異なっているからだった（Robbins 1988）。

以上、この節ではカルト問題に関わる専門用語を解説してきたので、次の節では、オウム真理教事件を中心にカルト問題の諸相を説明しよう。

3　オウム真理教の軌跡と若者たち

オウム真理教とはなにか

オウム真理教は、チベット仏教とキリスト教の終末論にオカルト情報を組み合わせた教説と、クンダリニー・ヨーガの行法を信者に課した新宗教であり、一九八〇年代の精神世界ブームの波に乗り、地下鉄サリン事件の前まで急速に教勢を拡大させていた。教祖の麻原彰晃（本名松本智津夫、一九五五年出生）により一九八四年に創始された「オウムの会」というヨーガ道場は、わずか数年で一〇〇〇名あまりの信徒を集め、一九八九年に東京都から宗教法人として認証された。その後、熊本県波野村（現在は阿蘇市）や山梨県上九一色村（現在は甲府市と富士河口湖町に合併）を始め、全国各地に道場やサティアンと呼ばれる施設を作り、最盛期には出家者と在家者併せて一万一五〇〇人に達したとされる。

クンダリニー・ヨーガとは、呼吸法や瞑想により頭頂から尾骶骨まで数ヶ所あるチャクラ（中枢）を開発することで、クンダリニー（生命力）がナーディー（気道）を上昇し、悟り・覚醒の状態に至るとされるヨーガである。オウム真理教ではこの状態に至った信者を解脱した者、成就者と認め、成就者は霊的世界を実感し神通力を得るとされた。しかし、なかなか自力で覚醒は困難なので、ヒンドゥー教にならって師匠（グル）は弟子たちに霊性を伝えるシャクティ・パット（宇宙の原理・触れる）を用いることができるとした。

オウム真理教では業（カルマ）から解脱することが教義・修行の核心であったが、信者数の増加につれて修行法、教義、教団戦略を変化させていった（降旗 1998-2004）。その変化を四点にまとめてみよう。

①グルがヨーガ指導者から教祖となり、グルのＤＮＡや脳波を弟子たちに伝え、コピーすることでチャクラの開発ができるという疑似情報科学を持ち込み、麻原の体液が入った液体や脳波を伝えると称するヘッドギア装置を高額で弟子たちに売りつけた。思想改造の研究で著名なロバート・リフトンは、グルイズム（麻原崇拝）と終末論（ハルマゲドン）からオウム信者の隷従性と教祖・信者の被害妄想的世界観が発生したと論じた（Rifton 1999=2000）。

②ヨーガによる覚醒には時間がかかるため、ＬＳＤ等の麻薬による幻想・覚醒体験を与えたり、独房で死体のビデオやマントラを長時間視聴させたり、またグルへの帰依を唱えさせて五体投地という修行を数千回行わせ、脳内の酸素欠乏によって感覚異常を生じさせて霊的世界を実感させるなどした（伊東 2006）。こうすることで弟子たちに神秘体験を味わわせ、自分の感覚した世界こそリアリティであると思い込ませたのである。オウム真理教が若者を惹きつけられた理由の一つが、体験主義的な宗教ということにあり、安直に、しかし、わかりやすく行法や教程を整備したことにあった。

③弟子たちは、早く覚醒することができるとして、生活のすべてを修行に捧げる出家生活を教団から勧められた。出家者の大量の持ち込み資産により、教団は修行道場を増やしたり、オカルト雑誌に広告を出したり、麻原のテレビへの出演などの布教活動を活発化したり、「シャンバラ王国（仏国土）の実現」をめざすといったりするなど活動の領域を拡大した。しかし、オウム真理教に対する社会的評価は低いままであり、一九九〇年には総選挙に出馬してメディアの注目を集めたものの、麻原の楽観とは裏腹に惨敗に終わった。麻原は大勝の予言が外れて権威が失墜してしまう憂き目を回避するべく、オウム真理教を滅ぼそうとする勢力が出てきて票のすり替えが行わ

れたと陰謀論（フリーメーソンやマスメディアなどが日本を「マインド・コントロール」している）を唱え始めた。やがて麻原の被害妄想は世界最終戦争（ハルマゲドン）の予言となり、武器・兵器開発、防諜活動、サティアンと称する上九一色村の拠点作りへと突き進んだ。イギリスの宗教社会学者で日本の宗教事情に詳しいイアン・リーダーは、オウムに胚胎した暴力の起源を分析し、教団の楽観主義と悲観主義の奇妙な組み合わせに偶発的事件が積み重なり、教団として後戻りできなくなり、世界救済の夢を最終戦争における敵対勢力の壊滅、オウムだけの勝利という筋書きに書き換えたのではないかと指摘している（Reader 2002）。

④オウム真理教は社会との敵対姿勢を先鋭化し、若い信者で行方不明となったものが多かったので、親は被害者の会を結成してカルト対応を弁護士たちと始めた。これが後に坂本弁護士一家殺害につながり、また、脱会の意思を示した信者のリンチ殺害に手を染めたことで殺人を躊躇しなくなった教団は、次々と反対派を襲撃するなど事件を重ねた。暴力はさらに増幅され、警察の強制捜査を揺動するためにサリンによる無差別テロ（松本サリン事件と地下鉄サリン事件）を起こすにいたったのである。

オウム真理教の暴走を止められなかったのは、坂本弁護士一家殺害事件が典型だが、犯行現場に教団の遺留物があり、弁護士と教団の揉めごとがあったにもかかわらず、警察が踏み込んだ捜査に到らなかったからである。警察は、松本サリン事件では河野義行氏を誤認逮捕したばかりか、上九一色村の教団施設付近でサリンを生成した際の残留物質を検出したにもかかわらず（『読売新聞』一九九五年一月一日）、強制捜査に踏み切るのが遅く、地下鉄サリン事件を招いてしまった。宗教法人に対して性善説に立った過信があり、宗教弾圧の印象を回避したいことからも及び腰でもあった。さらに、マスメディアと一部の宗教研究者たちも教団広報部から手玉に取られ、教団の実像を見誤ってしまった（井上編 二〇一二）。唯一、神奈川新聞の記者時代にオウム真理教の被害者と接触し、坂本弁護士にも協力を要請していた江川紹子のみが、教団の実像に迫るルポルタージュをものしていた（江川 一九九一）。

表9－1　オウム真理教の軌跡

年	出来事
1984	2月「オウム神仙の会」発足，87年6月「オウム真理教」に改称
1989	2月　信者の田口修二氏殺害事件（リンチ死）
	8月　東京都がオウム真理教を宗教法人として認証
	10月　オウム真理教被害者の会結成
	11月4日　坂本弁護士一家殺害事件
1990	2月　松本智津夫他信徒24名が衆議院選に「真理党」として立候補し，全員落選，供託金は没収。
1993	山梨県の旧・上九一色村の教団施設にサリン工場建造開始
1994	1月　信徒落田耕太郎氏を殺害（脱会阻止）
	6月27日　松本サリン事件　8名殺害　約600人重軽傷
	7月　信徒冨田俊男氏を殺害（スパイ扱い）
	12月　反対者をVXガスで襲撃　1名が死亡，2名が重症。
1995	2月　目黒公証役場事務長拉致，監禁，殺害事件
	3月20日　地下鉄サリン事件　13人が死亡，約6000人が重軽傷
	3月30日　國松孝次警察庁長官が銃弾4発の狙撃を受け重傷。犯人は不明。
	4月24日　村井秀夫教団幹部刺殺される
	5月16日　松本智津夫（麻原彰晃）逮捕
	10月　東京地裁がオウム真理教に解散命令
1999	12月　オウム新法の施行（団体規制法による観察処分）
2000	1月　アレフに改称（2003年アーレフ，2008年 Aleph に改称）
2006	最高裁は松本死刑囚の特別抗告棄却，死刑確定
2007	上祐史浩元代表が脱会，5月に新団体「ひかりの輪」を設立
2011	11月21日　最高裁が元教団幹部・遠藤誠一被告の上告を棄却（オウム真理教関連事件で起訴された189人すべての裁判が終結）
2012	平田信，菊池直子，高橋克也の逃亡信徒を逮捕
2018	1月　オウム裁判が全て終結
	7月　松本智津夫と教団幹部計13人に死刑執行
2021	1月　Aleph，ひかりの輪，山田らの集団に7回目の観察処分を更新，3年間延長。

出典：筆者作成

数々の事件後、多くの信者は教団を去ったが、千数百名の信者は破産宣告を受けた教団施設から立ち退き、日本各地に集団で居住しはじめ、地域住民と軋轢を起こした。政府は一九九九年、オウム新法（団体規制法、被害者救済法）を成立させ、公安調査庁が教団を常時監視する体制が現在までつづいている。二〇〇七年、名称を改めていた教団Alephは、死刑判決を受けた麻原を依然として信奉する原理派と、上祐史浩を指導者とする改革派に分裂した。数多の事件被害者への損害賠償は終わっておらず、オウム事件に巻き込まれた一般市民、元信者の心身の傷は癒えないまま時ばかり経っている。

オウム真理教の四〇年

オウム真理教の活動は、一九八四年の教団設立から一九九五年の地下鉄サリン事件までの一一年と、事件後の二十数年に分けられる。オウム真理教についての書籍やメディア報道は事件と裁判までが圧倒的に多く、事件後の教団や現在の活動についてはほとんどなされていない。その理由は三つほど考えられる。

①地下鉄サリン事件のインパクトが圧倒的であり、世界史に残る宗教テロ事件を生み出した謎に迫ることがマスメディアに求められたし、研究者・ジャーナリストもオウム真理教を生み出した現代社会の論評に取り組んだ。しかし、この種の議論はいかようにも可能であり、雑多な断片的解釈を残して終息していった。

②警察や法曹関係者にとっての事件の解決とは、犯人を逮捕し、裁判で刑を確定し、服役させることである。オウム真理教信者が起こした一連の事件で起訴された教団幹部や信徒は計一九二人にのぼり、一三事件で計二七人を殺害指示した教祖の松本智津夫ほか一二名の幹部が死刑に処されたことでオウム裁判は終結した。しかし、教団そのものは、宗教法人としての認証が取り消されたものの、Alephやひかりの輪といった組織に分裂して存続している。

③最盛期に約一万一五〇〇人の信者を擁したオウム真理教は地下鉄サリン事件後信者数を減らしたが、それでも約一六〇〇人前後の信者数を維持し、近年では若者の入信者を増やしている。事件後、一九九九年に成立したオウム新法（団体規制法による観察処分）によって、教団組織は公安警察と地方警察から現在にいたるまで監視されている。しかし、犯罪者ではない信者の活動を規制する法律はないので、教団はそのまま存続し、活動も制限されることはない。フランスでは二〇〇一年に刑事事件を起こした団体を解散させられる反セクト法が成立している。

オウム真理教の時代のなぞもすべてが解明されたわけではないが、地下鉄サリン事件後のアレフや Aleph の時代においても、なぜ後継組織が新規信者を獲得できるのか、若者たちはどのような動機で入信するのか、地域住民や自治体が後継組織の道場や施設に集住する信者たちとどのように接していけばよいのかといった具体的な問題や課題は日本社会にそのまま残されている。

私は、地下鉄サリン事件以前にオウム真理教について調べたことはなかった。新宗教の一つとして認識していたが、これほどの凶悪事件を起こす宗教団体があったという事実に打ちのめされた。事件後、遅ればせながら教団施設がある千歳烏山のマンションにおいて地域住民に聞き取り調査を行ったり、オウム裁判の記録を読んだり、大学生になってアレフに入信した学生信者や保護者の相談を受けたりしながらこの教団を見てきた（櫻井 2006b, 2014；櫻井編 2015）。

学生信者との話し合い

二十数年経つ間に地下鉄サリン事件は風化しつつある。後継団体がまだあることに驚く人が少なくないし、一九九五年以降に生まれた若者には地下鉄サリン事件の記憶がそもそもない。そこで私が学生相談の一環で学生信者と面談するようなケースでは、次のようなやりとりが出てくる。デフォルメしていることを断っておく。

信者の学生は、「悪い人はみな捕まっている。今のオウムはなにも悪いことをしていない」と言う。「自分を指導してくれる人は本当にいい人で信頼できる」とも言う。本心からそう思っているかもしれないし、教団からそのように教え込まれている可能性も当然ある。

Aleph は事件の首謀者である教祖麻原彰晃の写真を祭壇に飾り、オウム真理教時代の儀礼と修行方法を継承し、教義の核心は変わっていない。だから私は、「教団が麻原を開祖・最終解脱者として崇拝する限り、自分たちで勝手に教義や儀礼・修行の体系を変えられない。こうした教説に慣れ親しみ、儀礼・行で感覚を変容させていくと、かつての事件の実行犯のように幹部からの命令さえあれば倫理や法を踏み越えていく恐れがある。信者でいるのはリスクが高い。少し冷静になって今やっていることを考え直してみてはどうか」と言う。

また、「ひかりの輪では、上祐史浩がオウムの教えや修行方法を大幅に改めたと言っているが、事件を深刻に反省するなら、教団を解散してヨーガや仏教本来の姿に立ち返り、徒党を組まず、一修行者になればいいのではないか」とこの団体に関わった学生に言う。

こうした私の言は簡単に受け入れてもらえない。麻原に絶対服従を示すべく、信者仲間や反対者、市民の殺人という踏み絵をふんで人生を破綻させ死刑囚となった元信者にしか、このリスクは本当の意味ではわからないのかもしれない。

「日本の憲法は信教の自由を保障していますよね」と学生たちは言う。その通り。「しかし、その信教の自由によって自身を害し、他者を害するのであれば、そのような自由は許されない」と私は返す。事件被害者や遺族の思いを学生たちに伝えた上で、「法律的な責任とは別に道義的な責任があるのではないか」と毎回問うことにしている。「自分は関係ない」という言い方は、中国や韓国の人たちの前で日本の戦争責任は戦争犯罪者が負っており、現世代には関係ないと公言するのと同じようなもので、日本の首相や責任ある立場の人間が国際会議でこういうことを言えるだろうか。

この問いかけに学生は戸惑うが、中には対話中にもかかわらず蓮華座を組み（瞑想のポーズ）、問いかけに応えず、意識の遮断を行おうとするものもいた。「自分には自分の業＝カルマがあり、事件被害者や実行犯で死刑になった人たちにはその人たちの業がある。だから関係がない」と言い放ったものもいた。オウム真理教や後継組織のカルト性は、私たちが共有しているはずの歴史的・社会的共同性の感覚を劣化させる。だからこそ、あれだけの犯罪ができたのだし、社会から白眼視されても生き延びていけるのだろう。

広瀬健一の遺言

オウム真理教に入信して殺人事件に加担し、死刑に処せられた広瀬健一は、フォトジャーナリストでオウム真理教の事件を追ってきた藤田庄市から、カルトの生き証人として学生への忠告を残してほしいと生前に依頼され、オウム真理教に囚われてしまった自己の心理と悔恨を原稿用紙に達筆なペン字で丁寧に書き残している。被害者や関係者に謝罪の手紙を書くためにペン習字を習ったそうだが、これほど真摯な人格の持ち主にして巻き込まれるのがカルトとも言える。

『生きる意味はなにか』――皆さまは、この問いが心に浮かんだことがありますか。」から始まる文章には、広瀬の入信の経緯と活動内容が記されている。彼は高校三年生頃から生きる意味や物事の価値に悩み、早稲田大学理工学部に進学した後も、哲学や宗教の書籍を乱読した。大学院一年生の時に、クンダリニーの覚醒を自覚し、それを統御するために読んだ本が麻原の書籍であり、即座に入門し、クンダリニー・ヨーガの実践に取り組んだ。そして、宗教体験に基づいて麻原を指導者として仰ぎ、規範意識を曇らせて一線を越えてしまったのである。

現在、私はオウムの教義や麻原の神格を全否定しています。その正当性の根拠だった宗教的経験について、脳内神経伝達物質が活性過剰な状態で起こる幻覚的現象として理解しており、教義のいう意味はないと考えているからです。

それだけに、いかなる理由があれ人間として許されない罪を犯したことは、慚愧の念に堪えません。亡くなった皆様のかけがえのない命は取り戻すことができないこと、ご遺族の皆様、重症を負われた皆さまやそのご家族の皆様の苦しみが今後も続くであろうことを考えると、後悔の念ばかりが浮かびます。

そして、学生たちへの忠告として、オウム真理教での経験と獄中でいろいろな書籍を取り寄せ熟考し反省した結果、その団体がカルトかどうかの目安を四つ挙げている。

1　指導者の教えへの服従がないか。
2　過度に厳しい規則がないか。
3　自己を否定されないか。
4　全員が一般社会から離れ、集団生活に入る傾向がないか。

広瀬の処刑後、学生にあてた文書と残された手記が編集され、出版された（広瀬 2019）。

オウム真理教に入った若者たち

現代宗教研究者の弓山達也によれば、初期のオウム信者が語る入信の体験談には、他のニューエイジ運動と同様に、「生活の空しさ」「社会の虚しさ」が共通のテーマとして表れていたという（弓山 2004）。オウム真理教からの脱会者による自助グループ「カナリヤの会」による書籍には、次のような述懐が掲載されていた（カナリヤの会 2000）。

「人のために役立とうとして（大学生）」
「社会の矛盾に悩み（30代男性）」
「心を安定させようとして（30代女性）」
「自我の妄想の中で『解脱』というマジックワードに出会って（大学生）」
「世の中の不正や汚れの中にあっても、その現実の上に立って戦い、世の中をよくしていく地道な努力をすべきでした（30代女性）」

「オウムの信者達は自己肯定感が少なく、尊師が本物であったらという期待（これ以外の道無し）と恐怖（この道から離れたら――）によって、教団生活を継続してきた。（30代男性）」

アメリカの一九六〇年代、ヨーロッパの一九七〇年代に比肩する一九八〇年代の好調な日本経済は、世界に敵なしの状態で地価・株価ともにバブルがはじけるまで膨らみ続けた。格安航空券が出回り、円高の恩恵も受けて若者がヨーロッパの有名ブランド店で爆買いしたり、会社の慰安旅行で東南アジアのリゾート地へ殺到したり、家族でハワイやグアムに行くのが珍しくなくなった。この時期、海外での調査のために格安の国際線を利用すると高齢者の団体ツアーが必ずおり、アルコール飲料のお代わりを頼む酔客でにぎやかなものだった。

オウム真理教が成長した一九八〇年代は、ギラギラした時代だからこそお金や遊びに飽きた人もいた。経済的な成功は自己実現の一部に過ぎず、自分探しのために転職を重ね、フリーターを選ぶ生き方がもてはやされた。だから「物質主義から精神主義」「世俗主義から禁欲主義」をうたったオウムの価値や信者の生活様式が新鮮さをもって迎えられたのかもしれない。「空しさ」からの脱却は自分のライフスタイルの革新でしかなかったのだが、「シャンバラ王国の実現」という教団の発展に社会の変革を重ね合わせる指向性が、信者たちに芽生えた。「社会の虚しさ」の感覚を教団が逆手にとり、利用したのである。教団が社会に敵対した時期は一九九二年のバブル崩壊の時期とも重なる。信者の持ち込む資金を頼りに成長できなくなった教団は、陰謀論を用いて危機を演出し、破綻の道筋を突き進んだ。

アレフと改称していた時代、一九九七年にアジア金融危機、二〇〇一年にＩＴバブル崩壊、二〇〇八年にリーマン・ショックと数年ごとに景気が落ち込んだ。一九八九年に三万八九五〇円の最高値を更新した日経平均株価は、二〇〇九年に七〇五四円と最安値まで落ち、日本は経済成長が一～二％台の失われた三〇年とも言われる時代から抜け出していない。日本の代わりに中国やインドが巨大な人口と消費市場をもって世界経済を牽引しているのだが、全体の底上げがなされる地域は限られており、日本を含む先進国では格差が拡大し、貧困が全世代で問題化している。

現在、Aleph の信者たちは、オウム真理教時代の古参幹部を除けば、大半が地下鉄サリン事件後に入信した若者である。女性や若干の高齢者もいると言われる（公安調査庁 各年）。どういう人たちが入信しているのだろうか。結論から言えば、このままの人生でよいのかという焦燥感に駆られた「自己実現型」は減っている。親切に話を聞いてくれたり、自分のことを心配してくれたりする人にたまたま出会ってしまい、それが Aleph の信者だったという「出会い型」、そして、そこに居心地の良さを感じてしまう「居場所型」の人が増えている印象がある。

こういうタイプの人には、オウム真理教の教義や組織活動の歴史と問題点などを逐一説明しても信仰に揺るぎがない。自分が接している人たちの親切さや居心地の良さといったリアリティをより重視しているからである。逆に言うと、宗教に代わる居場所を提供できない場合、Alephよりこちら側の方がいいんだけどなと言いがたいのである。ポスト・トゥルースの時代において、カルトの外でも、自分がそのことをどう感じたか、どう考えているのかが、事実と認識される傾向にある。

Aleph による勧誘

近年の Aleph の勧誘手法については、「街頭や書店での声掛けに加え、インターネット上で提供される交流の場であるソーシャル・ネットワーキング・サービス（SNS）を通じて、宗教、ヨーガ、占い、精神世界に興味を持つ者と接触を図り、主流派が教団名を秘匿して運営するヨーガ教室に誘い出すなどの勧誘手法も用い」（公安調査庁 2011：44）ているとされる。

この手法は、およそ三段階に分けられる。

①キャンパス内外や街頭での声かけ、SNSによるアプローチによって対象者と親しくなり、信頼関係ができたとこ

ろで学習会やセミナーに誘いこむ。この段階では教団名や勧誘の目的などは明かさない。正体を隠した勧誘である。

②相手が大学生の場合は学内の研究会や、GW・学期間休暇にセミナーへ誘い、同時に「新会員ガイドブック」などを配布して学習を少しずつ進めていく。主婦など社会人の場合は、ヨーガ教室の看板を掲げた教室に誘い込んだり、無料学習塾などに子どもを通わせている親に対してママ友を装ったりして勧誘する。

③信者としての基礎訓練が終わると、「勧誘マニュアル」を渡し、信頼関係を築くにはどうするか、グルの力を生かすにはどうするかなど、ロールプレイをした上で実践させる。個々人の修行段階に応じたトレーニングも道場で行うことで、信者の道場滞在時間が長くなり、献金額も増えていく。

①や②の段階で大丈夫かと気づき、家族や友人・知人、信頼できる専門家に相談できれば、オウム真理教やカルト団体に関する知識・情報を入手し、立ち止まって考えることが出来る。しかしながら、③の段階まで進むと外部情報を受け付けなくなる。当人が修行で行き詰まるか、献金できなくなるか、教団内の人間関係で不信を抱くかといったできごとで立ち止まる機会をえない限り、離れがたくなるだろう。

「カルトにご注意」とは、私が新入生のガイダンスで言い続けて約三〇年になるセリフだが、若者が生きる意味を模索する限り、人間が社交や親しい人との交わりで心に安らぎを感じる限り、カルトに巻き込まれる人はなくならないだろう。カルト団体の信者たちは、そうした生き方を求めていた先人たちであるだけに、いま、ここで悩んでいる人の心がよくわかる。共感力も高い。しかし、私に言わせれば、事実と歴史を軽視するために、彼・彼女たちの善意は生かされないし、同じような道筋をたどる人を不用意に増やしつづけるだけなのである。

《読書案内》

櫻井義秀・中西尋子『統一教会——日本宣教の戦略と韓日祝福』北海道大学出版会、二〇一〇年。

櫻井が日本の世界基督教統一神霊協会（世界平和統一家庭連合）の脱会信者に、中西が合同結婚で渡韓した日本人女性信者にそれぞれ入信・回心・脱会もしくは信仰喪失の過程を数十名ずつ面接調査して明らかにした。統一教会の教義・組織構造・布教戦略についての総合的な調査研究である。

櫻井義秀『カルト問題と公共性——裁判・メディア・宗教研究はどう論じたか』北海道大学出版会、二〇一四年。

カルト論争やマインド・コントロール論争、脱会カウンセリングなどを北米・西欧・日本の諸研究や裁判例から解説し、統一教会とオウム真理教を事例に日本におけるカルト問題の社会的構築を論じた包括的なカルト研究である。

櫻井義秀編『カルトからの回復——こころのレジリアンス』北海道大学出版会、二〇一五年。

カルト予防、脱会カウンセリングの介入、アフターケアの三段階において十分に研究されていない回復のプロセスを理論化する臨床的研究である。日本の実践者やカウンセラーへのインタビューと、回復途上にある脱会者の証言を後半におくことで、カルトに巻き込まれた人々自身が自己回復していくことにも役立ち、カウンセラーにも有益な情報を提供する。

井上順孝編『情報時代のオウム真理教』春秋社、二〇一一年。

宗教情報リサーチセンターが収集したオウム関連資料（刊行物等六〇〇点、ビデオ四〇〇点、説教テープ他一〇〇〇点余）から、雑多なテキスト（映像や音楽、信者育成教本やマニュアルの類）までを通してオウムの教説がどのように信者にすり込まれたのかを明らかにする。また、オウムの情報戦略によって活動実態が秘匿され、カモフラージュされた情報を事実と受け取るように仕向けられたマスメディアや専門家が、オウム批判を控えた事実を指摘している。

藤田庄市『宗教事件の内側——精神を呪縛される人びと』岩波書店、二〇〇八年。

ミニカルト（治療拒否、遺体損壊やミイラ化した事件）、統一教会、オウム真理教などを事例に、宗教指導者や教祖が信者にふるう宗教的暴力を霊的虐待（spiritual abuse）と概念化し、信者の自律性がいかに奪われていくのかを克明に活写している。

文献

淺井昭衛、二〇〇四、『日蓮大聖人に背く日本は必ず亡ぶ』冨士大石寺顕正会。

Cialdini, Robert B., 1988, *Influence : Science and Practice*, Scott, Foresman and Company.（社会行動研究会訳、一九九一、『影響力の武器』誠信書房。）

Drukheim, Emile, 1912, *Les formes elementaires de la vie religieuse : le systeme totemique en Australie*, Paris : Félix Alcan.（古野清人訳、一九七五、『宗教生活の原初形態』岩波書店。）

江川紹子、一九九一、『救世主の野望——オウム真理教を追って』教育史料出版。

降幡賢一、一九九八-二〇〇四、『オウム法廷』（全13巻）朝日新聞社。

広瀬健一、二〇一九、『悔悟——オウム真理教元信徒の手記』朝日新聞社。

井上順孝編、二〇一一、『情報時代のオウム真理教』春秋社。

伊東乾、二〇〇六、『さよなら、サイレント・ネイビー』集英社。

カナリヤの会、二〇〇〇、『オウムをやめた私たち』岩波書店。

公安調査庁、各年、「オウム真理教　アレフの動向」など『内外情勢の回顧と展望』。

Lifton, J. Robert, 1999, *Destroying the World to Save It: Aum Shinrikyo, Apocalyptic Violence, and the New Global Terrorism*, Henry Holt and Co., N.Y.（渡辺学訳、二〇〇〇、『終末と救済の幻想——オウム真理教とはなにか』岩波書店。）

Lofland, John and Stark, Rodney, 1965, "Becoming a World-Saver : a Theory of Conversion to a Deviant Perspective," *American Sociological Review*, 30 : 862-875.

Melton, Gordon, 1986, *Cults in America*, Garland Publishing Inc.

Reader, Ian, 2002, 'Dramatic Confrontations : AumShinrikyo against the World,' Bromley, G. David and Melton. J. Gordon, *Cults, Religion & Violence*, Cambridge University Press, UK.

Robbins, Thomas, 1988, *Cults, Converts & Charisma*, Sage Publications.

櫻井義秀、二〇〇六a、「『カルト』の被害をどう食い止めるか——摂理とキャンパス内勧誘」『中央公論』一〇：一四二-一四九頁。

櫻井義秀、二〇〇六b、『「カルト」を問い直す』中央公論新社。

櫻井義秀・中西尋子、二〇一〇、『統一教会——日本宣教の戦略と韓日祝福』北海道大学出版会。

櫻井義秀・大畑昇編、二〇一二、『大学のカルト対策』北海道大学出版会。

櫻井義秀、二〇一四、『カルト問題と公共性——裁判・メディア・宗教研究はどう論じたか』北海道大学出版会。

櫻井義秀編、二〇一五、『カルトからの回復——こころのレジリアンス』北海道大学出版会。

櫻井義秀、二〇一七、『人口減少時代の宗教文化論——宗教は人を幸せにするか』北海道大学出版会。

Stark, Rodney and Bainbridge, William Sims, 1979, "Of Churches, Sects, and Cults: Preliminary Concepts for a Theory of Religious Movements," *Journal for the Scientific Study of Religion*, 18(2): 117–133.

Stark Rodney and Bainbridge William Sims, 1980, "Towards a Theory of Religions: Religious Commitment," *Journal for the Scientific Religion*, 19(2): 114–128.

Stark Rodney and Bainbridge William Sims, 1981, "Secularization and Cult Formation in the Jazz Age," *Journal for the Scientific Religion*, 20(4): 360-373.

Tröltsch, Ernst, 1912, *Einleitung und methodische Vorfragen aus: Die soziallehren der christlichen Kirchen und Gruppen*, Tubingen J.C.B. Mohr（住谷一彦ほか訳、一九八一、「キリスト教社会哲学の諸持代・諸類型」『トレルチ著作集7』ヨルダン社。）

Weber, Max, 1920, "Vorbemerking," *Gesammelte Aufsatze zur Religionssoziologie*, 3bde..（大塚久雄・生松敬三訳、一九七二、「世界宗教の経済倫理　序言」『宗教社会学論選』みすず書房。）

Wilson, Bryan R., 1982, *Religion in Sociological Perspective*, Oxford University Press.（中野毅・栗原淑江訳、二〇〇二、『宗教の社会学』法政大学出版局。）

弓山達也、二〇〇四、「価値相対主義への応答」樫尾直樹ほか編『スピリチュアリティの社会学』世界思想社。

第10章

宗教文化をどう捉えなおすか
――認知宗教学

井上順孝

《ポイント》

二〇世紀末から認知宗教学と総称できる新しい研究分野が生まれた。ダーウィン進化論や脳神経科学、進化生物学、進化心理学などの影響を受けている。これによって宗教についての従来の見方が一部変わりつつある。神や仏、また霊魂といった観念をどうして人間は持つようになったのか。葬儀はなぜ宗教儀礼にとって重要な意味を持つのか。社会的に批判されるような人物を教祖と仰ぐ人が出るのはどうしてか。宗教紛争はなぜ絶えないのか。

宗教をめぐる根本的な問題はいくつもあるが、文化的要素だけでなく人間が継承している遺伝子の働きをも考慮するとどういう理解の道筋が生まれるか。現代社会は非常に激しく変わり、それに応じて宗教文化も多様化している。多様化の奥底には、古代から一貫して人間が関わってきた宗教の問題が潜む。人間のゲノム研究が進み、脳神経の働きが細かくわかるようになった時代に宗教の理解はどう変わるのか。新しい研究を紹介しながら、幅広い視点から現代の宗教文化を考える。

《キーワード》

神観念、教祖、宗教的回心、葬儀と記憶、ミーム

1　宗教をめぐる根本的問い

多様な宗教文化の背後に共通するもの

現代世界には多くの宗教文化が入り組んでいる。日本でもイスラーム教徒が増え、ヒンドゥー教徒やジャイナ教徒など、一九七〇年代くらいまでであれば、ほとんど身近に見受けなかった宗教の信者にも、あちこちで出会う機会が増えてきた。宗教ごとの世界観の違いや儀礼の違いは大きいので、これらについての基本的な知識を得ることはますます重要になっている。その背景については拙著『グローバル化時代の宗教文化教育』（井上 2020）において、詳しく述べた。

多様な宗教文化が世界に存在する一方で、宗教にはいくつか共通して見出せる特徴がある。その特徴についてどのような見方が出されているかを知っておくことも、広い視点からの宗教文化の理解に役立つ。神や仏、あるいは先祖の霊とか精霊など、存在が実証されたことのないものへの信仰がある。死んでも魂は存在するという考えがある。死後の世界についての信仰もある。また特定の人物を崇拝し、その教えに従う行動も広く見られる。

信仰者の立場からは、神や仏は実在するものであり、死後の世界も存在する。開祖や教祖が特別の力を持っていることを疑わない。これらは信仰の問題とされるが、なぜ人間がそのような考えを抱き、行動するようになったかは、宗教研究においてさまざまな角度から議論されてきた。

二〇世紀の後半、とりわけ一九九〇年代あたりから、人間のＤＮＡや脳の仕組みの研究をはじめ、人間の身体についての研究は飛躍的に発展した。先史時代の人骨が一つ発見されると、ゲノム解析によって膨大な情報が得られるようになった。ｆＭＲＩなどの方法で、脳神経の働きが、意図を持った行動、感情、思考、さらに無意識的な心の働きにどう対応しているかなども、詳しい仕組みがわかってきた。人間の文化的な営みが、どのように遺伝子の影響を受け、生まれてからの経験によってどう変わっていくかについて、さまざまな仮説が出されている。宗教文化についても、新しい光が当てられるようになった。宗教の根本的な問題に対する新しい見解は、宗教研究者だけでなく、進化心理学者、進化生物学者、認知哲学者など、さまざまな分野の研究から出されている。これらはなぜ人間は宗教を持つようになったのか、といった大きな問いにも取り組んでいる。宗教文化の多様性を知る一方で、このような根本的な視点からの研究についても知っておきたい。

なぜ神の概念が生まれたか

ユダヤ教、キリスト教、イスラームはアブラハムの宗教と言われる。それぞれの宗教の創始者とされているモーセ、イエス・キリスト、ムハンマドの系譜をたどっていくと、伝承上はいずれもアブラハムにたどりつく。アブラハムは旧約聖書に出てくる人物である。旧約聖書は近年ではヘブライ語聖書と呼ばれるようになっている。旧約聖書はキリスト教からの呼び方であり、また新約聖書とセットのものである。ユダヤ教では新約聖書は聖書でなく、旧約聖書をのみが聖書である。旧約聖書はもともとヘブライ語で書かれていた。ヘブライ語聖書にはアダムとイブの息子セツからノアを経て、アブラハムにいたる長い系譜が記されている。アブラハムの宗教は一神教であるが、ユダヤ教やイスラームでは神の姿を描かない。他方カトリックでは神の子イエスや、神の母マリアを描き、像に刻む。世界には多くの多神教があるが、多神教では神を描いたり刻んだりする。ヒンドゥー教や道教などでは多くの神の姿を描き、像を刻む。神とは呼ばないが、仏教では多くの仏像が刻まれ、また毘沙門天など天部の神々も像に刻まれる。

ユダヤ教やイスラームでは偶像崇拝を禁止しているが、神は人間のように認知されている。これを人格神と言う。神は人間の行いを「見る」ことができ、願いを「聞く」ことができ、喜び、怒りといった感情を持つ。神を人間のように扱うことを擬人観という。擬人観が宗教の始まりであるという考えは古代ギリシャにも見られたが、認知宗教学者のガスリーは、新しい見解を示した。雲に顔を見るように、岩や建築物にも顔を見る人間の認知の特徴に注目し、擬人観の一形態として宗教を理解しようとする。ガスリーは次のように述べている。

私の主張は、擬人観は主に進化によって得られた認知的戦略の副産物であるというものだが、このことは認知宗教学において幅広く受け入れられ、適用されてきている。この戦略は「パスカルの賭け」という原理にもとづいて不確かさを解決しようとするものである。どういうことかというと、もし曖昧な現象の本質に対して疑念を抱いたら、もっとも重要な可能性に賭けよ、ということである。人間にとって、もっとも重要な可能性とはその現象が人によるものということだ。それはその現象自体が人格存在であるか、または人格存在の性質や痕跡を有していることを意味する。（ガスリー　2016：72-73）

ここで「パスカルの賭け」と述べられていることを、わかりやすい例で一つ示す。ハイカーが熊を岩石と見間違えるより、岩石を熊と間違える方がましだとなる。前者であると、熊に襲われる危険に直面する。後者は逃げたが無駄だったというだけで、無事でよかったという話になる。

宗教学者のアスランはガスリー同様、「人間の脳は〈神〉を人格化せずにはいられない」としている。イラン生まれだが一九七九年のイラン・イスラーム革命時にアメリカに移ったアスランは、イスラームとキリスト教の二つの一神教を踏まえて、神が存在するかしないかを証明する証拠は存在しないと考えている。神の描かれ方の変遷についても述べているが、神を人格的な存在として捉えようとすると、論理的にも認知的にも無理が生じるとする。汎神論つまり神はあらゆるところに存在するという考えの方が、認知的にも受け入れられやすいと考えている（Aslan　2017=2020）。

精神医学者のトリーは、端的に神は人間の脳から来たとする。それは脳が次の五つの特定の認知発達を遂げた後のことだとしている。脳が大型化し、知能全般が大幅な向上をした。自分を認識できる能力を身につけた。他者の考えを認識できる能力（「心の理論」）を手に入れた。自分自身の考えについての内省能力を発達させた。自伝的記憶といわれる能力を持った。これが四万年前以降のこととされる。

トリーはおよそ一万二〇〇〇年前に始まる農業革命から、死者を近くに葬るようになり、祖先崇拝が起こり、やがて神々が生まれたと考える。そして人に備わっているほぼすべての高度な認知機能と同じように、神々に関する思考は、いくつもの脳領域にまたがるネットワークの産物であると見なしている（Torrey 2017=2018）。

このように、人間の脳の特性、認知の特性から神という観念が生まれたとする研究者は増えている。信仰者にとって神は実在するものだが、認知宗教学ではなぜ神が実在すると考えるのかを考察する。神や仏やその他の超自然的存在を否定するわけではない。否定しようとしてもアスランが述べているようにその証拠が見いだせないからである。神仏などが実在する、しないの議論はどちらにも通用する共通の証明手段が今のところないので、なぜ人類は神あるいは仏などが実在すると考えるようになったかが議論の焦点となる。これは以下のテーマについても同様のことがあてはまる。

葬儀ではたらく記憶

死と死後の世界の説明を持たない宗教はない。死は誰にでもやってくる。仏教においては「生老病死」という人間の抱く基本的な四つの苦しみ（四苦八苦のうちの四苦）の一つである。死は不安や苦しみを招くものであるから、それに対処する宗教的手段が生まれた。

死への対処が具体的に示されるのが、各宗教の伝統的作法によって行われる葬儀である。葬儀では死者がそこで行われることを認識しているかのように事が運ばれる。死後の世界が存在することも前提とされている。葬儀においては、故人に関わりのあった多くの人が集まり、そこで語らいがなされる。死者の生前の記憶がそれぞれに想起される。集まっている人たちとの語らい、あるいは弔辞に代表されるような、しばしば美化されたような死者の思い出についての語りによって、故人の記憶が、ある程度は修正される場合もある。だが、そもそも記憶とはなんであり、それはどう形成されるのか。

葬儀は故人の死後の行く末についての想像を喚起する。そこで示される宗教的シナリオは、葬儀に参列した人たちの故人の死後のあり方の想像に対し影響力を持つ。僧侶や牧師、神父、神職といった宗教家が司式すると、宗教家から故人の死後のあり方について、その宗教の世界観に基づいた説明がなされる。そのことが葬儀における雰囲気、故人に対する新たな記憶の形成に影響を与える。宗教家が介在しない葬儀であっても、故人の行く末についての宗教的シナリオは、民俗信仰という形で継承されたものがあるから、それらが影響力を持つ。

人間はメンタルタイムトラベル（心的時間旅行）が自由にできる。心の中で過去、まさに今、そして将来という時間を自由に行き来できる。たとえば一〇年前の思い出を想起した次の瞬間に、来年の出来事について思いを馳せることができる。想起された過去の記憶の内容が、直ちに将来の想像に使われることもあるので、故人についての記憶は、直ちに故人の死後の姿の想像に使われる。死んでも魂は残るという信念を持っていたとして、その人の魂について考える時、生前の姿の記憶が介在しない魂を思い描くのは難しい。

脳神経科学の分野においては、記憶についてはまだ不明なことが多いとされる。ただ記憶はニューロンのシナプス結合という実体があるというのは通説となった。記憶をニューロンのネットワークとして捉える発想は、二〇世紀初頭の記憶痕跡の研究に芽生えている。ドイツの進化生物学者シーモンは、記憶は脳内の特定のニューロン集団として符号化されて蓄えられると考えた。一九四〇年代後半にカナダの心理学者ヘッブがセルアセンブリ（細胞集成体）という考えを提起した。脳内、主として大脳皮質内において単一の知覚・記憶対象の表現に関与する機能的な細胞の集団と定義される。

記憶が一定のニューロンの結合によって維持されるという考えが、実験によって支持されるようになるのは、二〇世紀末になってからである。記憶は映画のフィルムのように蓄積されているわけではなく、ニューロン同士のネットワークの定着と組み替えとして理解すべきという考えになってきた。これはアンサンブル・コーディングと呼ばれる。二一世紀に入ると、マウスの実験によって、ある恐怖を体験したマウスの脳で活性化された扁桃体ニューロンが、その恐怖を想起した時にも再活性化されることがわかった。扁桃体は情動機能に非常に重要な役割を担っていることで知られている。どれくらいのニューロンが再活性化するかは、想起された記憶の強さと相関関係があることも示された。死がもたらす恐怖を考える際に参考となりそうである。

記憶は記銘－保持－想起という三つのプロセスで理解されているが、このプロセスにおける主役はニューロンのシナプス結合である。ある瞬間瞬間の記憶は、それぞれ異なったシナプス結合のパターンによって維持されている。一つのニューロンが複数の記憶に関わる。どのようなニューロン群のシナプス結合になっているかは記憶ごとに異なる。個々人が持っている膨大な量の記憶からすると、想像を絶する数の結合のパターンが介在する。

記憶は失われたり、変わったりする。それはシナプス結合の消失や変化によるものである。ある記憶に対応するニューロン群の結合が弱まったり、その結合に変化が生じたりすると、記憶の消失や変化、ときには過誤記憶が生じる。記憶の可変性に関しては、ＦＴＴ（ファジー痕跡理論）という興味深い仮説がある。ＦＴＴはブレイナードとレイナによって提唱された。「推論者は情報から逐語的、要約的表象をそれぞれ独立に抽出し、判断や意思決定においては主として要約的表象に頼る」と考える。記憶の痕跡が逐語痕跡と要旨痕跡とに分けられる。逐語痕跡は個々の記憶の項目そのものの情報であり、要旨痕跡はいわばストーリーの大筋をつかむような記憶である。判断や意思決定においては、要旨痕跡に基づく要約的表象に頼るとされる。学習において求められる記憶課題はしばしば逐語痕跡による表象を求めるが、これは正確さを要求されるため、人間にとって困難な課題である。また要約的表象は時間経過に対してより安定しており、逐語的表象と比べて操作も容易とされている。故人に対する記憶も要約的表象が主になると考えられる。「あの人は誰にもやさしい人だった」、「あの人は地域に大いに貢献した」というような形で語り継がれる。

人類学者のボイヤーは心理学の概念である「心の理論」を援用しながら、死や葬儀に言及している（Boyer 2001=2008）。「心の理論」は発達心理学などでよく知られた理論である。「心の理論」という言い方は、霊長類研究者のプレマックとウッドラフが一九七八年に発表した「チンパンジーは心の理論をもつか？」という英語論文で使ったのが最初である。他者の心を類推し、理解する能力といった意味で用いられる。「心の理論」は幼児の成長のある段階で得られる。

ボイヤーは次のようなことを指摘している。人間は直観に関わる推論システムとして、直観的心理システム、有生性システム、そして人物ファイルシステムを持っている。直観的心理システムは相手が状況をどう見ているかを察知する。有生性システムは、意図を持って動くどんな物体を見ても作動し、動物や人間についての予期と推論を生み出す。人物ファイルシステムはいわば心的人名ファイルあるいは人名録である。

死んだ人に直面すると、さまざまなシステムから複雑な一連の推論が生み出されるが、それらは一致しないように見える。有生性システムと直観的心理システムは、人物ファイルシステムと大量の情報をやりとりするが、それはかなり奇妙なことを生じさせる。

有生性システムは、彼らが死んでいて「元人間」であるからもはや目標を持たないなど、きわめて明確な判断をする。ところが、人物ファイルシステムは「停止させる」ことができない。このシステムは、その人間との過去の相互作用についての情報に基づいて、あたかもその人間がまだいるかのように推論を生み出しつづける。「こんなふうにしたので彼も喜んでいるさ」という葬儀での常套句は、この矛盾を示す。

ボイヤーはまた、近親者を埋葬する時、なぜ罪悪感を抱くかについても触れる。これは認知的解離として理解できるとする。死体を処理する時、有生性システムでは、死体は動かない物体として、そして感染システムや捕食者回避システムでは危険の徴として表象されているから、死体は処理する必要がある。しかしそうすることは、私たちの人物ファイルシステムにとっては、まだいなくなっていない人を処理することを意味する。ボイヤーは、死がもたらす反直観性が、宗教につながるさまざまなものを生み出す源になっていると考えている。

プロジェクション・サイエンス

神や仏は描かれたり、像に刻まれたりするが、神自体、仏自体は可視的な対象ではない。精霊、祖霊、さらには幽霊もそうである。しかしこれらを描いたり、描いたものを拝んだりすることは、多くの宗教に見られる。また日本では墓参に際して、花を供えたり、墓前で手を合わせたりする。墓標に対して死者への追悼の意をあらわす儀礼は、東アジアの宗教文化においては広く見られる。

なぜ人間はこのような行動をするのかを考えていく上で、プロジェクション・サイエンスの取り組みが参考になる。プロジェクション・サイエンスは二〇一〇年代に展開した。鈴木宏昭らの提唱者はこれを第三世代の認知科学としている。第一世代が記号的人間理解（一九七〇〜八〇）、第二世代が身体性認知科学（一九九〇〜二〇一〇）、第三世代がプロジェクション・サイエンス（二〇一〇〜）である。

プロジェクション・サイエンスは人間の対象の認知の仕方に、投射、異投射、虚投射という三つの区分を設けている。この区分は投射元（ソース）と投射先（ターゲット）の関係に基づいている。ソースが実在の対象で、ターゲットもソースと同じ対象である場合が投射である。ソースは実在の対象であるが、ターゲットがソースと異なる対象である場合が異投射である。そしてソースは実在せず、ターゲットが想像上の対象である場合が虚投射である。

投射は日常的に行われていて、相互の了解も容易である。異投射の具体例としてはラバーハンドの実験がよく挙げられる。目の前にラバーでできた腕があり、それと並べて見えないように自分の腕がある。目の前の人がラバーハンドに触ると同時に自分の腕にも誰かが触る。そうするとやがてラバーハンドへの接触が自分の腕への接触のように感じられてくる。これは錯覚によって生じる異投射である。虚投射のうち病的な例としては、レビー小体型認知症があげられる。この患者は人物の幻影を見たりする。子どもが空想の友だちを持つ場合もこれに含められる。

宗教的事象については、とりあえず次のような例を想定すればいいだろう。目の前に仏像があり、これを仏像と認知して、これに対する祈願をするのは投射である。目の前に不思議な形をした樹木があり、これを神のあらわれと感じて、神に手を合わせてしまうなら異投射である。目の前になにもないのに、祖先の霊が現れたように感じ、呼びかけたとすると、虚投射である。

異投射や虚投射の機能については、これらが精神的・情緒的安定をもたらしたり、認知発達を促すという説を、プロジェクション・サイエンスは提起している。投射の仕方に一定のパターンを提供するので、落ち着きを与えることになる。たとえば仏像を見れば、そこに仏が投射されて祈ったり拝んだりする行動が自然と生まれる。仏像というモノではなく仏を拝んだという認知が生じる。投射は投射先として明らかに不適当なもの、実際には存在しないものへとなされる場合もあるので、これが病理現象にもなるし、想像、創造、信仰にもつながる。

異投射、虚投射の一種と見なせるパレイドリア現象、サードマン現象などは、死者の存続性の観念と関係してくる。パレイドリア現象は、そこにないものや本来とは異なるものを、脳が知っているパターンに当てはめて錯覚してしまう現象である。代表的なものとしては岩や樹木の凹凸、あるいはガスリーが注目した雲の形に人の顔を認知するような現象である。人面魚など人の顔に似た動物が見つかり話題となるのもこの現象である。パレイドイリア現象は聴覚にも生じるが、「空耳」というのもこれに属する。サードマン現象は異常な事態において第三者の存在を感じる現象である。パレイドリア現象は日常的に観察される現象であるが、人間ではないものを本当に人間と信じ込むと病的な現象ということになる。

2　さまざまな信仰形態の背後にある無意識的な作用

創始者の崇拝

仏教ではブッダは悟りを開いた人物というだけでなく、人々を救う存在として崇拝される。キリスト教徒のほとんどはイエスを「神の子」と考える。イスラームではムハンマドを「最後にして最大の預言者」と考える。日本の仏教宗派は、最澄は天台宗、空海は真言宗、栄西は臨済宗、道元は曹洞宗、日蓮は日蓮宗、法然は浄土宗、親鸞は浄土真宗のそれぞれ開祖として信奉している。近代の新宗教には、黒住教の黒住宗忠、天理教の中山みき、金光教の金光大神をはじめ、多くの教祖と呼ばれる人たちがいる。

創始者の崇拝は、それぞれの宗教の展開で生まれたものだが、創始者が人々に語りかけていた時に一定数の帰依者がいたからこそである。ではなぜ、それぞれの創始者は一定の帰依者を集めたのであろうか。これについて従来よく用いられていたのは、ウェーバーのカリスマ理論である。ウェーバーは支配の三類型を示し、伝統的支配、合法的支配と並んでカリスマ的支配をあげた。伝統的支配は長老に従い、合法的支配は合法的手順で選ばれた人に従う。これに対しカリスマ的支配はその人が持つなにかが作用する。その人が持つ力はいわば「神からの賜物」である。ウェーバーはカリスマのもっとも純粋な型は、「予言者、軍事的英雄、偉大なデマゴーグ」とした。

カリスマ論は新宗教の教祖が多くの帰依者を集める理由としてよく用いられてきた。だが、新宗教におけるカルト問題が二〇世紀後半に世界各地で起こるようになると、問題が複雑になった。一九七八年の人民寺院事件では、教祖ジム・ジョーンズが南米ガイアナで九〇〇人以上の集団自殺事件を起こした。一九九五年には日本で麻原彰晃を教祖とするオウム真理教が地下鉄サリン事件を起こした。一九九七年にはアメリカのカリフォルニア州でヘブンズ・ゲイトの教祖アップルホワイトと信者たち、合わせて三九人が集団自殺した。

このような事件が起こると、信者たちがなぜその教祖に惹かれたのかという疑問に対し、カリスマ論だけでは説明しづらくなる。アップルホワイトは、生前に作成したビデオテープの中で、次のように語りかけている。「皆さんの目にはわれわれが危険なカルトと映るかもしれない。それはわれわれが『家族の価値』といった既存の社会価値を脅かすからである。しかし、イエスも二〇〇〇年前はわれわれと同じ存在ではないか」。

イエスの言動に当時の社会を批判する側面があったという点を、自分たちの特異な行動と併置させている。この主張を信者たちはそのまま受け入れた。現代アメリカの人々の一般的価値観からするなら、われわれの行動は異様に映るかもしれないが、それは「新しい運動を待ち受ける宿命である」という論理である。

多くの場合には悪とされる殺人のような行為が、宗教的に肯定される場合がある理由については、進化生物学における議論が参考となる。現生人類（ホモ・サピエンス）、さらにその先祖が、アフリカで小集団をつくって生活していた時代には、他の集団との闘いが避けられなくなった時、殺人は必然的行為であったと考えられる。現代においても、戦時には敵の殺害は英雄的行為とされる。それは戦争が異常事態なので、そう解釈せざるを得ないというだけではない。人間にはそうした反応が組み込まれていると考えた方が、こうした事態を理解しやすい。コンピュータゲームの中に、数多くの殺人場面が組み込まれたものがあるのも、同じ理由である。

一方で人間の大脳皮質の前頭葉が主役となる理性の働きにおいては、長期的な予測を重視する立場が組み込まれたし、自らが属する集団の利益だけを考えるのではなく、他の集団の立場を推し量る能力が養われた。これが大きく発達したのは、文明と呼ばれるものが生じたわずか一万年未満の短い歴史しかない。カルト問題となる教団のリーダーの場合は、むしろアフリカのサバンナで生活していた時期に形成されたような、環境への古くからの根強い適応形態が強く作動している可能性がある。

カルト問題の議論においては、一見理性に反するような教え、合理性に大きく欠けるような教えを説く教祖が、なぜ多数の信奉者を得ることができるのかが疑問とされる。人間の判断における理性や合理性と呼ばれるものの力は、いかにも脆弱であることを示す。この点についても、認知科学系の分野における議論が参考になる。カルト問題においては、指導者によって恐怖をもたらすようなことばが繰り返される例が少なくない。攻撃されたり殺されたりする恐怖、さらに死後の世界についての恐怖である。

個体の存続および社会的存在としての存続に関わる不安や恐怖の感情の働きは、大脳辺縁系の働きに強く依存している。生存を脅かす事柄への反応は哺乳類に発達しているが、爬虫類などにもある。恐怖を避けようとする（「逃げろ」タイプの行動）か、あるいは恐怖の源を攻撃しようとする（「かかれ」タイプの行動）は、生物にもともと瞬間的に生じる二つの相反する反応である。これは非常に強固に遺伝子に組み込まれており、たとえ理性が否定した場合でも退けにくい反応とされる。この反応を刺激するような教えは、ソトに対する境界線を否応なく際立たせる。麻原彰晃は「人は死ぬ。必ず死ぬ。絶対死ぬ」と繰り返し述べ、死の恐怖を呼び起こす一方で、やがて自分たちの教団が外部社会から攻撃されていることを強調するようにもなった。

宗教組織によるテロ活動や暴力的活動をリーダーがメンバーに行わせる時にも、このような人間の恐怖に対する反応は使われている。イスラームの過激派がテロ行為をしたとしても、イスラームがそのような行為を生む理念を持っているのではないかという議論は適切でない。人間がそのような反応をすることを心得ているから、宗教のリーダーもそれを無意識のうちに利用していると理解した方が適切である。

なぜある信仰を受け入れ、宗教組織に属するのか

信仰や宗教文化が継承されていく上では、現代世界においても家族が果たす役割がもっとも大きい。また同じ信仰を持つ人、同じ宗教文化を共有する人がまとまって生活している地域では、共同体が果たす役割も大きい。それらは基本的に生き方や生活習慣の一部として継承されるので、特別に宗教教育をしなくても世代を超えて継承されていく。

他方で両親が異なった信仰を持っている場合や、一方の親あるいは両親とも無宗教の場合がある。現代では新しい宗教が次々に興り、複数の宗教が数多く混在するような社会が増えている。信仰や宗教文化の継承が自然となされるのではなく、自らの意思に基づいて宗教を選ぶ人もいる。さらに特別な体験をして、それまで宗教に無関心であった人が信仰心に目覚めるという例もある。これについての研究は回心研究として知られている。

二〇世紀初頭に宗教心理学者ジェイムズは、宗教的回心の理解に「識閾下の（サブリミナル）」意識の働きという見方を導入した。識閾下の意識がある時突然にそれまでの意識にとって代わる現象を、宗教的回心として理解した。無意識と意識とのダイナミックな関係に気づいたのである。

閾値という概念はニューロンの働きを理解する上できわめて重要である。個々のニューロンが受けた信号をシナプスを介して次のニューロンに渡すかどうかには、閾値が関わっている。閾値は脳全体のメカニズムに関係している。意識の働きにもそれは関与する。コッホなど意識研究の最先端にいる研究者は、ある意識が生じる時には、「勝者総取り」の機構が作動しているとする。勝者総取りは、たとえば選挙で一票でも多く得た人が当選者となって、その選挙を制するようなことをさす。それまで宗教的な関心を示さなかった人でも、宗教的な関心が無意識の中になかったわけではない。ある状況の下で、それが突然意識にのぼってくると、宗教的目覚めが起こる。ジェイムズの回心論は、最新の意識の研究で明らかにされたメカニズムについて、すでに見通しを持っていたと理解できる。

ではなぜ信者たちは教祖の教えを受け入れるのか。それが社会的に強く批判されるような教えであっても受け入れるのはどうしてか。この疑問は認知宗教学にとって非常に重要な課題である。近代には多様な新宗教が生まれたが、その教えの中には理性的な価値観と大きく異なるものがある。合理的判断ができるようになった人類が、なぜ時としてきわめて非合理的判断に従うのか。

ここでは心理学者のスタノヴィッチの二重過程理論を参照する（Stanovich 2004=2008）。スタノヴィッチは人間の行動、思考を左右するものを次の三層で考える。遺伝子的レベル、ミーム的レベル、前頭葉における思考のレベルである。このうちミームは生物学者のドーキンスによって広められた考えである。人間は遺伝子の乗り物であり、文化的遺伝子同士の影響に左右される存在であるという発想に立つ。ドーキンスは遺伝子（gene）をもじってミーム（meme）と名付けた。文化伝達あるいは模倣の単位という意味で使っている。ミーム論のもっとも重要なポイントは、人間が遺伝子に操作される面への着眼である。ミームが生き残りやすい個体を選んでいくというような、従来とは逆転の発想である。人間は伝達されるものの「乗り物」と見なされる。これはある思想が一気に広がるのはなぜか、特定の観念が世代を超えて継承されていくのはなぜかについての新しい説明原理である。その思想が優れているから広がったのではなく、それが生き残りの戦略に優れているので、多くの地域に広がり長く継承されたとする。

この考えを取り入れて、スタノヴィッチはミームを文化を構成する情報の単位とし、普及したミームは社会における常識になると考えた。人間という乗り物は遺伝子とミームの相互作用によって二種類の制御を受けるとする。これが二重過程である。その制御のあり方の特徴から、ＴＡＳＳと分析的システムの二つを区分している。ＴＡＳＳは自動的に作動する認知機構である。具体的には顔貌認識、直観的数値、心の理論、社会的交換、道具使用、感情知覚、友情、育児、恐怖、努力配分・再調整などである。

一方、分析的システムは、対象に対する脳の膨大な演算をともなう認知であり、相当の時間がかかる。分析的システムは論理的、記号的思考に適した強力なメカニズムだが、文脈から離れた認知様式であるため演算能力への負担が大きく、維持するのが容易ではない。たとえば神学的議論が結論にいたるのに時間がかかり、また多様な見解が生じるのは、分析的システムに大きく依存するからである。

宗教はミームの一種として見なされるが、同時に遺伝子的レベルの命令も受けている。二重の操作を受けている人間が、それでも理性的に判断できる部分はどこにあるかを、スタノヴィッチは問いつづけている。宗教は環境に付随的に生じる偶発的ミームの古典的例とみなす。カトリックやイスラーム信仰は単純なミームではなく、ミーム複合体であるとする。遺伝子が個体の利益に反する作用をすることがあるのと同様に、ミームもそうした作用をする可能性がある。宗教概念もミームの一種として捉えられているので、それは個体にとって有用であったり、逆にその存続にとって危険であったりする。集団自殺をさせるようなミームは個体にとっては利とならないような命令を個体に下すことになるといった例が示される。

人間は遺伝子におどらされ、ミームにもおどらされる危険性がある。そこでどんな生き方ができるのか。これについては「ノイラート的試み」をスタノヴィッチは提起している。簡単に言うと、万能の解決策ではなく、楽観論でもないが、自己修正の可能性を持つ合理性に望みをかけるような立場である。その時どきの「最終決定」は「賭け」のような性格を持つ。

興味深いのはスタノヴィッチが、「存続するミーム」として四つを挙げている点である。第一は、人々の助けになるものである。たとえば、環境について正確な情報を持つようなミームは個体にとって有利であろうから、そうしたミームを持った個体を生き延びさせる確率が高くなる。第二は既存の遺伝的傾向や領域特異的な進化的モジュールによく合うものである。指導者に従ったり、仲間を大事にしたりするミームなどである。第三は、そのミームに適した宿主の遺伝子複製行動を容易にするものである。たとえば子だくさんを奨励する宗教の信念などである。創世記（九章一節）にあるような「産めよ、増えよ、地に満てよ」はその古典的例になろう。そして第四は、そのミーム自体の自己を永続させるような特徴を持つものである。ここにはサブカテゴリーとして、改宗戦略、予防戦略、説得戦略、敵対戦略、ただ乗り戦略、物真似戦略など、多数のミーム・サバイバル戦略が含まれるとする。

わかりやすく言えば、その宗教の教義を広めるための仕掛けが教義の中にある。「どんな信仰もそれなりに真実を伝えています」という教えより、「この信仰しか救いに至れない」とする教えの方が、その教えの存続には戦略的に適しているとなる。

共感を呼ぶ教え

信仰の伝達や広まりには感情が大きく作用する。教えの内容が整っているから広がるわけでもない。キリスト教信者でも聖書の内容をほとんど知らない人や、キリスト教がどのような歴史をたどったかを知らない人が数多くいる。他の宗教も同様のことが言える。それでも広がる宗教があり、それぞれの社会で重視される宗教文化がある。そのおもな理由は、宗教には人間の感情に強く働きかける部分があるからと考えられる。

人間と人間が無意識のうちに影響を与え合う現象に関して、ミラーニューロンはきわめて重要である。ミラーニューロンは一九九六年にイタリア・パルマ大学の神経生理学者であるリゾラッティらのグループが、マカクザルの実験中に偶然見出した。グループはマカクザルの脳に電極を入れ、運動前野にあってモノをつかむ行動に関わりのある領域（F５野）を調べていた。すると、サル自身がモノをつかんだ時に発火するニューロンと、実験をしていた研究員がモノをつかむ行為をサルが見た時に発火するニューロンのパターンが、非常に似ていることに気づいた。ここからミラーニューロンと命名された。

運動前野は前頭葉の後部にあるが、やがてミラーニューロンのような機能は人間にもあるとわかってきた。類似の機能を含めミラーシステムと呼ばれる場合がある。サルとヒトとでは脳領域の構成に違いもあるが、ミラーニューロンは似たような領域にあるという。人間が他者の意図や感情に無意識のうちに共感しているという考えは、宗教の儀礼の維持や継承を考える上で非常に参考になる。

さらには脳波同調という現象も注目されている。これは無意識的な反応の重視である。人がなにに心動かされるかついて、脳科学者のハッソンは脳のシンクロ現象に注目した。ハッソンの実験はＴＥＤというオンラインで見れる番組でも一部紹介されている。彼は脈絡のない話などを聞いた時は、脳の聴覚野は通常の反応をするだけであるが、人を引き付け首尾一貫した話の全体を聞いた時に限り、脳の深部に同期あるいは似たような反応が広がることを見出した。これを「脳波同調」と呼んでいる。この時の同期は前頭葉と頭頂葉にわたっており、ことばや音ではなく伝える意味に起因しているとしている。

これを裏付けようと、ある話を英語からロシア語に訳し、それぞれのネイティブに聞いてもらったところ似たような脳の反応になったことがわかった。文法や音が違っても話の内容が同じであれば同じ反応だという彼の主張を踏まえると、名作が翻訳されても名作として評価される場合が多いことの理由がわかりやすくなる。聖書が何語で語られようと、感動を与える場面は共通しているのもよく観察される。

ハッソンは話している人と聞いている人の脳波同調も指摘している。話すことと聞くことは脳にとっては異なった部位を使う作業である。話す側は発声のために口や舌などを動かすのだから運動に関わる部位も使われるが、聞く側にはそれはあまり関わらない。だが両者に同調が確認されたという。ただしそれはコミュニケーションが成り立っている場合のことである。つまり話にとても共感した時には、話し手と聞き手の間の脳波はきわめて似たものになっているということである。このことは宗教の説教の場面で、宗教家の話に信者たちが一斉に頷くことがあるのは、脳波同調の結果と理解できそうである。

3　宗教文化は遺伝子からも影響を受ける

遺伝子と文化の相互作用

人間はいつ頃から宗教心を持つようになったのかという問いはあるが、それに答えるのは困難である。文字が残されていない時代の人間の心のあり方を考える手立てがない。それでもなんらかの手がかりを得ようとする時、ユニバーサル・ダーウィニズムで展開されている研究が参考になる。ユニバーサル・ダーウィニズムはネオ・ダーウィニズムの一つで、ダーウィンの進化論を生物学だけでなく、広く人文・社会系の研究にも応用していく。

ダーウィン進化論は、目的論的な考えではない。目的論とはたとえば獲物を捕らえるために足が速くなったとか、高いところにある果実を食べるために首が長くなったといった解釈である。そうではなく、ある環境のもとで足が速い方が生き延びやすい場合があったとか、ある環境のもとでは首が長い方が食を得られる割合が高かったので、足が速いもの、首が長いものが多くなったと解釈する。

この視点を宗教に適用するなら、社会を統一するために宗教が生まれたとか、人々に善い行いをさせるために宗教が生まれたなどとは考えない。整った宗教を持った社会の方が生き延びやすい傾向があるのではとか、信者に善い行いを勧める宗教の方が長く存続しやすいのではと考える。この二つは似ているようで大きく異なる。その違いは社会を分裂させるような宗教や、人々を不幸にさせるような宗教の出現の理由を考えた時にわかりやすい。目的論的に考えると、そのような宗教が起こるはずはない、あるいは本来の宗教ではないとなる。ユニバーサル・ダーウィニズム的な発想に立つと、ある環境で社会を混乱に陥れるような宗教が一定期間存続するのはどんな環境が作用したのかを検討することになる。

進化論を人間の行動や文化にまで適応する考え方には、動物の行動から宗教のはじまりに関わる手がかりを探す試みがある。動物行動学者で心理学者でもあるドゥ・ヴァールは、ボノボやチンパンジーを研究しているが、ボノボの観察からも共感に基づく道徳的行動が観察されるとした。人類でも宗教に先立って道徳が生まれたのではないかと推論する。

ユニバーサル・ダーウィニズムには人間の文化的行動の特徴を百万年単位の長いタイムスパンで考えていく視点がある。この視点は、現代の宗教が理念としては平和や共存共生を目標としているにもかかわらず、宗教が関わりを持つ多くの暴力や紛争、さらに差別があるのはなぜかという問いを考える時に大きな手がかりを与えてくれる。

すでに述べたミーム論や二重過程理論はこの立場に立っている。類似のものにＥＥＡ（進化的適応環境）やＤＩＴ（二重相続理論あるいは二重継承理論）がある。ＥＥＡはイギリスの心理学者ボールビイらが唱えた。人間の行動形態を人間がアフリカに住んでいた頃の環境への適応と関連付ける。この考えによると、現在の人類の認知能力は一〇〇万年〜一万年の時期（更新世、石器時代）に形成されたが、この時期は環境の変化が激しく、自然淘汰が強く働いた時代であるという。農耕牧畜が開始されたのは約一万年前で、文明社会が築かれたのは数千年前に過ぎない。一〇〇万年〜一万年の時期に獲得された心の傾向が現代までつづいているとする。その頃は、おそらく一〇〇〜二〇〇人程度の規模の集団で生活していたので、小規模集団の問題解決のモデルがそこで形成された。この考えに基づくと、数万人、数十万人、あるいは国家なら億単位の人について考えなければならないのに、小規模集団における解決法に無意識的に頼る傾向が残存している。残存というより、時に抗しきれないような力を発揮する。食べ物でわかりやすい例をあげると、現代人は体に悪いとわかっていても、甘いもの、あぶらっこいものを好んで食べる傾向がある。これもそうしたものを得るのが困難であった時代に獲得された傾向の根強さである。

進化心理学では人間が文明社会においても繰り返す原初的と思われる行動、たとえば暴力や縄張り争いや配偶者をめぐる闘争なども、百万年にわたる狩猟・採取時代に適応して形成された脳の反応パターンで説明しようとする。つまり、百万年ほどかかって獲得された認知の仕組みを、まだ数千年程度の期間しかない文明社会で形成されてきた認知の仕組みはなかなか踏み越えられない。宗教集団においても、暴力問題が起こらないものはないと言っていい。その理由もこの見方である程度は説明できそうである。

ＤＩＴは生態学者のボイドとリチャーソンによって一九八〇年代に提唱された。ある世代から次の世代への行動パターンの受け渡しは、遺伝的相続と文化的相続の両方を使って行われるが、両者は相互に関係するので、文化的相続のパターンもさまざまな遺伝的要因（とりわけ学習能力やさまざまな心理的バイアス）によって規定されると考える。生得的、習得的という区分は以前からよく用いられているが、脳神経科学などの発達により両者の相互関係が細かく議論されるようになったのである。

ボイドらは認知バイアスの観点を導入している。とくに重視するのが、頻度依存バイアスである。簡単に言えば当該社会にある一定以上の割合で広まっている思想や行動形態は受け入れられやすいということである。革新的な新しい宗教が出てきても、伝統的とされる宗教が次の世代においても受け入れられやすい理由がわかりやすくなる。

現代日本においては多くの人が神社に参拝し、仏教宗派にも関係する。ともに広く受け入れてきた宗教と言える。その他、カトリックやプロテスタント、さらに数多くの新宗教がある。もしある人の両親がそれぞれ異なる宗教に帰依しており、それらが地域社会で多数派を占める宗教とは異なっていたような場合、その人は成人の過程でどの宗教を選ぶことになるか。こうした場合、単に複数の宗教があるというだけでなく、ある突出した割合の宗教がある時は、それが選ばれる割合が高くなるという。これが頻度依存バイアスで解釈しうる。

宗教的エピジェネティクス

仏教は大きくは上座部仏教（南伝仏教）と大乗仏教（北伝仏教）に分かれるが、大乗仏教には細かな派が形成された。日本の仏教は大乗仏教で現在大きく一三宗がある。キリスト教には大きくは三つの流れ、すなわちローマカトリック、東方正教会、プロテスタントが形成された。プロテスタントはさらに細かい教派に分かれている。イスラームもスンニ派とシーア派に大別されるが、シーア派はさらに細かく分かれる。

なぜ同じ宗教なのに、細かい派があるのか。教えや実践をみると、とても同じ宗教と思えないくらい異なる場合がある。カトリックの司祭や修道女は結婚できないが、プロテスタントの牧師は男性であれ女性であれ結婚できる。上座部仏教の僧侶は結婚できないが、日本の仏教僧侶は結婚できる。戒律の厳しさが同じ宗教でも派によってかなり異なるのは珍しくない。どうしてこのようなことが起こるのか。創始者が説いた教えや実践法も、それが人から人へと伝えられるうちに変わっていくのは当たり前である。だが、同じ教典内容を伝えているはずの宗教でも実践法が異なってくるのはどうしてか。

これを宗教的エピジェネティクスという観点から説明しようとする試みがある。エピジェネティクスは生物学の用語で、ＤＮＡの配列変化によらない遺伝子発現を制御・伝達するシステムと、その学術分野のことである。これ

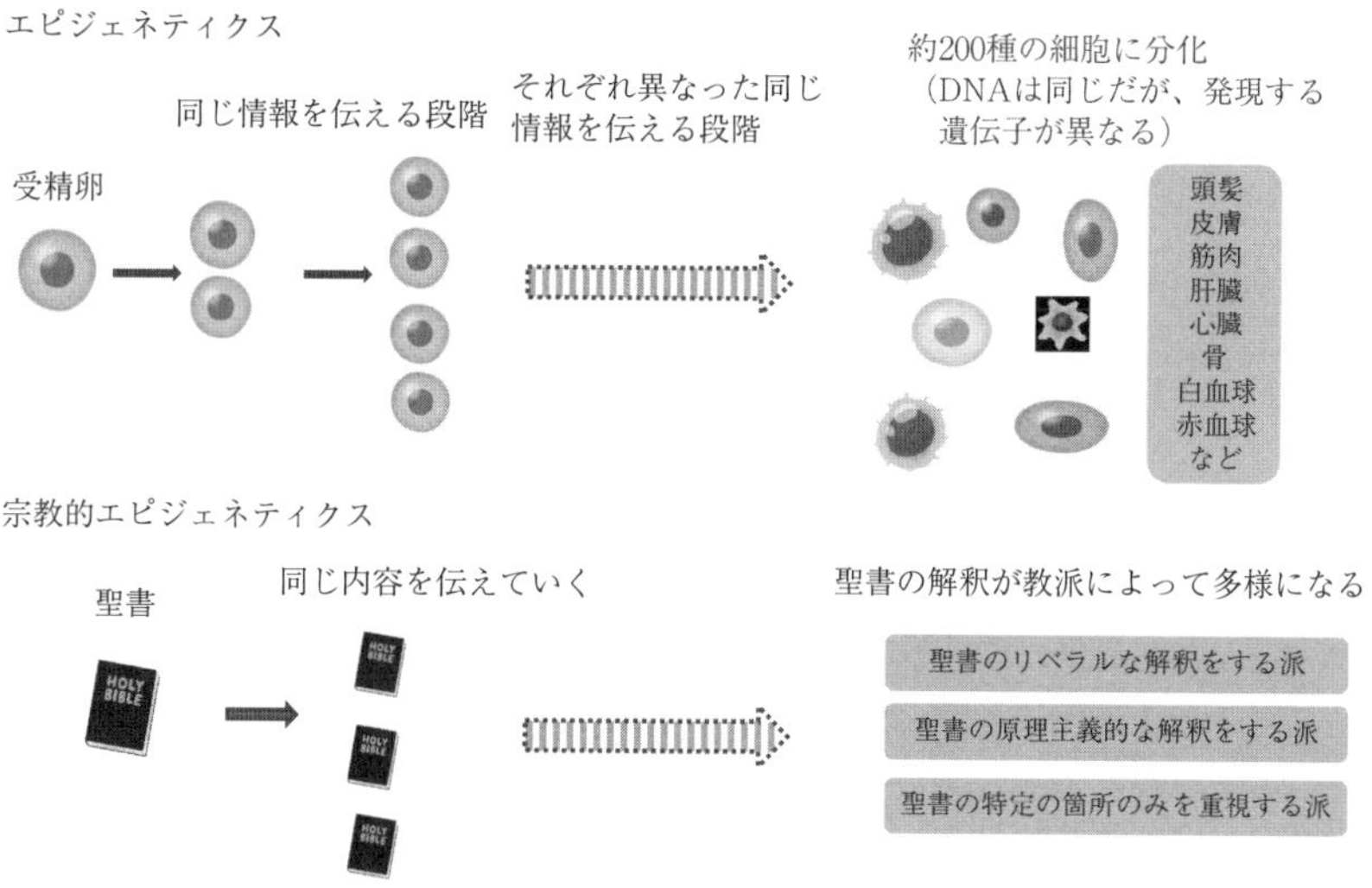

図10－1　エピジェネティクスの宗教現象への適用

出典：筆者作成

を文化現象にも適用する試みが二〇一〇年代に増えている。DNAは同じでも環境との相互作用によって実際の生物の表現型は多様に変化するが、エピジェネティクスの考えを宗教現象に適用するとどのような発想が生まれてくるか（図10－1）。

進化生物学者のウィルソンは、二〇一〇年に米国のフロリダ州サンアントニオに進化研究所を設立した。この研究所のサイトに、宗教的エピジェネティクスというタイトルの文章が掲載されている。次のような書き出しになっている。

> 保守的なキリスト教派と進歩的なキリスト教派は同じ聖典を共有しているのに、どうしてこれほど異なっているのか。それは同じDNAを共有しながら、皮膚と肝臓の細胞がこれほど異なっているのと同じ理由からです。（https://thisviewoflife.com/religious-epigenetics/）

宗教文化を含め文化の伝達は多様な形をとる。親から子への「縦型」、仲間同士の「横型」、年長者から年少者への「斜め型」、より地位の高いものから低いものへの「威信型」、その他、人気ある人からの伝達、ランダムな伝達などが提起されている。これらは人間関係に重きを置いた区分だが、現代における伝達を考える場合には、情報技術の急速な進歩を考慮しなくてはならない。上記のランダムな伝達に含めうるだろうが、情報伝達のタイプでいうと、長い歴史を持つ対面型に対し、近代に急速に発達したマスメディアを介した情報伝達、二〇世紀末のインターネットの大衆化の進行にともなうＳＮＳを介した情報伝達の影響には特別の注意を払う必要がある。

それぞれの宗教で用いられている特別の意味を持ったことばが、もとの教典（テキスト）において用いられている文脈から切り離され、小さな団体ごとに異なった意味で用いられる現象はありふれている。これは「脱コンテキスト化」と総称できる。教典の中の重要なことばや概念が脱コンテキスト化される現象は、ＳＮＳ時代には際立って多くなっている。とりわけ宗教で用いられている表現を、コンピュータゲームなどに自由に用いる例が目立っている。コンピュータゲームに登場する神々などは、もはや元の教典の神とは切り離された独自の存在である。神の名称と神の属性の一部が利用されているだけだが、このことが人々に果たす作用は決して無視できない。これも宗教的エピジェネティクスという問題の視野に入ってくる。

4　「宗教」を特別視せずに理解を深める研究

以上述べてきたように、二〇世紀末から宗教意識、宗教的行動、あるいは広く宗教現象と呼ばれてきた事柄に対する新しい見方や仮説が次々と出されてきている。これらは従来の研究で培われている宗教観を崩しているわけではなくて、新しい気づきをもたらしている。それはより現象のミクロな部分を分析していく技術が発展している時代の、対象の持つマクロな特徴への新たな気づきという面がある。

多様な宗教文化に接する時代になって、そのあまりの多様さに直面すると、一つ一つを深く理解していこうとする気持ちがくじけそうになるかもしれない。けれども、これらの新しい見方は、多様性の背後にある共通の要素や動きに着眼するものが多い。宗教が関わっていると思える細かな現象や地域の文化などを考察していくことが、人間の宗教的営みと呼ばれてきたもの、宗教文化と捉えてきたものの全体的理解につながる。認知宗教学はそのような手立てを築く可能性を持っている。

認知科学や脳神経科学などが宗教研究に示唆している重要なポイントの一つは、これまで呪術的とか原初的、あるいは未開といった表現で、人間が乗り越えるべきもの、あるいはすでに乗り越えたかのようにみなしているものが、依然として人間の思考や行動の中核に腰を据え、大きな影響力を持っているということである。それが時にカルト問題や宗教紛争において際立っていることにとくに注意したい。

これまでの宗教研究においては、宗教に関わる事柄を「聖なるもの」として、最初から特別な領域での話として扱う場合もあった。その前提をいったん横に置いてみる。人間の営みやその歴史的展開についてのすべての研究が共通基盤とすべきものはなにかを考慮する。宗教現象と呼ばれてきたものも、人間の認知の自然な発露、そして誰にも作動しうる心の働きとして見ていく。それゆえ宗教を最初から特別な領域の出来事としてみる目や、宗教を理解する能力のようなものがないと、宗教を研究できない、という立場はとらない。

人間の思考の特徴、行動の特徴を全体的に考えていく研究を踏まえた上で、宗教とか宗教文化と呼ばれるものの特徴はなんであるかを考えていく。そういう手順である。認知宗教学は新しい研究分野の成果を積極的に採り入れていくことで、宗教についての理解を深めようとする立場に根差している。

《読書案内》

レザー・アスラン『人類はなぜ〈神〉を生み出したのか？』白須英子訳、文藝春秋、二〇二〇年。

アスランはイラン生まれだが、一九七九年のイスラム革命時に幼くしてアメリカに移り、ハーバード大学で神学、そしてカリフォルニア大学で宗教社会学の学位を得ている。この経歴が示すようにイスラームとキリスト教の神観念を中心的に扱いながらも、人間にとっての神の認知のありようの展開を人類史的な視点から論じている。

井上順孝編著『21世紀の宗教研究――脳科学・進化生物学と宗教学の接点』平凡社、二〇一四年。

井上順孝による総論に続き、比較神話学者のマイケル・ビッツエル、進化生物学者の長谷川真理子、宗教学者の芦名定道の三人の論が収められている。脳神経科学の発展、進化生物学の知見、最新の比神話較学の見解が、宗教現象の理解にどう絡んでくるかが示されている。タイトル通り二一世紀の宗教研究の向かう先を論じている。

鈴木宏昭編著『プロジェクション・サイエンス――心と身体を世界につなぐ第三世代の認知科学』近代科学社、二〇二〇年。

人間の認知の特徴について、投影（プロジェクション）という働きに焦点を当てて、実験結果も織り込みながら述べている。「魔術的な心」を異投射、虚投射という観点から扱う論文などが収められている。いわゆる超自然的存在を信じる人がどの社会でも見いだされる理由を考える上で、ヒントになる書である。

キース・E・スタノヴィッチ『心は遺伝子の論理で決まるのか――二重過程モデルでみるヒトの合理性』椋田直子訳、みすず書房、二〇〇八年。

ダーウィンの進化論、ドーキンスのミーム理論などを踏まえた上で、人間における進化的に獲得した思考パターンと、個人としての分析的思考の葛藤について中心的に考察している。とくに宗教を中心的に論じているわけではないが、人間の行動全般について広く論じているので、そのまま宗教現象にも応用できる内容である。

パスカル・ボイヤー『神はなぜいるのか？』鈴木光太郎・中村潔訳、NTT出版、二〇〇八年。

進化論の考えをベースに認知心理学などで広く使われるようになった「心の理論（Theory of Mind）」などを用いて、超自然的概念、神や霊、儀礼、死の問題など、宗教に関わるテーマを幅広く扱っている。宗教や道徳の起源について議論していて、認知宗教学にとっては基本的な書籍の一つである。

文献

Aslan, Reza, 2017, *God : A Human History.*（白須英子訳、二〇二〇、『人類はなぜ〈神〉を生み出したのか?』文藝春秋。）

Bering, Jesse, 2011, *The Belief Instinct : The Psychology of Souls, Destiny, and the Meaning of Life.*（鈴木光太郎訳、二〇一二、『ヒトはなぜ神を信じるのか』化学同人。）

Boyer, Pascal, 2001, *Et l'homme créa les dieux. Comment expliquer la religion.*（鈴木光太郎・中村潔訳、二〇〇八、『神はなぜいるのか?』ＮＴＴ出版。）

Damasio, Antonio, 2018, *The Strange Order of Things : Life, Feeling and the Making of Culture.*（二〇一九、『進化の意外な順序――感情、意識、創造性と文化の起源』白揚社。）

Dawkins, Richard, 1976, *The selfish gene.*（日高敏隆ほか訳、一九九一、『利己的な遺伝子』紀伊國屋書店。）

Dawkins, Richard, 2006, *The God Delusion.*（垂水雄二訳、二〇〇七、『神は妄想である――宗教との決別』早川書房。）

Dennett, Daniel C., 2006, *Breaking the Spell : Religion as a Natural Phenomenon.*（阿部文彦訳、二〇一〇、『解明される宗教――進化論的アプローチ』青土社。）

De Waal, Frans et al., 2006, *Primates and philosophers : how morality evolved.*（柴田裕之訳、二〇一四、『道徳性の起源――ボノボが教えてくれること』紀伊国屋書店。）

ガスリー、スチュアート・E、二〇一六、「神仏ははぜ人のかたちをしているのか」國學院大學日本文化研究所編『〈日本文化〉はどこにあるか』春秋社、六五-一〇四頁。

井上順孝、二〇二〇、『グローバル化時代の宗教文化教育』弘文堂。

井上順孝編著、二〇一四、『21世紀の宗教研究――脳科学・進化生物学と宗教学の接点』平凡社。

Mesoudi, Alex, 2011, *Cultural evolution: How Darwinian theory can explain human culture and synthesize the social sciences.*（野中香方子訳、二〇一六、『文化進化論――ダーウィン進化論は文化を説明できるか』ＮＴＴ出版。）

Ramachandranand, Vilayanur Subramanian and Blakeslee, Sandra, 1999, *Phantoms in the Brain : Probing the Mysteries of the Human Mind.*（山下篤子訳、一九九九、『脳のなかの幽霊』角川書店。）

Shaw, Julia, 2016, *The Memory Illusion.*（服部由美訳、二〇一六、『脳はなぜ都合よく記憶するのか』講談社。）
Stanovich, Keith E., 2004, *The Robot's Rebellion : Finding Meaning In the Age of Darwin.*（椋田直子訳、二〇〇八、『心は遺伝子の論理で決まるのか——二重過程モデルでみるヒトの合理性』みすず書房。）
鈴木宏昭編著、二〇二〇、『プロジェクション・サイエンス——心と身体を世界につなぐ第三世代の認知科学』近代科学社。
Torrey, E. Fuller, 2017, *Evolving Brains, Emerging Gods.*（寺町朋子訳、二〇一八、『神は、脳がつくった』ダイヤモンド社。）
Wiseman, Richard, *Paranormality : Why We See What Isn't There.*（木村博江訳、二〇一二、『超常現象の科学——なぜ人は幽霊が見えるのか』文藝春秋。）

あとがき

二〇一九年末に中国の武漢市からはじまった新型コロナウイルス感染症（COVID-19）の拡大は、あっという間に世界中の人々を巻き込んでいった。ＳＡＲＳとも新型インフルエンザとも異なる未知のウイルスの出現に対し、二〇二〇年の春はSTAY HOMEという標語のもとに、とにかく家に引きこもるよう求められた。そんななか、多くの人に読まれたのがアルベール・カミュの小説『ペスト』（宮崎嶺雄訳、新潮文庫）であった。一九四〇年代のアルジェリアを舞台とし、感染症であるペストに翻弄されつつも立ち向かう人々の姿を描いた作品である。一九四七年に発表された小説が、同じ感染症との戦いということで読み直され、共感をもって受けとめられた。

ほかにも一七世紀のイギリスで起こったペストの大流行を題材にしたダニエル・デフォーの『ペスト』（平井正穂訳、中公文庫）や、ちょうど一〇〇年ほど前に日本でも流行したスペイン風邪をテーマにした菊池寛の『マスク』（文春文庫）も注目された。

新型コロナウイルスは、ペストともスペイン風邪とも異なるが、人々は歴史のなかに類似例を見いだそうとし、小説のなかに人のふるまいや起こっている事態の解釈の仕方を求めたといえるだろう。

このようにわたしたちは、現代に起こるさまざまな事象を理解するためには、まず歴史を知ることが肝要であると体験的に知っている。宗教についても同じことがいえるだろう。

ゲームやアニメに奇抜な格好をした神々が登場する。たしかに新奇に見える。しかし神を描くということは遙か昔から行われている。洞窟に描くか、石版に描くか、紙に描くか、液晶パネルに描くか。メディアの新しさに目を奪われがちだが、歴史のなかに置いてみてはじめて、なにが新しくて、なにが受け継がれてきたものなのかが見えてくる。
同じように、現代宗教の状況を見ることで、歴史上の出来事や聖典に記された奇跡などが「ありうること」と感じられることがある。新宗教の教祖の姿を伝える信者たちを見ることで、福音書が描くイエスの物語が腑に落ちることもある。

現代を理解するには宗教史の学びが不可欠であり、また現代の観察が宗教史の理解につながっていく。本書の特色はここにある。編者の櫻井義秀は現代宗教、平藤は神話学を専門とする。現代と古代。宗教文化に互いに逆方向から取り組んでいるといっていいだろう。いくつかの共同研究を重ねていくなかで、広く現代の宗教文化に関わる課題について、宗教史を意識して読み解いていく本を作ろうということになった。そこで、それぞれの分野の第一人者に、専門知を開いてもらうよう依頼をした。

コロナ禍は、研究者にも例外なく大きな影響を与えた。とくに海外のフィールドワークには出ることができなくなり、国内調査もままならなくなった。大学教員としては、慣れないオンライン授業の海へと放り出され、溺れそうになりながら見よう見まねで学生に向き合っている。すべてがコロナのせいというわけではないが、こうしたさまざまな事情のなかで、編集作業が大幅に遅れてしまい、早々に原稿を頂戴した執筆者の方には大いにご迷惑をおかけしたことをお詫び申し上げたい。執筆をお願いした方々はみな、いずれも多忙を極めるなかで編者の意図をくみ取り、玉稿を寄せてくださった。心から感謝いたします。

最後に、ミネルヴァ書房の涌井格氏には、櫻井・平藤の編著として『よくわかる宗教学』（二〇一五年）に引き続いて、編集・刊行を引き受けていただいた。今回も丁寧な編集作業を行っていただいたこと、この場を借りて御礼申し上げます。

二〇二二年二月

平藤喜久子

現代社会を宗教文化で読み解く
――比較と歴史からの接近――

2022年3月31日　初版第1刷発行　〈検印省略〉

定価はカバーに
表示しています

編著者　櫻井義秀
　　　　平藤喜久子
発行者　杉田啓三
印刷者　坂本喜杏

発行所　株式会社　ミネルヴァ書房
〒607-8494　京都市山科区日ノ岡堤谷町1
電話代表　075-581-5191
振替口座　01020-0-8076

冨山房インターナショナル・新生製本

ISBN 978-4-623-09383-0

Printed in Japan

《執筆者紹介》（執筆順，＊は編著者）

＊平藤喜久子（ひらふじ・きくこ）**第1章**

1972年　山形県生まれ
2003年　学習院大学大学院人文科学研究科博士後期課程修了，博士（日本語日本文学）
現　在　國學院大學神道文化学部教授
主　著　『ファシズムと聖なるもの／古代的なるもの』（編著）北海道大学出版会，2020年。
　　　　『神話でたどる日本の神々』筑摩書房，2021年。

＊櫻井義秀（さくらい・よしひで）**第2章・第9章**

1961年　山形県生まれ
1987年　北海道大学大学院文学研究科博士課程中退
現　在　北海道大学大学院文学研究院教授
主　著　『アジアの公共宗教論――ポスト社会主義国家の政教関係』（編著）北海道大学出版会，2020年。
　　　　『中国・台湾・香港の現代宗教――政教関係と宗教政策』（編著）明石書店，2020年。

猪瀬優理（いのせ・ゆり）**第3章**

1974年　北海道生まれ
2005年　北海道大学大学院文学研究科行動科学専修博士課程修了，博士（行動科学）
現　在　龍谷大学社会学部教授
主　著　『信仰はどのように継承されるか――創価学会に見る次世代育成』北海道大学出版会，2011年。
　　　　『近代日本宗教史　第5巻　敗戦から高度成長へ　敗戦～昭和中期』（共著）春秋社，2021年。

八木久美子（やぎ・くみこ）**第4章**

1958年　大阪府生まれ
1993年　ハーヴァード大学文理大学院修了，PhD（宗教学）
現　在　東京外国語大学大学院総合国際学研究院教授
主　著　『グローバル化とイスラム――エジプトの「俗人」説教師たち』世界思想社，2011年。
　　　　『神の嘉する結婚――イスラムの規範と現代社会』東京外国語大学出版会，2020年。

岩井　洋（いわい・ひろし）**第5章**

1962年　奈良県生まれ
1991年　上智大学大学院文学研究科博士後期課程単位取得退学
現　在　帝塚山大学全学教育開発センター教授
主　著　『アジア企業の経営理念』（共著）文眞堂，2013年。
　　　　『テキスト経営人類』（共編著）東方出版，2019年。

三木　英（みき・ひずる）**第6章**

1958年　兵庫県生まれ
1987年　大阪大学大学院人間科学研究科博士後期課程単位取得満期退学，博士（人間科学）
現　在　大阪国際大学教授
主　著　『宗教集団の社会学——その類型と変動の理論』北海道大学出版会，2014年。
　　　　『宗教と震災——阪神・淡路，東日本のそれから』森話社，2015年。

山中　弘（やまなか・ひろし）**第7章**

1953年　東京都生まれ
1986年　筑波大学大学院博士課程哲学思想研究科修了，文学博士
現　在　筑波大学名誉教授・特命教授
主　著　『宗教とツーリズム』（編著）世界思想社，2012年。
　　　　『現代宗教とスピリチュアル・マーケット』（共編著）弘文堂，2020年。

伍　嘉誠（ご・かせい）**第8章**

1984年　香港生まれ
2016年　北海道大学大学院文学研究科博士課程修了，博士（文学）
現　在　北海道大学大学院文学研究院准教授
主　著　「返還後の香港における『本土運動』とキリスト教」『日中社会学研究』26，2018年。
　　　　"Rethinking the Political Participation of Hong Kong Christians", *Social Transformations in Chinese Societies*, 13(1)，2017.

井上順孝（いのうえ・のぶたか）**第10章**

1948年　鹿児島県生まれ
1974年　東京大学大学院人文科学研究科博士課程中退，博士（宗教学）
現　在　國學院大學名誉教授
主　著　『グローバル化時代の宗教文化教育』弘文堂，2020年。
　　　　『神道の近代——変貌し拡がりゆく神々』春秋社，2021年。

人名索引

あ 行

か 行

さ 行

た　行

な　行

は　行

ま　行

や　行

ら　行

事項索引

あ 行

か 行

さ　行

た　行

な　行

は　行

ま　行

や　行